L'ENFANT ET L'ANIMAL

HUBERT MONTAGNER

L'ENFANT ET L'ANIMAL

Les émotions qui libèrent l'intelligence

Odile Jacob

15, rue Soufflot, 75005 Paris

ISBN : 2-7381-1168-8

www.odilejacob.fr

Introduction

Le champ des relations entre l'Homme et les animaux qui vivent dans sa mouvance quotidienne ou son habitat a été peu exploré au plan théorique et au plan de la démarche scientifique, notamment dans ses dimensions historiques. Même si la découverte de grottes ornées et de peintures rupestres apporte des éléments sans cesse renouvelés d'une meilleure connaissance de la présence animale auprès des hommes préhistoriques puis Homo sapiens sapiens, *et de sa signification possible. Toutefois, l'enfant en est complètement absent.*

De l'Antiquité au XIXe siècle, les écrits sur la relation Homme-animal relèvent davantage de la philosophie, de la poésie ou de la littérature, des anecdotes et des extrapolations anthropomorphiques* ou zoomorphiques* que d'une analyse nourrie par des études scientifiques, psychologiques ou sociologiques. Ils relèvent largement de la spéculation, même s'ils ont l'air de refléter des réalités tellement ils touchent nos émotions. On n'y trouve pas d'analyses qui reposent peu ou prou sur des observations systématiques dans les milieux partagés par les

* L'anthropomorphisme est la tendance qui consiste à attribuer aux animaux des capacités psychiques et intellectuelles de l'Homme. Le zoomorphisme est la tendance inverse : le fonctionnement psychique et les conduites de l'Homme seraient de même nature que chez les animaux.

humains et les animaux, ni *a fortiori* sur des études expérimentales. *L'Histoire naturelle* de Buffon, fondée sur l'observation et les faits d'expérience (*in* Genet-Garcin et Roger, 1954), ainsi que les conceptions de Geoffroy Saint-Hilaire sur l'unité de la composition organique de tous les animaux (*Philosophie anatomique*, 1818-1822 *in* Cohn, 1962) auraient pu permettre d'amorcer la réflexion sur ce que l'« Homme-animal » et les « autres » espèces ont en commun, et ainsi sur les éventuels fondements biologiques de leur relation. Mais l'Église catholique est alors si puissante et l'origine divine de l'Homme si peu discutable que ces idées sont impensables ou insupportables. Elles sont hérétiques.

Au XIXe siècle, les réflexions sur la relation Homme-animal sont encore rarement ancrées dans la rationalité. Elles restent pauvres, spéculatives et souvent dogmatiques malgré la publication de deux œuvres majeures qui englobent l'espèce humaine dans les processus de transformation des espèces au cours de l'histoire du « vivant ».

C'est d'abord la théorie transformiste de Lamarck (1809, *in* Barthélemy-Modaule, 1979) selon laquelle l'évolution des processus d'adaptation des êtres vivants à leur milieu aurait obéi à deux règles : la fonction crée l'organe nécessaire et l'usage le fortifie ; les caractères acquis sous l'influence des conditions du milieu seraient transmis de génération à génération par la voie héréditaire. C'est ensuite la théorie de l'évolution de Darwin (*De l'origine des espèces par voie de sélection naturelle*, 1859) qui postule que les espèces sont issues les unes des autres et donc que les formes actuelles sont les descendantes d'ancêtres qui avaient avec elles un certain nombre de caractères communs. Les processus de transformation seraient régis par les lois de la sélection naturelle dans la lutte pour la vie. Selon la théorie, l'évolution a sélectionné les individus dont les « caractères » morphologiques, anatomiques, physiologiques ou comportementaux en faisaient les plus aptes pour s'adapter aux conditions de vie du milieu. Ils ont pu ainsi le coloniser et transmettre par la voie sexuelle leurs caractères à leur descendance. Moins bien adaptés au milieu, les autres individus ont été supplantés ou éliminés. L'espèce humaine n'échapperait pas à ce processus (*La*

Descendance de l'homme et la sélection sexuelle, Darwin, 1871). Au XXe siècle, les chercheurs étayent cette théorie de l'évolution avec la découverte des « supports » cellulaires des « caractères » (les chromosomes), puis de leur codage génétique (chaque gène est constitué par une molécule d'ADN dont l'« architecture chimique » en double hélice est unique). Les fondements de la théorie de l'évolution sont maintenant universellement admis par la plupart des scientifiques.

Malgré l'interdiction de ses écrits par l'Église, de son vivant, le jésuite et paléontologue, anthropologue et philosophe Teilhard de Chardin (1881-1955) « légitime » l'idée et la réalité de l'évolution à partir de ses propres découvertes, notamment de l'un des ancêtres de l'Homme (le sinanthrope, 1929). Dans *Le Phénomène humain* paru après sa mort (1962), il rend compatible l'évolution et ses convictions religieuses. Il propose en effet une vision synthétique qui englobe l'évolution, la complexification du cerveau dans le phylum humain (la succession des formes ancestrales de l'Homme) jusqu'à la conscience de soi, le réseau mondial de communication des pensées humaines avec le « Christ évoluteur » au centre (la « noosphère ») et le processus spirituel qui conduirait l'humanité vers le royaume de Dieu (le point oméga).

Désormais, le processus de l'évolution n'est plus nié par l'Église, malgré la mise en garde du Saint-Office en 1962 contre les dangers que recèlerait l'œuvre de Teilhard de Chardin, et même si les communautés intégristes le nient, et le combattent, surtout aux États-Unis. En principe, il n'y a plus de tabous ni d'interdits philosophiques. Pourtant, les réticences subsistent dès lors que des comportements animaux sont comparés aux conduites humaines, et réciproquement, y compris dans certains secteurs de la recherche scientifique et de la clinique. Nous y reviendrons.

Dans L'Expression des émotions chez l'homme et les animaux *(1872), Darwin ouvre la voie à une comparaison des comportements humains et animaux qui refléteraient des émotions comparables.* Revêtant la même forme ou apparence (le même phénotype) dans le même contexte, et ainsi supposés remplir la ou les mêmes fonctions, ils auraient le même sens et la même signification. Ils seraient homologues, c'est-à-dire qu'ils auraient la même origine naturelle (la même filiation). En d'autres termes, l'animalité de l'Homme se retrouverait non seulement dans l'expression comportementale de ses émotions, mais aussi dans le fonctionnement psychique qui les sous-tend.

Ce postulat de Darwin repose essentiellement sur la comparaison des expressions faciales. Il sera repris, précisé et amplifié par les éthologues de l'école objectiviste tout au long du XXe siècle, sous l'impulsion principale de Lorenz (1935-1974) et Tinbergen (1951-1977), prix Nobel de physiologie et de médecine en 1973 avec von Frish. Des « comportements émotionnels » supposés homologues ont en effet été décrits par ces zoologues et leurs élèves, puis par de nombreux autres biologistes, à partir de comparaisons des expressions faciales (essentiellement et logiquement chez les singes et l'Homme), mais aussi des actes, postures, systèmes vocaux, parades sexuelles, patterns agonistiques (menaces, agressions, fuites), stratégies d'adaptation, etc.

En fait, on ne sait pas de quoi on parle lorsqu'on attribue aux animaux des émotions dont la « nature » et les fonctions seraient comparables aux nôtres, encore moins lorsqu'on leur prête des affects (inquiétude, anxiété, angoisse, jalousie, honte, déprime) et *a fortiori* des phantasmes, quels que soient l'intérêt et la légitimité des études comparatives. Même si les comportements des chats, des chiens, des chevaux, des dauphins ou des chimpanzés bonobos paraissent revêtir un sens qui nous renvoie à notre vie relationnelle. Quant à l'enfant dont la relation avec les animaux constitue le sujet du présent ouvrage, on confond trop facilement le fonctionnement psychique des adultes et ce que les enfants ressentent, perçoivent, interprètent, pensent, surtout quand ils ne parlent pas. On spécule sur la vie émotionnelle et affective de l'enfant comme si elle était tout à fait similaire à celle des parents, des frères et sœurs, ou encore des cliniciens, éducateurs ou enseignants. Il convient d'être particulièrement mesuré et prudent dans ce domaine, quelle que soit l'importance des théories qui expliquent les racines et les ressorts du psychisme humain à partir des relations du bébé avec sa mère.

Si on revient à la relation Homme-animal elle-même, les articles et les livres scientifiques d'aujourd'hui ainsi que la théorisation issue de la recherche restent superficiels, parcellaires ou dogmatiques, et rarement convaincants, même s'ils sont parfois séduisants. La relation Homme-animal échappe encore pour une large part à l'investigation scientifique dans ses aspects biologiques, psychologiques et sociologiques, malgré l'édition aux États-Unis d'un périodique spécialisé dans ce domaine (*Anthrozoös*), et l'organisation régulière de conférences internationales. Mais celles-ci ont davantage pour objectif la promotion à des fins diverses de l'image des animaux de compagnie ou familiers que la connaissance des mécanismes et processus qui fondent la relation Homme-animal, ainsi que ses fonctions, tant pour les humains que pour leurs partenaires à poils, plumes ou écailles. C'est ce que montrent notamment les conférences les plus récentes qui se sont tenues en 1998 à Prague (« Les changements de rôle des animaux dans la société »), et en 2001 à Rio de Janeiro (« La relation Homme-animal : une nouvelle perspective pour le XXIe siècle »). La plupart des ouvrages, y compris ceux qui se donnent l'apparence de traités, entretiennent une grande confusion en mélangeant les approximations, les affirmations fantaisistes et les extrapolations parfois délirantes. Ils brouillent la réflexion sur la « nature » et la signification de la présence animale auprès de l'Homme. Ils entament la crédibilité des effets possibles, probables ou avérés qu'elle peut avoir sur les différentes personnes. Ils empêchent enfin de situer la relation Homme-animal dans le triple cadre de l'évolution des espèces, de l'histoire des populations et sociétés humaines, et des constructions individuelles chez l'Homme et les animaux, c'est-à-dire essentiellement le développement, les phénomènes d'attachement et la genèse des conduites. Pourtant, des éléments objectifs et convergents ressortent des observations effectuées dans différents lieux de vie, de la recherche expérimentale, de la clinique, des innovations éducatives et des pratiques pédagogiques. Ils permettent de mieux cerner la signification des interactions et relations entre les humains et l'animal domestiqué selon qu'ils lui attribuent un « statut » d'animal

« utilitaire », d'animal de compagnie ou d'animal familier (voir chapitre 4).

C'est avec l'aide de l'Association française d'information et de recherche sur l'animal de compagnie (AFIRAC) que j'ai réuni pendant deux ans un groupe pluridisciplinaire* dont l'objectif était de répondre aux questions : quand, pourquoi, comment, où et dans quelles conditions se sont construites les relations entre l'Homme et les animaux qui vivent maintenant dans sa mouvance et son habitat ? Quatre sources d'informations ont été exploitées : 1. les concepts et théories développés dans les champs de l'éthologie et de la psychologie ; 2. les recherches sur le comportement animal et les conduites humaines ; 3. les observations cliniques chez les animaux (le vécu et les apports des vétérinaires) et chez l'Homme (le vécu et les apports des psychologues, pédopsychiatres, psychiatres, pédiatres et médecins généralistes) ; 4. les expériences vécues par les enfants, parents, éducateurs et enseignants.

Engagé depuis près de trente ans dans l'étude des processus de développement, comportements et phénomènes d'attachement de l'enfant (Montagner, 1974-2002), j'ai essayé de comprendre parallèlement quels ont pu être la place et le rôle du petit de l'Homme dans la rencontre et les relations entre les personnes des temps anciens et les espèces animales qu'elles ont domestiquées. J'ai examiné en même temps les bénéfices que, globalement et dans leurs particularités, les enfants retirent de leurs interactions avec les animaux. Les avantages retirés par ceux-ci sont également rapportés lorsque cela est possible.

Voici donc un panorama de toutes ces recherches. Mais commençons par « poser le cadre » en quelque sorte et par présenter les facteurs qui ont incliné à cette improbable rencontre de deux étrangetés : l'animal et l'Homme.

---

* Claude Baudoin, Claude Bensch, Xavier Boivin, Philippe Brenot, Michel Chanton, Boris Cyrulnik, Marcos Einis, Hubert Montagner, Patrick Pageat.

Première partie

HISTOIRE D'UNE RENCONTRE

1

Un bénéfice maximum, un coût minimum

Pour l'homme

À toutes les époques, les humains ont retiré des animaux qu'ils ont domestiqués un bénéfice maximum pour assurer à un moindre coût des fonctions souvent vitales, toujours essentielles. C'est encore évident dans les groupes et les communautés qui vivent dans un environnement hostile dont les ressources naturelles sont limitées. Les sociétés urbanisées elles-mêmes n'échappent pas à cette réalité, même si elle est masquée par le développement technologique et une économie de substitution dans un monde apparemment dégagé des contraintes de la nature.

Selon les espèces, les principaux bénéfices que les humains ont retirés, et retirent encore, concernent : l'alimentation ; l'exploitation de l'environnement et de ses ressources économiques ; la protection, défense, sécurité et sauvegarde contre les agressions climatiques, prédateurs et autres dangers de l'environnement ; l'exploitation de « qualités » physiques, physiologiques et comportementales dont ils sont dépourvus ; parfois, la protection contre les maladies.

Dans les temps préhistoriques, un certain nombre d'« animaux permanents » des « niches écologiques » de l'Homme ont directement ou indirectement contribué pour un coût minimum, mais de façon non négligeable, à la survie, à la protection, à la défense, à la sécurité, à la santé et à la longévité des personnes qui les ont adoptés, ainsi qu'à leur « confort », sans que cela coûte à celles-ci beaucoup de temps, d'énergie, d'investissement individuel et de ressources. Avec une « assurance-vie à la maison », des groupes familiaux ont pu s'installer, se maintenir et se consolider dans la durée, au moins à certaines « périodes ». Cela a permis aux humains d'être moins tributaires des ressources aléatoires du milieu naturel (eau, lait, gibier, oiseaux, œufs, fruits, « miel sauvage »), et moins vulnérables aux agressions climatiques (froid, pluie, neige, soleil), animales (espèces sauvages) et humaines (envahisseurs, « compétiteurs territoriaux », individus marginaux « hors clan »). Moins dépendants de l'environnement et moins soumis aux variations des approvisionnements extérieurs, ils ont pu diversifier, renouveler et mieux organiser leurs activités. En conséquence, et par rapport aux humains qui ne retiraient pas les mêmes bénéfices, faute de présence animale nourricière, protectrice, « utile », compétente... ou encore faute d'avoir choisi ou sélectionné les « bonnes espèces » ou les « bonnes compétences animales », les familles « adoptives » d'animaux « utiles » ont pu préserver plus facilement leur potentiel reproducteur. Avec des ressources alimentaires et énergétiques, la protection, la défense, la sécurité, l'aide et l'assistance « à la maison » (voir plus loin pour plus de précisions), la probabilité était plus élevée qu'il y ait au sein du groupe familial : des accouplements plus fréquents ; une plus grande fertilité des « femelles » ; moins de grossesses avortées ; plus de naissances viables ; une mortalité plus faible, notamment chez les enfants de tous âges ; des défenses immunitaires plus efficaces et donc une meilleure santé. Les mâles ont disposé de plus de temps, d'énergie, de possibilités physiques, physiologiques et psychologiques pour « s'imposer » à l'extérieur dans les compétitions territoriales, sexuelles et reproductives. Ils ont pu « disséminer » leurs gènes sur un territoire plus vaste et donc augmenter leur représentation génétique dans le milieu. En d'autres termes, *les groupes familiaux qui ont bénéficié de la présence d'« animaux utiles » avaient une plus forte probabilité que les autres de laisser une descendance plus nombreuse, elle-même mieux nourrie, protégée et « armée » pour faire face aux contraintes et agressions du milieu...* à condition évidemment que les animaux ne mangent pas les bébés (ce qui arrivait par exemple au Moyen Âge avec les porcs et les chiens à la maison au cours des « périodes » de disette, d'épidémie ou de grand froid). Ces avantages ont pu s'élargir au clan lorsque la possession d'un animal est devenue un fait culturel.

S'agissant des époques plus récentes, le bénéfice maximum à un coût minimum que la présence animale assure au quotidien reste une réalité forte pour les humains qui vivent dans un environnement hostile (désert, montagne, plateau rocailleux, steppe, banquise, jungle, milieu insulaire). Ce principe s'applique aussi aux communautés urbaines du XXIe siècle, quels que soient les « substituts » alimentaires, sécuritaires et autres, même si, bien évidemment, la société actuelle est économiquement moins dépendante de la présence animale.

En même temps que les humains devenaient moins asservis aux seules ressources naturelles et moins exposés aux dangers de l'environnement « sauvage », ils ont forcément libéré du temps pour leurs activités égoïstes, mais aussi pour la communication, la coopération et l'entraide dans le groupe et au sein du clan. Une vie familiale et sociale a pu s'installer avec d'autres finalités que le combat « usant » pour la vie, les luttes intestines et la résolution des urgences, selon d'autres modes de relation que la dominance-subordination et le pouvoir hiérarchique fondés sur la « loi » du plus fort (voir plus loin). Les conditions étaient réunies pour que l'Homme franchisse le fossé entre l'hominisation et l'humanisation. Il est étonnant qu'on n'ait pas analysé plus clairement la place et le rôle possibles des différentes espèces domestiquées dans ce processus, et pas seulement celles qui ont procuré des avantages « alimentaires ».

Plus concrètement, si on se fonde sur les réalités actuelles, les bénéfices que les humains retirent de la présence animale sont de nature différente selon les représentations, les attentes, les phantasmes, les besoins et les décisions des personnes, selon les particularités biologiques et comportementales des animaux, et selon la pression modelante du temps, c'est-à-dire le façonnement de la relation au fil du temps passé ensemble (voir chapitre 3).

LES AVANTAGES ALIMENTAIRES

Il serait évidemment banal et fastidieux d'énumérer les « espèces alimentaires » que les humains ont admises et conservées dans leur mouvance et leur habitat, pour les élever, c'est-à-dire maîtriser leur cycle de reproduction et organiser la succession des générations, ou bien pour faire grandir et grossir des individus, ou modifier leurs caractéristiques, à des fins de consommation ou de commerce (production de viande, lait, graisse, œufs). S'agissant des temps très anciens, le but des chasseurs devenus éleveurs a été bien évidemment d'assurer en priorité leur subsistance, ainsi que celle des femmes et des enfants. Ce qui était nécessaire pour laisser une descendance qui pérennise leurs caractères morphologiques, anatomiques, physiologiques et comportementaux, ainsi que leurs mode de vie et organisation sociale, et leurs particularités culturelles. La disponibilité permanente de nutriments indispensables à la survie et la santé de tous (viande, graisse, lait, œufs), et en particulier à la croissance des enfants, a eu logiquement pour conséquence une plus grande indépendance du groupe familial vis-à-vis des aléas de l'environnement naturel, de ses contraintes écologiques et de ses dangers. Les aliments « à la maison » remplacent alors, au moins partiellement et temporairement, la viande, la graisse, le lait, les œufs et les autres « productions » des espèces sauvages. Le bébé est désormais « assuré » d'être nourri en permanence et par tous les temps avec le lait des « femelles de substitution » (vache, chèvre, brebis, renne), en particulier quand il ne peut être allaité par sa mère ou une autre femme du groupe familial ou tribal. Nous examinerons les conséquences d'un tel changement pour les enfants et leurs partenaires familiaux.

LES PROTECTIONS

Par leur fourrure, leur laine, leur crin, leur peau, leur graisse, leurs plumes, leurs écailles, leurs combustibles (les bouses séchées de vaches, chameaux), un certain nombre d'espèces animales ont contribué dans les temps préhistoriques, et aujourd'hui encore, à la protection des humains contre les agressions climatiques (froid, pluie, neige, vent, soleil). En l'absence d'abris naturels disponibles (anfractuosités, grottes) ou réalisables à partir de terre ou de roches et minéraux, des peaux brutes ou tannées étaient disponibles pour fabriquer les premiers abris de plein air autrement qu'avec des feuilles (ce que font « encore » les chimpanzés et les gorilles en construisant un nid arboricole pour passer la nuit), ou d'autres éléments végétaux. C'est-à-dire des tentes avec des peaux tendues sur des piquets ou des branches en arceaux, le long de perches, etc. En outre, ces abris permettaient de constituer des espaces peu ou prou fermés qui assuraient une meilleure protection contre les agressions climatiques et autres du milieu.

Bien évidemment, les peaux et les fourrures ont aussi permis de confectionner des vêtements pour la régulation de la température corporelle. Elles ont ordinairement constitué une « enveloppe » protectrice qui permettait d'éviter ou d'atténuer les blessures au cours des reptations, chutes, escalades de parois et arbres... et aussi dans les contacts avec les végétaux (piqûres, urtications), les animaux (morsures, griffures) et les congénères (coups, agressions avec un objet blessant).

Les personnes ont pu également bénéficier de la chaleur corporelle des animaux domestiqués, surtout ceux qui ont accepté à tout moment qu'elles se blottissent contre eux. Ce qui a notamment permis aux bébés et jeunes enfants de mieux réguler leur température corporelle, en particulier pendant les « périodes » froides, pluvieuses ou glaciaires alors que le corps à corps avec la mère, elle aussi peu protégée du froid, ne pouvait procurer une chaleur suffisante. Surtout lorsque le feu n'était pas encore tout à fait ou pas du tout domestiqué, et que les sources de chaleur n'étaient pas toujours disponibles ou fonctionnelles, qu'il s'agisse de bûchers, aires de cuisson ou « âtres » de cheminée. À défaut de pouvoir s'approvisionner en fourrures, peaux, cuirs, laines, plumes, graisses des espèces sauvages au cours des périodes de grand froid, par temps de pluie ou neige persistantes, ou en l'absence de gibier, les personnes du groupe familial ont pu disposer des « enveloppes corporelles » des animaux domestiqués pour mieux réguler leur température, en particulier celle des bébés. Des « bouillottes » pouvaient être fabriquées avec les fourrures, peaux, cuirs et des sacs plus ou moins fermés avec des plumes, de la laine, du crin. En outre, le corps des personnes pouvait être enduit de graisse (suif de bœuf, mouton). Les fourrures et les peaux ont assuré une protection à des enfants de tout âge non seulement contre le froid, la pluie, la neige, l'humidité ambiante... mais aussi, selon les saisons et milieux, contre les brûlures du soleil et la déshydratation (on sait la vulnérabilité des bébés face à cette dernière), et encore contre les blessures. Enfin, mieux protégés, les petits de l'Homme ont pu mobiliser plus efficacement leurs défenses immunitaires et mieux résister aux agressions virales et microbiennes. Finalement, les bouses séchées des herbivores ont fourni un combustible précieux.

LES OUTILS

Les os, les cornes, les dents, les défenses, les poils, les plumes, les écailles des espèces domestiquées ont permis de fabriquer « à la maison » des « outils utilitaires » plus performants, variés et affinés qu'avec les minéraux (silex) et végétaux (bois des arbres), c'est-à-dire, par exemple, des couteaux pour le dépeçage et le découpage de la viande, des pointes de flèche et de lance pour la chasse, la défense ou la guerre. Et aussi des objets sociaux, religieux ou artistiques (pinceaux, burins, racloirs, colliers, bracelets, peignes, os dans le nez, parures indiquant les statuts hiérarchiques, totems). Parallèlement, certaines « fournitures corporelles » pouvaient être des supports pratiques pour l'utilisation des objets utilitaires (peaux pour la peinture, défenses pour la sculpture). D'autres pouvaient être facilement réutilisées pour des usages divers : les vessies de porc deviennent des « gourdes » qui permettent de conserver ou transporter des liquides, les cornes évidées des récipients pour boire, conserver des « cocktails », huiles, graines, minéraux ; les membranes intestinales d'herbivores (les boyaux) servent à faire des cordes pour suspendre, attacher, lier et assembler des vêtements ou d'autres objets, fabriquer des arcs et raquettes ou garnir des instruments de musique.

C'est en utilisant ou façonnant ces « outils utilitaires », et en variant les supports, que les humains ont pu découvrir des activités nouvelles et se révéler à eux-mêmes les ressources illimitées du cerveau dans l'expression figurative, symbolique et abstraite des émotions, et dans les constructions intellectuelles. Ce sont de nouvelles formes de pensée, communication sociale, relation et transmission culturelles qui ont pu émerger et se développer. Parmi les innovations réalisées avec les « outils utilitaires » et les supports biologiques fournis par les animaux domestiqués, on peut souligner au fil du temps : la peinture sur les parois des grottes et les peaux avec des pinceaux de crin, poils, soies de porc ; la gravure sur paroi et la scupture sur os, défense, corne avec des stylets en os ou en ivoire ; le tissage et la broderie des vêtements, tapis avec des aiguilles en os ; le cardage de la laine avec des peignes en os ; la fabrication de sacs de cornemuse et tambours avec des peaux et du cuir, de flûtes avec des os et défenses, d'instruments à corde avec des boyaux ; l'écriture avec des plumes d'oie.

Les enfants ont pu ainsi être immergés « à la maison » dans des bains artistiques, symboliques, linguistiques et intellectuels qui ont imprégné et façonné leurs émotions, leur pensée et leur imaginaire, leurs processus cognitifs et intellectuels. Ayant dès leurs premiers mois la capacité d'imiter et de se faire imiter (voir deuxième partie), ils ont pu contribuer à la création artistique dans le groupe familial et le groupe tribal. On peut même avancer l'hypothèse que, par leur curiosité, leurs comportements exploratoires et tâtonnements, leur imagination, leur facilité à transgresser les tabous et interdits, les enfants ont pu être les inventeurs de nouveaux modes d'expression artistique et intellectuelle. Par exemple, ils ont pu se découvrir des compétences de peintre et les montrer au groupe familial, en coloriant des peaux, des cornes, des os avec les doigts, des bouts de bois ou fragments d'os trempés dans les fèces, le sang, l'eau boueuse ou encore les « jus » colorés obtenus par l'écrasement des pucerons (la « peinture des Mayas »), végétaux (les teintures, jus de fruits, latex...) ou minéraux (craie, latérite). Ou encore des talents de décorateur en assemblant les plumes pour en faire des parures de cérémonie, des coussins, des jeux. Les enfants ont pu également inventer des instruments de musique, par exemple en utilisant des peaux pour en faire des tambours, des os ou cornes évidés pour en faire des pipeaux, flûtes, sifflets. Il est étonnant que l'hypothèse des enfants qui inventent les outils et les arts ne soit jamais clairement formulée par les paléontologues et anthropologues.

L'AIDE ET L'ASSISTANCE DES PERSONNES

Si certaines espèces animales ou certains animaux ont été admis par l'Homme dans sa mouvance et son habitat, c'est aussi ou plutôt parce qu'ils pouvaient ou « savaient » accomplir « à son service » des tâches ou assurer des fonctions que lui ne pouvait pas ou ne savait pas faire avec ses seuls moyens et ses seules compétences. Ils se sont ainsi « rendus indispensables » tout au long de l'histoire des hommes et de leurs sociétés. La plupart remplissent encore maintenant les mêmes tâches et fonctions. Mais ils en ont révélé d'autres tout aussi importantes qui ne peuvent être réalisées avec des méthodes, techniques et moyens sophistiqués. Banalement, on peut citer :

— les travaux des champs (bœufs, buffles, chevaux, dromadaires) et des forêts (éléphants) ;

— le transport des humains au cours des déplacements quotidiens, du nomadisme et des migrations (chevaux, chameaux, dromadaires, rennes, éléphants, chiens de traîneau) ;

— le transport des matériaux et objets lourds ou encombrants, notamment dans les milieux hostiles ou difficiles à investir (ânes, mulets, rennes, dromadaires, lamas, éléphants) ;

— la chasse « assistée » (chiens, chevaux, furets, faucons) ;

— la guerre (chevaux, chiens, dromadaires, éléphants) ;

— la recherche de ressources et d'êtres vivants que les humains ne peuvent découvrir avec leurs seules compétences perceptives et leurs seuls outils de détection (porcs et chiens truffiers, chiens d'avalanche ou de décombres) ;

— le guidage des personnes qui ont des déficits ou anomalies de la vision (chiens pour aveugles) ou de l'audition (chiens pour sourds) et l'assistance des handicapés moteurs ou mentaux (chiens, macaques) ;

— la préservation des ressources alimentaires et la protection sanitaire (chats, pythons et, jusqu'au XVe siècle, genettes : ils sont des prédateurs de rongeurs qui dévorent les cultures et réserves alimentaires, et véhiculent souvent des germes pathogènes) ;

— l'alerte, la protection et la défense (« oies du Capitole », chiens de garde) ;

— la transmission d'informations dans les environnements hostiles ou difficiles à investir (chiens « facteurs », pigeons voyageurs, dauphins).

Pour autant, cette relation n'est pas restée unilatérale, au seul bénéfice de l'homme...

Pour les animaux

La « conquête » du milieu humain a apporté aux animaux un bénéfice maximum à un coût minimum en termes de disponibilités alimentaires, de protection contre les intempéries et les prédateurs, et de temps « économisé » dans les interactions avec les congénères, en particulier dans la défense du territoire et la conquête des femelles. C'est encore vrai de nos jours. En outre, même si une partie des animaux est castrée, beaucoup peuvent déployer leurs comportements de reproduction à leur initiative ou bien sous le contrôle de l'Homme.

Les femelles gestantes des espèces qui vivent dans l'habitat humain bénéficient d'une nourriture habituellement suffisante, en tout cas lorsqu'elles sont omnivores ou non « prisonnières » d'un régime spécialisé (voir chapitre 3), d'un habitat sécurisé et parfois de soins. En tout cas, par comparaison avec les espèces sauvages les plus proches au plan phylogénétique (pour le chat domestique : les chats sauvages, lynx, caracals, servals, ocelots, pumas ; pour le chien domestique : les chiens sauvages, les loups, coyotes, chacals). Les femelles des espèces domestiquées ont aussi une plus forte probabilité d'échapper aux prédateurs extérieurs. Parallèlement, elles « investissent » moins de temps dans les relations avec les congénères. Elles ont assez de petits (les chattes ont de deux à six petits, les chiennes entre six et dix) pour que, malgré les prélèvements effectués par les humains pour leur consommation alimentaire et les exclusions ou mises à mort dans l'exercice de leur pouvoir despotique ainsi que dans les sacrifices religieux (voir plus loin), les animaux qu'ils gardent ou sélectionnent bénéficient des mêmes avantages que les adultes. En cas de nécessité biologique ou d'attachement avec une personne, les petits peuvent être allaités par des « femelles humaines », comme cela se pratiquait au Moyen Âge et comme c'est encore le cas dans certaines communautés pour les chatons, chiots, porcelets...

Parallèlement, les mâles des espèces domestiquées consacrent moins de temps à la défense d'un territoire moins vaste que celui des espèces sauvages dont ils sont phylogénétiquement proches, et donc à des affrontements aléatoires avec les rivaux, surtout quand ils sont peu ritualisés (voir plus loin).

Les espèces gardées ou élevées en plein air par les humains retirent aussi un bénéfice maximum pour un coût minimum. Les animaux n'ont pas à rechercher leur nourriture puisqu'ils sont « engraissés » ou élevés dans des lieux contrôlés par l'Homme (pâtures, enclos, « chasses gardées », abris, annexes des habitations). À moins de conditions environnementales devenues très défavorables ou d'événements exceptionnels, ils sont assurés de disposer en toute saison d'une alimentation appropriée et minimale, grâce aux humains qui les conduisent dans d'autres lieux de plein air (transhumance) et leur fournissent une nourriture complémentaire ou de substitution sur le terrain ou dans des abris protégés. L'Homme autorise ou organise leur reproduction et augmente les chances de survie des femelles gestantes et des petits, même quand il en sacrifie pour les raisons précédemment énoncées. Il contrôle aussi peu ou prou les prédateurs naturels et compétiteurs sauvages.

L'Homme a donc joué un rôle essentiel dans la préservation et l'« expansion » du capital génétique des espèces et races qu'il a domestiquées. On peut ainsi faire l'hypothèse que la sélection naturelle postulée par Darwin dans sa théorie de l'évolution, en tout cas sa formulation actuelle, ne suffit pas à expliquer la représentation dominante et croissante de toutes les espèces animales dans tous les environnements, en tout cas depuis le début du paléolitique supérieur (c'est-à-dire vers – 35 000 ans) et lorsqu'elles ont été admises dans la mouvance de l'Homme moderne (*Homo sapiens sapiens*). Et peut-être depuis le paléolithique moyen à l'époque de l'Homme de Néanderthal (avant – 50 000 ans). Mais, en l'absence de fossiles et traces fossilisées (empreintes de pattes, marques de griffes), comment pourrait-on comprendre les mécanismes et processus de l'évolution au cours des périodes récentes et les variations de la présence animale dans la mouvance de l'Homme ? À défaut de gravures, dessins, peintures et sculptures, et de sépultures communes, comment objectiver la place et le rôle des animaux devenus « utilitaires », de compagnie ou familiers ? En effet, à l'exception de la superbe « frise » de chevaux découverte dans la grotte Chauvet (– 32 000 ans), on n'a pas découvert dans les grottes préhistoriques les plus anciennes (avant – 30 000 ans) des représentations gravées ou peintes ni de sculptures d'animaux actuellement domestiqués. C'est seulement dans des sépultures datant de – 12 000 à – 10 000 ans qu'on a trouvé des squelettes de chiens et chevaux « dans les bras » ou à côté de ceux d'un ou de plusieurs humains.

2

L'animal : miroir et exutoire

Dans leur « conquête » du milieu humain, à l'occasion de leur capture ou adoption, les animaux ont dû avoir la capacité de stimuler et libérer les émotions, affects et phantasmes de l'Homme « en lui faisant croire » qu'ils y adhéraient, c'est-à-dire en déployant des comportements qui touchaient sa sensibilité, ses émotions, son affectivité et ses rêves les plus fous. Ils devaient avoir des capacités d'accepter et d'initier à tout moment la communication les yeux dans les yeux, de montrer sans retenue des élans à l'interaction et d'« exprimer » des comportements affiliatifs auxquels l'Homme a pu, su ou voulu donner un sens et une signification. C'est-à-dire, des capacités qui s'apparentent aux compétences-socles majeures de la vie relationnelle d'*Homo sapiens sapiens*, et fondamentales dans les constructions enfantines (voir deuxième partie). *Il devait en même temps être attentif aux comportements et paroles des humains, disponible pour des rencontres et interactions non menaçantes, sans compétition ni rivalité, et avoir l'air d'être un « réceptacle patient » de ce que les personnes faisaient, disaient, ressentaient, pensaient, imaginaient et phantasmaient. Il fallait qu'il puisse être perçu comme une sorte de « tabernacle », c'est-à-dire un dépositaire secret et inviolable (il ne parle pas) des ressorts intimes du psychisme humain. Il devait avoir la capacité de tout voir, entendre et subir, sans exclusive, et ainsi de « déminer », minimiser ou détourner les mal-être, peurs, angoisses et échecs de ses partenaires bipèdes. C'est-à-dire, leur donner ou redonner élan, énergie, espoir, motivation, confiance et auto-estime.*

Les sources d'une complicité

Tel qu'on le connaît maintenant, l'animal domestiqué (« utilitaire », de compagnie ou familier) a tellement l'air d'être partie prenante du comportement des personnes et de « boire leurs paroles » que celles-ci lui montrent et disent tout, y compris leurs espoirs, chagrins, pensées, projets, stratégies. Apparemment « toujours d'accord », il est une éponge affective qui absorbe tout et le contraire de tout… sans contestation, en tout cas lorsqu'il est « bien élevé » et lorsqu'il n'est pas enfermé dans une relation stricte de « dominance-subordination » et un pouvoir despotique (voir plus loin). En devenant confident, il devient complice. Ses manifestations sont autant de miroirs qui renvoient aux humains une image rassurante, réconfortante et déculpabilisante. Il relativise et désamorce leurs peurs, surtout celles des enfants, en particulier lorsqu'ils ne trouvent pas leur place dans la famille et la société (voir deuxième partie).

Par sa réceptivité et sa disponibilité qui nourrissent l'idée d'une complicité dans l'intimité d'un milieu de vie partagé, l'animal devenu « utilitaire », de compagnie ou familier, a donc forcément contribué à façonner peu ou prou la vie émotionnelle, affective et phantasmatique des humains. Dans les sociétés modernes, son rôle dans les régulations émotionnelles et affectives s'est considérablement amplifié avec l'éclatement du groupe familial, les sentiments d'abandon et de solitude, l'exclusion sociale, la peur de l'environnement et le sentiment d'insécurité permanente qu'elle nourrit. On peut toujours compter sur sa discrétion et sa fidélité à toute épreuve. Les yeux dans les yeux et en corps à corps avec l'enfant, il est au cœur de son imaginaire (nous y reviendrons longuement dans le présent ouvrage). Il n'est donc pas étonnant que les animaux dits de compagnie ou familiers, parfois « utilitaires » (voir plus loin), soient des personnages quasi permanents des bandes dessinées, livres, films et jeux destinés aux enfants. Ils ont une présence et un rôle qui apaisent, rassurent, réconfortent, émeuvent et séduisent. Clins d'œil au lecteur, ils apportent des temps de détente qui font respirer l'histoire, et constituent les « fils d'Ariane » qui (re)lient les personnages même quand ils sont antagonistes ou ennemis. Par exemple, le chien minuscule Idéfix, « béquille affective » indispensable et fidèle de l'invincible « mais » vieux garçon Obélix ; le chien Rantanplan, éternel corniaud gaffeur, fidèle à Lucky Luke (encore un vieux garçon), mais aussi complice attendrissant de l'ensemble des humains, y compris des « malfaiteurs » dont il recherche la trace en permanence et que le cow-boy solitaire poursuit éternellement. Ou encore Félix le Chat, Gros Minet (de Titi et Gros Minet), Flipper le Dauphin, Jolly Jumper, le cheval de Lucky Luke...

A contrario, *les espèces animales dont les comportements spécifiques ou acquis n'ont pu éveiller et stimuler l'adhésion émotionnelle et affective de l'Homme n'ont pas trouvé la même place auprès de lui.*

L'enfant a probablement joué un rôle important, peut-être décisif, dans les choix affectifs des espèces que les humains ont admises dans leur mouvance et habitat, en tout cas certaines d'entre elles. En effet, si on se fonde sur les observations des enfants dans leur milieu familial, en particulier au sein des communautés insulaires, enclavées en milieu forestier, cernées par le désert ou la steppe, on peut penser que, dans les temps anciens, les enfants ont pu montrer spontanément une préférence pour un animal qui les a particulièrement attirés et séduits, apaisés et rassurés, parce que, dans un environnement ingrat, hostile et insécurisant, il déployait un éventail de comportements auxquels ils pouvaient s'identifier, s'accorder et se raccorder.

C'est-à-dire une « quasi-personne » qui pouvait et savait s'ajuster à leurs mouvements, actes, gestes et paroles, et avait l'air de partager leurs émotions, élans affectifs, rythmes, idées, pensées, projets... sans réticence ou retenue, sans les renvoyer à des difficultés ou vulnérabilités, et sans formuler le moindre jugement. Ces aspects seront développés dans la deuxième partie.

En outre, plus disponibles et mobilisables, les animaux appartenant à certaines espèces ont pu être pour les enfants des recours ultimes dans des situations désespérées et désespérantes. Ils ont permis, et permettent toujours, à des enfants délaissés, abandonnés, maltraités ou rejetés par leur mère, père, famille de ne plus se sentir seuls, de prendre ou reprendre espoir et confiance en soi, et de développer de l'auto-estime. En effet, les petits de l'Homme ont la possibilité de se structurer, restructurer, ou de ne pas évoluer dans la déstructuration, à la fois dans leur développement corporel, psychique et intellectuel, leurs processus d'attachement et l'ensemble de leurs conduites, dès lors qu'ils sont accueillis par un partenaire entraînant. Dans les temps anciens, c'était le cas de ceux qui avaient perdu leur mère ou leur famille pour cause de décès, d'« enlèvement », d'emprisonnement, d'asservissement ou de départ volontaire, quand ils n'avaient pas la possibilité de nouer un attachement « secure » avec une autre personne (Bowlby, 1958-1980). C'était aussi le cas des enfants non reconnus par le groupe familial ou tribal à cause de déficits sensoriels (cécité, surdité), d'anomalies (par exemple, l'absence de mains ou de doigts, de bec-de-lièvre), de handicaps moteurs, d'étrangetés comportementales, de désordres psychiques ou déficiences intellectuelles (la compassion et l'altruisme n'étaient pas alors des vertus cardinales). Ou encore de ceux qui se sont retrouvés seuls après une catastrophe naturelle ou le massacre du groupe tribal. Plus banalement, il est probable que nombre d'enfants ne pouvaient installer et développer des interactions accordées (voir plus loin) et un attachement « secure » avec une mère absente ou enfermée dans les multiples obligations d'une société archaïque (asservissement familial et tribal, soumission sexuelle à plusieurs « mâles », grossesses et accouchements successifs, nourrissage et garde des enfants, activités de cueillette et récolte).

Rassurants, réceptifs, débordants de vie, actifs et acteurs, fidèles et complices, certains animaux se sont montrés plus disponibles que d'autres pour ces enfants. Ils les ont sortis d'un milieu démuni, désemparé, abandonnant ou maltraitant, en les entraînant dans la découverte de l'environnement et l'exploitation de ses ressources, tout en assurant leur protection et survie. Ils les ont accompagnés dans leur adaptation à un monde inconnu, insécurisant ou hostile. Par leurs capacités naturelles, ils ont stimulé les habiletés corporelles et gestuelles des enfants dans leurs explorations, leurs courses, leurs escalades, leurs capacités sensorielles et perceptives, et aussi leurs compétences-socles, processus cognitifs et constructions intellectuelles (voir deuxième partie).

Lorsque les enfants délaissés ou abandonnés ont pu attribuer à l'animal « sauveur » des capacités d'ajustement émotionnel, affectif et rythmique (ou accordage : « attunement », Stern, 1982, 1985), et nouer avec lui un attachement « secure », ils ont été en mesure de mieux se développer dans toutes leurs dimensions d'être humain et de réintégrer le « monde des personnes ».

C'est ce qu'attestent des témoignages et faits vérifiés au cours d'époques anciennes, mais aussi plus récentes après des guerres, massacres ou catastrophes naturelles, à l'occasion d'abandons ou exclusions dans des régions « isolées du reste du monde », ou « plus banalement » dans le quart monde et les États au fonctionnement archaïque, quand l'enfant était laissé à lui-même, abandonné, maltraité, rejeté, nié ou non reconnu comme personne (nous ne faisons pas allusion ici à « l'enfant sauvage de l'Aveyron » ni au Mowgli du *Livre de la Jungle*). Nous y reviendrons dans le chapitre 5.

Un exutoire de la dominance des humains

Il est probable que, dans les temps préhistoriques, une autre raison majeure de la présence animale dans la mouvance et l'habitat de l'Homme, apparemment antinomique de la précédente, en tout cas non concordante, a été un reflet ou une conséquence des relations de « dominance-subordination » entre les humains, ainsi que du mode de fonctionnement très hiérarchisé des structures familiales, tribales et claniques. En effet, on peut faire l'hypothèse forte que, dans la plupart des communautés, les interactions sociales étaient essentiellement du type « dominance-subordination », dans le cadre d'une hiérarchie brute et sans partage.

On peut ainsi penser que les différentes personnes du groupe familial ou de la « niche » familiale (grotte, bivouac, hutte, igloo) étaient peu ou prou sous la coupe d'un mâle dont la dominance despotique s'exerçait sans nuance ni partage sur des femelles, adolescents et enfants, parfois des esclaves. Les interactions entre dominés étaient aussi probablement régies par des relations de « dominance-subordination » avec une hiérarchie de pouvoirs, « statuts » et tâches plus ou moins définie, soit dans certaines situations ou certains contextes, soit le plus souvent en toutes circonstances. Au bas de l'« échelle familiale » et de l'« échelle tribale », les animaux domestiqués étaient là « pour » accepter et subir la dominance de tous, sauf lorsque l'espèce était sacralisée ou déifiée (voir plus loin). Qu'il soit attribué à un déterminisme biologique, à un modèle psychologique ou sociologique, le besoin qu'avait l'Homme d'assouvir une dominance pouvait alors être facilement satisfait chez tous, y compris les enfants, préadolescents et adolescents (peut-être pas les esclaves qui pouvaient trouver un réconfort auprès d'un autre « martyr » !). Tributaire de la stabilité sociale, chacun devait avoir la possibilité, « à la maison » et dans le clan, de reporter sur un individu les menaces, agressions, rejets ou exclusions qu'il subissait. Inféodés à l'Homme et sans rebellion possible, ou alors c'était probablement l'exclusion, la mutilation ou la mise à mort, les animaux domestiqués étaient des exutoires commodes puisque les dommages subis n'entraînaient pas de sanction familiale ou sociale à l'encontre de l'agresseur. Autrement dit, les animaux domestiqués ont pu être pour les dominés, en particulier les petits de l'Homme, des « soupapes » comportementales, psychiques et mentales toujours disponibles pour éponger les frustrations générées par des relations de dominance coercitive et une hiérarchie sociale non contestable, à moins de courir le risque d'être exclus de la famille ou du clan, ou même d'être éliminés. Mais, les enfants, jeunes et dominés ont découvert en même temps (nous venons de le voir, nous y reviendrons longuement dans la deuxième partie) un compagnon qui apaise, apporte une sécurité affective, donne ou redonne confiance en soi, « partage » les émotions, accepte d'entrer dans un accordage affectif et d'être un partenaire d'attachement « secure ». Les animaux domestiqués, au moins certains d'entre eux (chats, chiens, chevaux, genettes, chèvres, lapins), ont pu leur donner une autre image et un autre modèle que ceux de la dominance brute. Des enfants, préadolescents et adolescents ont eu ainsi l'opportunité de conserver ou développer énergie, vitalité, « joie de vivre », espoir, motivation, volonté, et faire face avec moins de dommage ou désespérance aux dominances despotiques au sein du groupe familial et dans le groupe tribal.

Dans les sociétés modernes, une réalité fréquente est aussi celle de la dominance plus ou moins despotique de l'Homme sur les animaux, malgré leur place et leur rôle dans sa vie affective. Dans sa volonté de façonner des serviteurs « aux ordres », il ne se gêne pas pour les enfermer non seulement dans un rapport de dominance obligé, mais aussi dans une relation hiérarchique stricte, non « négociable » et de tous les instants, souvent par des dressages fondés sur la punition plutôt que la récompense. En effet, seul un dressage qui entraîne une obéissance aveugle lui permet de manipuler l'animal, et de le contraindre à exécuter ce qu'il décide ou à ne pas faire ce qu'il interdit. Ce qui crée et renforce un sentiment de pouvoir et une omnipotence qu'il ne peut développer dans le cadre des lois ou règles de la famille et du groupe social. C'est donc logiquement qu'il a conservé, élevé et sélectionné des espèces faciles à conditionner et dresser. Le chat est « l'exception qui confirme la règle » (voir plus loin).

Cependant, tous les humains imposent peu ou prou une dominance « ordinaire » à leurs animaux, consciemment ou non, le plus souvent comme Monsieur Jourdain faisait de la prose dans *Le Bourgeois gentilhomme* de Molière. Il peut s'agir de reports ou de redirections de celle qu'ils subissent de la part de partenaires familiaux, professionnels ou autres. Les manifestations de dominance peuvent aussi être la conséquence de frustrations, de rejets, d'abandons, d'exclusions, d'agressions, de maltraitances ou d'événements insupportables. Considérant les animaux, la plupart « répondent » par des comportements de soumission ou de fuite. En revanche, certains peuvent tenter d'imposer leurs comportements et leur dominance aux humains. C'est par exemple ce qu'on observe chez les chiens qui parviennent à manger « dans l'assiette » d'un enfant et sur la table familiale, occupent le fauteuil ou le lit de l'une des personnes de la « niche familiale », menacent ou mordent celles qui tentent de les déloger. Parfois, c'est une « cause » de conflit ou de divorce et de perturbation chez l'enfant.

Pourtant, le chien est probablement l'animal qui se « prête » et se « substitue » le mieux et le plus souvent au besoin de dominance et d'omnipotence des personnes frustrées, abandonnées, rejetées, exclues, agressées, maltraitées ou facilement insécurisées par les événements. Il accepte en effet un dressage fondé sur une dominance sans partage (même s'il peut la transgresser), avec pour seules récompenses une nourriture minimale et la présence permanente, les élans à l'interaction et les comportements affiliatifs du maître. En outre, il est omnivore et a donc une plus forte probabilité que les individus d'une autre espèce de trouver lui-même sa nourriture par tous les temps et dans tous les milieux, y compris les poubelles, à condition qu'il ne soit ni concurrent, ni compétiteur, ni rival des humains.

3

Les conditions de la rencontre

La rencontre, puis l'établissement, le maintien et le renforcement de liens étroits entre l'Homme et les espèces animales qu'il a admises ou sélectionnées dans sa mouvance et son habitat ou qui se sont « imposées » auprès de lui, sont probablement le résultat de processus divers et compliqués.

La rencontre et les liens s'enracinent dans :

— l'histoire des espèces animales concernées ;

— l'histoire des groupes et sociétés d'animaux, selon qu'ils étaient sédentaires, nomades ou migrateurs, nocturnes ou diurnes, omnivores ou non ;

— l'histoire de l'espèce humaine ;

— l'histoire des groupes, tribus, communautés et sociétés d'humains au fil du temps, en particulier de leurs croyances, modes de vie et cultures ;

— les opportunités des rencontres entre les humains et les animaux, et les environnements dans lesquels elles ont eu lieu ;

— l'histoire particulière de chaque « individu-homme » et de chaque « individu-animal », et leur vécu ;

— la pression modelante du temps, c'est-à-dire les évolutions dues à la marque du temps passé ensemble (prises d'empreinte chez les petits des animaux et attachement(s) chez l'enfant ; durée, caractère épisodique et interruption des relations ; événements liés au développement individuel).

Concrètement, la rencontre durable entre les humains et certaines espèces, sous-espèces ou races d'animaux n'a pu avoir lieu sans que soient réunis plusieurs groupes de facteurs et d'influences compatibles avec les particularités, possibilités et compétences des deux partenaires.

De nécessaires compétences chez l'animal...

Pour être adoptés par l'Homme, les animaux ensuite domestiqués devaient avoir des particularités, possibilités et compétences qui leur permettaient de dépasser un certain nombre de répulsions, contraintes et inhibitions pour rencontrer les individus d'un autre monde.

LE DÉPASSEMENT DES RÉPULSIONS, CONTRAINTES ET INHIBITIONS INHÉRENTES À L'APPARENCE, AU COMPORTEMENT ET AUX ACTIVITÉS DES HUMAINS

Il a fallu que les animaux « candidats à une élection » par les humains ne soient pas effrayés, en tout cas repoussés, dissuadés ou inhibés par des particularités incompatibles ou peu compatibles avec leurs caractères spécifiques, c'est-à-dire, principalement, une bipédie étrange qui libère le regard et le geste, une capacité d'évolution dans tous les milieux (terrestre, aérien, aquatique), des productions vocales uniques et impossibles à décoder (le langage), des gestes organisés, des mains « qui savent tout faire » et toute une gamme de comportements inhabituels et insolites.

En outre, ils devaient accepter, en tout cas ne pas fuir, des activités et spectacles dont ils ne pouvaient comprendre le sens et la signification (feux « domestiqués », chants, musiques, danses, rituels, sacrifices, bruits effectués avec des objets inconnus dans la nature, etc.).

On peut donc émettre l'hypothèse que les espèces « élues » ont d'abord dû vaincre la peur des étrangetés humaines avant de se laisser apprivoiser. Elles y sont peut-être parvenues parce qu'elles vivaient depuis longtemps dans les mêmes biotopes et pouvaient ainsi observer les personnes sans être inquiétées et sans les inquiéter. Parallèlement, avec la pression modelante du temps, la présence et les comportements de ces espèces sont devenus pour l'Homme des réalités familières. Elles sont devenues des « éléments du paysage » et en même temps des indicateurs de sécurité (« tant que ces individus sont là et ont leurs comportements habituels, c'est qu'il n'y a pas de danger »). Une familiarité apaisée et partagée a pu s'installer dans le cadre d'une « cohabitation » fondée sur le respect mutuel d'une certaine distance. Il est possible que les rencontres répétées entre les individus restés sauvages et leurs congénères capturés puis adoptés, mais laissés libres de leurs mouvements, aient joué un rôle inducteur ou facilitateur dans l'approche des humains en réduisant la distance critique de fuite chez un nombre croissant d'individus.

Mais on peut aussi imaginer que l'approche et la rencontre ont été le résultat de mutations génétiques dans des systèmes bio-psychologiques qui « organisent » les interactions entre individus de la même espèce, et aussi entre espèces différentes. Elles ont dû logiquement concerner :

Les systèmes perceptifs des animaux, notamment ceux qui interviennent dans la réception et le traitement des odeurs. – On sait en effet que, chez les mammifères terrestres, la plupart des interactions entre individus, groupes et communautés ou sociétés sont régulées par des molécules odorantes dont la fonction première est la communication (les phéromones). Le comportement des animaux le plus souvent présents dans la mouvance et l'habitat de l'Homme (chats et chiens), et dont l'odorat est très développé, est fortement influencé par les messages olfactifs. C'est aussi le cas des chevaux, vaches, moutons, chèvres, hamsters, cobayes et des autres mammifères terrestres qui ont été domestiqués. Il est donc possible qu'à la suite de mutations dans les perceptions olfactives, et avec l'installation d'une familiarité croissante, les odeurs des humains n'aient plus été perçues comme forcément aversives ou émanant d'un prédateur, et que certaines soient même « devenues » attractives, sécurisantes et recherchées. Actuellement et banalement, chacun peut constater cette évidence. En effet, lorsque les chiens et les chats ont le choix, ils se couchent et « s'endorment » sur une pièce de vêtement ou un autre objet qui véhicule l'odeur d'une personne familière, même si le substrat est inconfortable. Ils suivent la piste odorante qu'elle laisse au cours de ses déplacements, et la retrouvent facilement quand elle a disparu de leur champ visuel. Le premier comportement d'un chien qui rencontre une personne inconnue est de la flairer, principalement au niveau de la zone génitale. Ce qui n'est pas sans créer une gêne chez elle et le(s) maître(s) de l'animal. Il n'est pas rare d'observer un chien ou un chat le museau engagé dans la pantoufle d'un humain familier ou allongé sur ses chaussures.

Les capacités olfactives du chien, combinées à ses capacités auditives, sont d'ailleurs « exploitées » pour détecter les personnes enfouies sous les décombres d'un immeuble ou dans des « structures » souterraines, « égarées dans la nature » ou disparues « sans laisser d'adresse », ou encore percevoir la présence et l'approche d'un tiers.

Il est aussi possible ou probable, selon les odeurs humaines, que les chiens discriminent, connaissent et reconnaissent celles qui sont modifiées au moment de certains événements physiologiques (par exemple, le cycle ovarien), et celles qui traduisent des émotions (joie, peur, colère, tristesse) ou affects (déprime, anxiété, angoisse). En outre, dans une situation expérimentale où ils sont mis en présence de deux poupées dont l'une est habillée des sous-vêtements portés par l'enfant familier (tricot, culotte et chaussettes) et l'autre de ceux d'un inconnu du même âge, ils n'ont pas le même comportement de flairage lorsqu'ils explorent les différents habits, et selon que ces poupées véhiculent une odeur connue ou non (Millot *et al.*, 1987, 1988, 1989 ; Filiatre *et al.*, 1988, 1990, 1991). Par exemple, s'ils flairent beaucoup la culotte de l'enfant étranger, ils ne s'attardent pas sur celle de l'enfant familier (ils l'« identifient » rapidement), mais sur son tricot, c'est-à-dire le vêtement imprégné de l'odeur du tronc, et sur la tête de la poupée, pourtant sans odeur humaine. Ils explorent donc souvent et longuement les zones corporelles impliquées dans la plupart des interactions ludiques avec les enfants. Plus généralement, le chien perçoit des informations différentes selon l'origine corporelle des odeurs, et selon qu'elles sont familières ou nouvelles. Il paraît même capable de percevoir que l'odeur corporelle d'un enfant psychotique ou autiste est différente de celle d'un enfant « ordinaire » (Eckerlin *et al.*, 1992). Les chiens pourraient donc contribuer à une meilleure identification et connaissance de la vie émotionnelle du petit de l'Homme. Et aussi de la « nature », du degré de gravité et de l'évolution des différents troubles des conduites enfantines, quels que soient les manifestations comportementales et discours de l'enfant et de ses parents. C'est-à-dire les anomalies qui traduisent des désordres mentaux plus ou moins profonds, mais masqués par les apparences, et les particularités psychologiques anormales ou inquiétantes, mais plus superficielles, rapidement réversibles et plus faciles à soigner. Les odeurs corporelles pourraient notamment révéler l'origine génétique de certaines anomalies ou fragilités récurrentes dans certaines familles, par rapport à l'histoire et au vécu de chaque enfant. En outre, des observations récentes semblent montrer que le chien peut détecter olfactivement l'évolution cancéreuse d'un mélanome. On peut aussi supposer que le développpement individuel est jalonné par des indicateurs olfactifs qui évoluent différemment d'un enfant à l'autre, y compris dans la fratrie (les mères savent qu'au même âge leurs enfants n'avaient pas la même odeur corporelle). Une meilleure connaissance de ces phénomènes apporterait un éclairage intéressant sur les modifications comportementales et psychiques qui sont liées au fonctionnement des glandes endocrines avant et pendant la puberté. Elle créerait, dans la famille et à l'école, les conditions d'une meilleure écoute et compréhension de ces transformations biopsychologiques « incontournables » qu'on ignore souvent. Des témoignages de parents attentifs suggèrent que les chiens ne s'y trompent pas. Ils rapportent en effet des différences dans le comportement de flairage (et de léchage) du chien familial vis-à-vis de leur(s) enfant(s) entre 8 et 12 ans, et en même temps dans leurs réactions, surtout chez les filles. Plus généralement, s'il était scientifiquement établi que les chiens n'ont pas le même comportement lorsqu'ils perçoivent des variations qualitatives dans les odeurs corporelles des enfants de tous âges, modifiant ainsi le comportement du partenaire humain, ils pourraient contribuer à rendre plus lisibles les effets d'une psychothérapie, d'un changement d'environnement, ou de toute autre mesure qui se traduiraient par des modifications olfactives des sécrétions cultanées en relation avec le fonctionnement cérébral et hormonal. Et ce, bien évidemment, en complément des examens et évaluations cliniques. Il est dommage qu'un tel « outil » ne puisse être envisagé en raison du scepticisme des psychologues, psychiatres et pédopsychiatres dès lors qu'il s'agit des indicateurs de l'« animalité » de et dans l'Homme, en l'occurrence les odeurs corporelles. Aucune voie ne doit être négligée pour mieux comprendre les désordres du comportement et du psychisme de l'être humain. Il y a tellement de difficultés qu'on ne sait pas résoudre et tellement d'enfants et de familles qui vont mal !

Par ailleurs, il serait intéressant d'effectuer les études olfactives précédemment évoquées avec des canidés sauvages du genre *Canis*, familiarisés ou non à la présence humaine (loups, coyottes, chacals). Il serait en effet étonnant qu'ils aient, à l'égard des odeurs humaines, des capacités de discrimination comparables à celles des chiens, et qu'ils soient sécurisés par certaines d'entre elles. Ceci nous apporterait des connaissances inédites sur l'univers olfactif des espèces sauvages par rapport à celles qui ont été domestiquées, et en même temps contribuerait à étayer l'hypothèse d'une mutation génétique dans les systèmes olfactifs des canidés admis par l'Homme dans sa mouvance et son habitat.

Parallèlement, des mutations seraient aussi survenues dans les systèmes de perception auditive des animaux domestiqués, principalement leur réactivité aux bruits, cris, vocalisations, musiques et productions langagières de l'Homme, ainsi que dans leur capacité de décodage du sens et de la signification de ces stimulations. En effet, lorsque des humains parlent à leur chat ou à leur chien, il est fréquent que l'animal réponde par des miaulements ou des aboiements brefs et caractéristiques alors qu'il ne le fait pas avec les mêmes « motifs vocaux » (le chien), ou ne le fait pas du tout (le chat) si c'est une autre personne qui s'adresse à lui. En revanche, les mêmes productions langagières (et aussi les bruits, cris et vocalisations) ont une forte probabilité de provoquer la crainte, l'évitement ou la fuite, parfois l'agression, des canidés et félidés sauvages, y compris les proches « cousins » du chien et du chat (chacal, coyotte, renard, chat sauvage, lynx, ocelot, puma). Ces espèces ne se laissent pas domestiquer.

Des mutations ont pu aussi se produire dans les systèmes olfactifs et auditifs des autres mammifères terrestres également admis dans la mouvance de l'Homme, mais auxquels il a donné un autre statut (chevaux, chèvres, chameaux, rennes, éléphants, lapins, hamsters, cobayes).

S'agissant des systèmes auditifs, cette hypothèse est peut-être plus justifiée encore pour les perroquets et les dauphins. En effet, les premiers ont la capacité de reproduire des éléments « linguistiques » du système de communication et de conceptualisation le plus sophistiqué qui soit, c'est-à-dire les phonèmes, « mots » et « phrases » des « langues humaines », comme s'ils possédaient la double articulation « phonème-morphème » (« bruit et élément de sens ») que beaucoup de spécialistes considèrent comme une barrière majeure entre le langage humain et la communication animale, entre l'humanité et l'animalité (les perroquets ne sont pas les seuls oiseaux capables de siffler, chanter et parler « comme les humains », il y a aussi les mainates et certains corvidés). Il a fallu chez l'ancêtre du perroquet une mutation extraordinaire ou une série de mutations inimaginables qui portent à la fois sur les systèmes de traitement et de perception des informations auditives, et les systèmes de reproduction des items « linguistiques » (les décisions motrices du système nerveux central, le fonctionnement de l'organe phonateur – ou syrinx – et la langue cornée et charnue du perroquet). En fait, on ne sait rien de l'histoire des capacités « linguistiques » de ces oiseaux, ni comment « ça fonctionne ». En tout cas, ils ont pu ainsi se rapprocher de l'Homme et être acceptés dans sa mouvance et son habitat.

À propos des dauphins, les questions sont également complexes. En plus des mutations qui ont abouti à la différenciation d'un organe unique sur la partie céphalique (un sonar qui fonctionne comme un radar) et d'un système sophistiqué de productions sonores et ultrasonores pour se repérer, s'orienter et communiquer avec les congénères, il a en fallu d'autres qui modifient leur perception du « langage aérien » parlé par l'Homme. En effet, comme le montrent les études expérimentales, notamment celles qui sont fondées sur le conditionnement, ils sont les seuls animaux à l'entendre aussi bien et à le comprendre aussi précisément depuis le milieu aquatique et, quand ils émergent, dans le milieu terrestre. Certains spécialistes ont même pensé, et pensent encore, qu'un langage commun pourrait être élaboré, en vue notamment d'utiliser le dauphin comme agent de liaison entre la surface et les sous-marins.

Si on revient aux chiens, on peut se demander si les mutations perceptives se sont produites chez des loups ou des chiens sauvages, et ont ainsi donné naissance à une nouvelle espèce qui s'est laissée domestiquer, ou si elles ont modifié un ancêtre commun. En effet, rien ne permet d'affirmer que le chien est issu du loup, contrairement à ce qui est communément dit et écrit. On peut s'interroger parallèlement sur la filiation du chat domestique. Il est tellement différent du chat sauvage et du lynx dans ses réactions aux êtres humains et ses relations avec eux ! Le même questionnement vaut pour les chevaux domestiques par rapport à l'ensemble des ongulés, les dauphins comparés à l'ensemble des cétacés, etc.

La distance spécifique de fuite que déclenche l'approche d'un humain, et/ou l'inhibition de la peur « ancestrale » de l'Homme. – La comparaison des espèces sauvages de la famille des canidés avec le chien domestique montre très clairement que, vis-à-vis de l'Homme, leur distance critique de fuite est très grande et qu'elles fuient sa présence. C'est aussi une évidence pour les félidés sauvages par comparaison avec le chat domestique ou encore les ongulés sauvages par rapport à leurs « cousins chevaux » domestiqués et devenus familiers de l'Homme (par exemple, si on compare le zèbre et le cheval). Là encore, des mutations génétiques pourraient expliquer une séparation des « lignées » domestiquées et des espèces sauvages à partir d'un ancêtre commun, et donc une évolution distincte.

Les ritualisations, c'est-à-dire les processus au cours desquels des comportements se sont dégagés de leurs finalités initiales pour se charger d'une fonction de communication symbolique. – Par exemple, si on se fonde sur les réalités actuelles, les « offrandes » des chiens aux humains. En effet, chez les chiens sauvages d'Afrique qui chassent en groupe (les lycaons), lorsqu'une antilope a été abattue et égorgée, des adultes prélèvent de la viande et reviennent au terrier pour la régurgiter (« l'offrir ») aux chiots, avant de se nourrir eux-mêmes, y compris quand ça n'est pas leur progéniture (par exemple, une femelle « célibataire » lorsque la mère est morte). S'agissant des chiens domestiques dont la vie sociale est beaucoup moins élaborée, notamment au sein d'une meute, il est habituel, même s'il peut y avoir des bavures, que, s'ils appartiennent à une race spécialisée dans la chasse, et alors qu'ils viennent d'attraper un lapin ou un oiseau, ils emportent leur proie pour la déposer aux pieds de leur maître sans l'avoir entamée. C'est évidemment le résultat d'un dressage, avec une récompense ou punition « à la clé ». Pourtant, les corniauds savent aussi chasser et peuvent présenter le même comportement, mais « spontanément » (sans avoir subi de dressage), comme s'ils faisaient « délibérément » une offrande à leur partenaire humain. Quel étonnement pour l'enfant qui en est le « bénéficiaire » et n'a jamais reçu un tel cadeau ! Et aussi, parfois, quelle désapprobation ou tristesse quand il s'agit d'une tourterelle ou d'un petit lapin ! On peut penser que le chien manifeste un comportement chargé du même sens ou ayant la même signification lorsqu'il dépose aux pieds de l'enfant un objet sans valeur alimentaire, par exemple une balle, poupée lancée par le petit voisin au-dessus du grillage ou mur de séparation avec la maison d'à côté, ou tout simplement un bâton, comme si c'était une offrande. En tout cas, c'est ainsi que beaucoup d'enfants interprètent le comportement de l'animal (« Tu as vu ce qu'il m'a donné », disent-ils à leurs proches.)

Le comportement affiliatif et symbolique du chien interprété par l'Homme comme une offrande pourrait être le résultat d'un processus de ritualisation à partir des comportements ancestraux et spécifiques dont les finalités biologiques étaient la chasse et l'approvisionnement des petits.

Il est aussi fréquent qu'on interprète comme une offrande le comportement du chat qui dépose une souris ou un oiseau sur le paillasson de la porte d'entrée de « sa » maison, même si, le plus souvent, il n'en reste que la vésicule biliaire ou les plumes. On peut y voir un acte symbolique, mais on ne peut le qualifier de ritualisé. En effet, on ne connaît pas d'espèce sauvage de félidés dont les comportements de chasse et d'approvisionnement des jeunes soient peu ou prou comparables à ceux des lycaons.

Particulièrement exploité au cirque, le comportement de « salutation » du cheval dans ses interactions avec l'Homme pourrait constituer un autre exemple de ritualisation. Perçu comme un acte affiliatif et symbolique, il se serait dégagé de ses finalités spécifiques, c'est-à-dire la parade qui précède l'accouplement, l'affrontement entre mâles et/ou la relation de la mère avec son poulain.

Les comportements « humanomorphes » (de même forme que dans l'espèce humaine), infantiles et apaisants, en tout cas non insécurisants. – Par exemple, chez le chien et le chat, l'adoption en présence d'un humain d'une posture bipède qui peut renvoyer à celle des jeunes enfants au moment où ils acquièrent la station debout : assis sur l'arrière-train ou dressé sur ses pattes arrière, l'animal se met « debout » avec les pattes avant repliées, avance avec une démarche hésitante et pataude, et exhibe ainsi son abdomen, zone particulièrement sensible et vulnérable. *Les mutations ont pu aussi concerner les postures et « expressions faciales » qui évoquent des émotions ou intentions non perçues comme menaçantes par l'Homme.* Par exemple, le bien-être (selon les enfants : le « contentement », la « joie », le « bonheur ») que l'on perçoit chez un chien qui s'approche sans précipitation ni agressivité et dont le corps est détendu (« relax »), le regard direct (« franc »), la gueule entrouverte (ce qui « s'apparente » à une bouche entrouverte dans un visage souriant), avec des halètements mêlés de vocalisations plaintives dans un registre de « bébé », en tout cas de type infantile ou juvénile. Lorsqu'il marque une pause à proximité du maître, l'animal est bien planté sur ses pattes. Il a les oreilles dressées dans une attitude d'immobilité attentive et respectueuse, prêt à exécuter un ordre. En même temps, la queue est animée de mouvements de balayage clairement visibles qui ne peuvent refléter la peur ou la colère. Rien n'est caché, et aucun comportement ne peut être interprété comme une menace. Par comparaison, le chat paraît indiquer un état de bien-être lorsqu'il s'approche avec une allure chaloupée, la queue verticale, le regard direct, les oreilles droites et les vibrisses « alignées » dans un plan vertical. Là aussi, tout est exhibé, il n'y a pas de piège. Arrivé à proximité de la personne, le chat ronronne, baisse la tête et se frotte aux jambes du partenaire, émet des miaulements « musicalement » infantiles ou juvéniles. Ou bien, il s'installe sur son arrière-train et distribue des « œillades » (fermetures, clignements et clignotements des yeux : voir deuxième partie).

Si on observe les enfants (et de nombreux adultes) au cours de l'accueil d'un chien ou d'un chat qui déploient de tels comportements d'approche et d'attitude proximale, on constate qu'ils sourient, rient, appellent, nomment, produisent des bruits de bouche ou claquements de langue, sollicitent avec la main tendue et la tête penchée latéralement, offrent, parlent, se penchent en avant ou s'accroupissent pour recevoir l'animal, puis le caressent ou lui tapotent la tête ou le flanc et se fait « lécher ».

Par conséquent, la probabilité est élevée que l'Homme ait laissé s'approcher de lui des canidés et félidés génétiquement modifiés par le « jeu » de mutations qui ont fait émerger des comportements qu'il a pu interpréter sans en avoir peur, et auxquels il pouvait s'identifier. Il pouvait en particulier leur attribuer un sens et une signification de soumission, d'apaisement, de quête affective, de sollicitation ou d'offrande. Il est possible que, parallèlement, des mutations soient survenues dans les systèmes perceptifs et cognitifs de l'Homme (voir plus loin), avec pour conséquence des modifications dans ses perceptions et interprétations des « candidats à la cohabitation ».

On ne peut donc exclure que l'élection puis la sélection des animaux domestiqués par l'Homme aient reposé sur des changements concomitants ou contemporains dans leurs patrimoines génétiques. Une familiarité des signaux respectifs et des partages de codes au moment de la rencontre mutuellement acceptée ont pu alors ouvrir la voie à des partages d'émotions et d'états affectifs, peut-être homologues, en tout cas analogues, dès lors que l'Homme a eu le sentiment de vivre des interactions accordées avec l'animal.

LE DÉPASSEMENT DES CONTRAINTES, RÉPULSIONS ET INHIBITIONS ALIMENTAIRES

Les animaux devaient avoir la possibilité d'accepter les nourritures imposées par l'homme, ou de satisfaire leurs besoins alimentaires sans aucun coût pour lui. C'est-à-dire :

— pour les herbivores, le pâturage dans des lieux imposés. Les espèces adoptées devaient avoir la capacité d'y manger des plantes inconnues, de les digérer, de les métaboliser et, hors saison, de les accepter séchées (foin, paille), en tout cas si elles étaient suffisamment nutritives pour que les fonctions vitales de l'espèce soient préservées. C'était le cas des chevaux, des vaches, des moutons.

En l'absence de pâtures (ou du concept même de pâturage), il fallait qu'ils soient peu exigeants et puissent se nourrir des seuls végétaux disponibles (les lichens pour les rennes, les plantes du désert pour les chameaux et dromadaires), ou atteindre les plantes d'accès difficile en mobilisant leurs seules capacités motrices (les ronces, plantes et arbustes de rocaille pour les chèvres). Ou alors, l'habitat humain « d'accueil » était inséré dans un milieu où leur nourriture habituelle était toujours disponible (la végétation de la jungle ou de la savane pour les éléphants) ;

— pour les granivores, une grande diversité de graines, y compris inconnues (perroquets, volaille). Ils devaient être « généralistes » et « opportunistes » ;

— pour les carnivores, l'acceptation des restes de l'alimentation humaine, y compris lorsqu'ils étaient moisis ou pourris, ou réduits à des os et peaux. Il fallait aussi qu'ils ne soient pas des carnassiers stricts, mais des « carnivores-omnivores » qui puissent s'adapter au régime alimentaire des adoptants, par exemple les poissons, le lait, le miel, les œufs alors que, auparavant, ils se nourrissaient essentiellement ou exclusivement de viande de mammifère ou d'oiseau (les chiens et les chats). Ou alors, s'ils étaient plus « difficiles » et spécialisés dans leur alimentation, ils devaient avoir la capacité, sans être compétiteurs, de « trouver » leur nourriture dans l'habitat même de l'Homme, ou l'environnement immédiat, mais sans aucun coût pour l'adoptant (les rongeurs et oiseaux pour les chats et chiens, les rongeurs et autres petits mammifères pour les genettes et pythons). Ils devaient donc bénéficer d'une grande liberté de mouvement au sein ou autour de l'habitat ;

— pour les autres, l'acceptation de tout. Ils devaient être omnivores ou « opportunistes » (lapins, cochons).

En résumé, pour dépasser les contraintes, répulsions et inhibitions alimentaires inhérentes à l'adoption par l'Homme, il fallait que les animaux devenus domestiques soient adaptables à ce qu'il décide, flexibles ou généralistes, sans exigeance forte vis-à-vis de l'Homme et non concurrents, compétiteurs ou rivaux, ou qu'ils puissent prélever leur nourriture dans le milieu naturel.

LES CONTRAINTES INHÉRENTES AUX RYTHMES

Les animaux « domesticables » devaient pouvoir ajuster leurs rythmes à ceux de l'Homme et induire chez lui des réajustements de ses propres rythmes pour qu'il y ait entre eux compatibilité, en tout cas non-incompatibilité, qu'il s'agisse des rythmes d'action et d'activité, des alternances de la veille et du sommeil, des repas, des rythmicités et cycles physiologiques. Par exemple, pour ces derniers, le cycle ovarien versus *le cycle de réceptivité sexuelle (ou œstrus) des femelles de mammifères.*

La plupart des espèces adoptées actuellement par l'Homme sont diurnes et faciles à conditionner. Elles peuvent donc s'ajuster sans difficulté majeure à son organisation temporelle au cours des 24 heures et d'une journée à l'autre, en particulier à ses rythmes, qu'ils soient circadiens (rythmes biologiques et bio-psychologiques dont la période est d'environ 24 heures), ultradiens (rythmes rapides dont la période est inférieure à 24 heures), ou sociaux. C'était aussi probablement le cas aux temps préhistoriques.

Considérant les herbivores, ils pouvaient vivre leurs rythmicités en libre cours lorsqu'ils étaient libres de leurs mouvements, en tout cas lorsque la nourriture naturelle était disponible et lorsque les conditions climatiques s'y prêtaient. Dans les temps anciens, le coût de leur maintenance pour l'Homme était alors probablement nul ou très faible. La sélection naturelle régulait la reproduction et la survie. C'est seulement lorsque les humains ont découvert les bénéfices de l'élevage pour eux, leur famille, leur tribu qu'ils ont dû organiser leurs activités en fonction des rythmicités animales. Il leur a fallu mieux connaître et maîtriser le cycle de reproduction des espèces sélectionnées. Ils ont dû aussi modifier leur rythme d'activité dans la journée et d'une journée à l'autre pour traire les vaches, les chèvres, les brebis, les rennes à des moments déterminés par leur « rythme laitier », ou pour d'autres nécessités biologiques (mise bas, bouchonnage des chevaux). Et aussi, quand cela était nécessaire, pour les approvisionner dans l'environnement naturel. Les herbivores en liberté devaient pouvoir s'ajuster, eux aussi, aux rythmes de l'Homme, c'est-à-dire ses alternances de veille et de sommeil, ses repas et plus généralement son rythme d'activité.

La mise sous abri des mammifères restés dans la mouvance de l'Homme a encore accentué la nécessité d'un ajustement mutuel de leurs rythmes au cours des 24 heures et d'une journée à l'autre, et aussi au fil des saisons. Les animaux ont dû alors apprendre et anticiper les moments de leur approvisionnement, traite, tonte avec pour conséquence de conduire les personnes à penser qu'ils les attendaient non seulement pour être nourris, soumis à la traite, tonte, mais aussi pour retrouver un partenaire familier. D'autres dimensions ont pu alors se développer : celles de l'accordage émotionnel et affectif, et de l'attachement (voir deuxième partie).

Les espèces admises à l'intérieur même de l'habitat de l'Homme ont dû pouvoir s'ajuster encore plus étroitement à ses rythmicités au cours des 24 heures, c'est-à-dire principalement les rythmes d'activité, les alternances des épisodes de veille et sommeil et les repas des différentes personnes. Synchronisé avec et par ses partenaires, l'animal ne devait pas les déranger, sauf lorsqu'ils le sollicitaient ou l'exploitaient. Il pouvait s'immiscer dans leurs interactions, à condition de respecter les temps réservés aux activités humaines (tâches domestiques, « artisanat », méditation). Si on se fonde sur les réalités actuelles, le chien et le cheval sont, parmi les espèces diurnes admises par l'Homme dans son habitat, les mieux adaptables et ajustables aux organisations temporelles des humains.

On peut comprendre que peu d'espèces nocturnes aient pu être acceptées et admises dans la mouvance et l'habitat de l'Homme, espèce diurne, à moins d'être enfermées ou limitées dans leurs déplacements (cobayes, hamsters, souris, rats). Le chat est probablement la seule espèce qui ait pu se plier aux rythmes des humains en gardant sa liberté parce qu'il est opportuniste et flexible. En effet, le chat n'a pas de rythme d'activité clairement déterminé par l'alternance du jour et de la nuit. Il organise ses rythmes en fonction de ses besoins et des informations qu'il a sur les ressources alimentaires du milieu et de l'habitat, les facteurs climatiques et saisonniers, les compétiteurs intérieurs et extérieurs, le groupe familial. Il peut ainsi décider de dormir toute la nuit dans la « niche familiale » ou de vivre à l'extérieur sa vie d'animal nocturne. Aux temps anciens, dans un lieu humain qui était ouvert en permanence sur l'extérieur (bivouac, grotte, tente, hutte), les allées et venues du chat ont pu être tolérées ou ignorées puisqu'elles étaient silencieuses et n'entraînaient aucun coût pour les humains, c'est-à-dire des contraintes nourricières, investissements de temps, perturbations du rythme veille-sommeil et changements d'habitudes ou de rites. Au contraire, puisque l'animal les protégeait des rongeurs et d'autres intrus, et pouvait les alerter de l'imminence d'un danger potentiel.

LES CONTRAINTES INHÉRENTES À L'ORGANISATION DES RELATIONS DANS LE GROUPE ANIMAL ET AUX COMPORTEMENTS SOCIAUX DE L'ESPÈCE

Pour être adoptés par l'Homme aux temps préhistoriques, il a fallu que les animaux appartiennent à des espèces dont la vie sociale reposait sur des relations de dominance-subordination et des interactions hiérarchisées. En effet, sortis de leur groupe social, les individus appartenant à ces espèces devaient ensuite accepter, sans remise en question, et quels que soient les avatars du quotidien, les règles de « dominance-subordination » et le pouvoir hiérarchique d'une espèce humaine omnipotente dont la supériorité cognitive lui permettait de capturer, apprivoiser, maintenir en captivité, conditionner et inféoder « qui elle voulait » (voir précédemment). À l'occasion, les humains pouvaient aussi les manger, les torturer ou les éliminer.

Comme nous l'avons vu, il fallait aussi que, au moment de la rencontre, ces espèces aient des comportements ritualisés dont le sens et la signification pouvaient être clairement décodés et reconnus par l'Homme, surtout ceux qui autorisaient une approche sans risque. Il fallait que l'agressivité des humains fût contenue et canalisée, en même temps que l'instinct de prédation de l'animal fût inhibé. Les candidats à la domestication devaient également avoir la possibilité d'exhiber des comportements néoténiques, c'est-à-dire naturellement manifestées par les petits (chiots, chatons, poulains), qui désamorcent, atténuent ou détournent les menaces, rejets et agressions des personnes, et pas seulement des individus de leur espèce. Au fond, ils devaient avoir la possibilité comportementale de « limiter les dégâts » en privilégiant des « conduites » infantiles ou juvéniles, a priori *inoffensives, et en exhibant leur potentiel ludique (« jouer pour jouer » : voir Bensch, 2000). Une fois adoptés par l'Homme, ils pouvaient mobiliser ces « façons d'être » pour continuer à « limiter les dégâts » dans leurs interactions avec un maître frustré, furieux, agressé, blessé, contesté dans sa position hiérarchique, mais aussi pour le séduire (voir plus loin).*

LES CONTRAINTES INHÉRENTES AUX CONDUITES, ACTIVITÉS, MODES DE VIE ET CHANGEMENTS DE MILIEU DES HUMAINS

Les espèces domestiquées devaient avoir des comportements flexibles pour dépasser les contraintes inhérentes aux conduites, activités, modes de vie et changements d'environnement des humains et de leurs groupes. Elles devaient avoir la faculté de s'adapter aux conduites et activités quotidiennes de ceux-ci (repas, habitudes et rites alimentaires, allaitement des bébés, relations sexuelles, rituels, compétitions physiques et autres, réunions, allées et venues), en particulier celles qui avaient une incidence « économique » (chasse, pêche, cueillette, récolte, culture, élevage, artisanat, commerce), et organisaient la pérennité de la communauté (fêtes, sacrifices, défense du territoire, rapts et esclavagisme, guerre). *Leurs capacités d'adaptation pouvaient être d'autant mieux reconnues que leurs conduites pouvaient être interprétées comme des manifestations émotionnelles, affectives et intelligentes qui ne pouvaient porter ombrage aux personnes.*

Les espèces animales qui se sont le plus facilement et souvent imposées et implantées sont probablement celles à qui on attribue actuellement la capacité génétique de prendre une double empreinte au cours de leur « petite enfance », c'est-à-dire :

— une prise d'empreinte spécifique dans la relation initiale avec la mère. C'est le phénomène d'*imprinting* ou *Prägung* proposé par Heinroth (1910) puis théorisé par Lorenz (1935-1941). La théorie postule que le jeune oiseau nidifuge (poussin de poule, caneton) prend l'empreinte de sa mère en tant que congénère et en tant que « compagnon-parent » au cours d'une « période » dite critique ou sensible après l'éclosion. C'est en la suivant automatiquement dans ses déplacements (comportement admis comme génétiquement codé) qu'il reconnaîtrait les caractéristiques de son espèce (selon Lorenz, l'oisillon possède un schéma inné du « compagnon spécifique »), et apprendrait à connaître les particularités de sa mère. En l'absence de la mère pendant cette « période », le poulet et le caneton peuvent « prendre l'empreinte » d'un individu d'une autre espèce, par exemple un humain, ou tout autre « objet » mobile (par exemple, pour un poussin de basse-cour, la couveuse que l'on déplace). Le phénomène d'*imprinting* a été élargi d'abord aux oiseaux nidicoles (par exemple, la tourterelle), puis aux mammifères dont le chat et le chien. Chez le chat, la prise d'empreinte spécifique s'installerait et se consoliderait pendant les huit semaines qui suivent la naissance ; chez le chien pendant les dix à douze premières semaines. Nous y reviendrons. Il a même été postulé qu'elle existait chez l'Homme ;

— une prise d'empreinte de l'espèce humaine. Elle permettrait aux chatons et chiots de connaître et reconnaître les caractéristiques de l'espèce humaine, et pas seulement de la ou des personnes du milieu de vie (chez le chaton entre huit et douze semaines ; chez le chiot à partir de dix-douze semaines). Elle serait un fondement des liens particuliers qui se nouent électivement et sélectivement entre l'Homme et ces espèces. Le chat et le chien peuvent en effet se voir attribuer tous les statuts par les humains, c'est-à-dire « utilitaires », de compagnie ou familiers (voir chapitre 4).

Les espèces qui avaient la capacité de prendre une double empreinte dans les temps anciens avaient donc peut-être des prédispositions à décoder les signaux et conduites de l'Homme. Il en est de même pour l'époque moderne. Des scientifiques formulent même l'hypothèse que certaines espèces domestiquées pourraient avoir des images préformées de l'Homme, c'est-à-dire des représentations génétiquement codées de son apparence, son comportement et donc sans avoir jamais rencontré un humain.

Les animaux domestiqués ont dû aussi se plier à ses changements de mode de vie (sédentarité, nomadisme, migration), et s'ajuster à de nouveaux milieux. Leurs compétences spécifiques ont pu être alors tout à fait essentielles dans leur ancrage à l'Homme, voire leur survie, quand elles contribuaient à son adaptation dans un environnement nouveau. Par exemple, en recherchant, trouvant et rapportant des ressources vitales comme l'eau, le gibier, les racines, bulbes et truffes, et en détectant la présence ou l'arrivée de prédateurs animaux ou humains, grâce à des capacités olfactives ou auditives hors du commun, en tout cas bien supérieures à celles de l'Homme. Ou encore, en permettant par leurs aptitudes physiques ou physiologiques la conquête de lieux stratégiques et de milieux naturels dont l'accès et la pénétration étaient difficiles.

... et chez l'homme

Les choix effectués par les humains des sociétés modernes en faveur de tel ou tel animal pour en faire un compagnon de la vie quotidienne, et la diversité des modes de cohabitation conduisent à penser que, selon ses besoins ou attentes, l'Homme des temps anciens a accepté, « adopté » ou sélectionné des espèces, races ou individus à partir d'un faisceau de critères dont la plupart ont été évoqués ou soulignés. On peut ainsi les présenter ou préciser :

Au moment de la rencontre à l'initiative des uns ou des autres ou de la capture, les humains ne devaient pas percevoir les animaux comme des êtres insécurisants ou menaçants. Il ne fallait pas davantage qu'ils les considèrent comme des concurrents, rivaux ou compétiteurs pour l'occupation des territoires et niches écologiques, l'exploitation des ressources du milieu, la possession des femelles et l'exercice du pouvoir.

Il fallait que, par sa morphologie, son anatomie, son allure et son comportement, l'animal donne avant tout l'apparence d'un être inoffensif, en tout cas rassurant et pacifique (voir précédemment). Ce qui, par exemple, n'est pas le cas actuellement pour un fauve ou un jars. Les espèces dangereuses n'ont été admises et maintenues auprès des humains que temporairement pour impressionner et mieux asseoir le pouvoir des chefs ou des prêtres (les jaguars pour les Mayas d'Amérique centrale, les guépards pour les pharaons de l'Égypte antique, les tigres et cobras royaux pour les maharadjas de l'Inde). C'était parfois pour des raisons esthétiques et mythiques confinant au sacré (au Mexique et au Guatemala, l'oiseau Quetzal a donné son nom au dieu précolombien Quetzalcoatl). Aucune de ces espèces n'a été réellement domestiquée, même quand elle a pu faire illusion pendant quelque temps (le guépard). Y compris lorsque les jeunes animaux sauvages ont été adoptés pour leurs caractéristiques infantiles ou juvéniles, « forcément » inductrices d'émotions : apparence de gros « nounours », allure pataude, comportements néoténiques *a priori* inoffensifs, comportements affiliatifs et ludiques (léchages, frottements corporels, « piaulements ») des lionceaux et bébés d'ours, de tigres, jaguars, guépards ou pumas. Il est arrivé que, pour concrétiser une idée romantique, ils soient choisis pour être des compagnons de jeu des enfants. Mais, malgré les belles légendes et les fables, ça ne dure pas. Ils sont abandonnés ou éliminés dès que, par le « jeu » inévitable du développement génétiquement programmé, des sécrétions d'hormones qui annoncent et préparent les comportements sexuels et l'âge de la reproduction, et du temps turbulent des « premières amours », conflits entre congénères et relations de dominance, leurs « conduites » sauvages (les « instincts ») les rendent insécurisants et dangereux. Aucune de ces espèces n'a la capacité de prendre l'empreinte de l'espèce humaine et n'est admise dans la mouvance de l'Homme à partir d'un certain âge.

Il était aussi nécessaire que les humains puissent donner sens et signification au comportement de l'animal, non seulement dans le premier temps de leur rencontre, mais aussi au cours des temps qu'ils ont ensuite partagés. Deux types de phénomènes ont pu intervenir :

— *Des mutations génétiques ou des changements culturels ont pu modifier les systèmes perceptifs de l'Homme vis-à-vis des animaux qu'il a approchés ou se sont laissés approcher.* Par exemple, certains bruits, cris et vocalisations n'étaient plus entendus, ou n'étaient plus perçus comme répulsifs, menaçants ou insécurisants, notamment leur composante ultrasonore (la limite supérieure des fréquences audibles a-t-elle été toujours de 15-20 kz ?), voire infrasonore (au-dessous de 20 hz). À moins que les humains n'aient focalisé leur attention sur certaines fréquences et associations de stimulations sonores. Peut-être, avec l'invention de nouveaux instruments de musique ou rituels sociaux (sonorités musicales, chants, danses) ou le développement du « langage parlé » ? Des modifications ont pu également se produire dans leurs systèmes de perception visuelle et olfactive. S'agissant des odeurs, les hommes des temps anciens ont pu trouver à certaines époques des ressemblances ou similitudes entre leurs odeurs corporelles et celles de mammifères devenus domestiqués (des phéromones ?), et ainsi ne plus les percevoir comme répulsives ou inquiétantes. Peut-être à la suite de mutations dans leurs sécrétions exocrines (sueur, sébum) ou hormonales, ou de phénomènes sociaux et rituels, en particulier après avoir rencontré des humains d'autres clans ou tribus (l'imprégnation du corps par du musc ou autres « productions » animales) ? Qui peut affirmer en effet que l'équipement sensoriel et perceptif des hommes aux temps paléolithiques était le même que celui d'*Homo sapiens sapiens* ? Comment les influences sociales et culturelles ont-elles pu jouer ? En tout cas, des changements dans les perceptions sensorielles de l'Homme ont pu influencer non seulement le traitement des informations « envoyées » par les animaux, mais aussi ses représentations et l'idée qu'il s'en faisait. Ils n'ont plus induit de répulsion, d'évitement ou d'inhibition.

— *Comme nous l'avons déjà souligné, il fallait que l'espèce candidate à l'élection par l'Homme eût la capacité d'« exprimer » ses motivations et intentions sans ambiguïté ni ambivalence, c'est-à-dire qu'elle déploie toute une gamme de signaux ritualisés.* Rappelons qu'il s'agit de comportements qui, en se « dégageant » de leur(s) fonction(s) initiale(s), ont acquis une fonction de communication symbolique au cours de l'Évolution. *Des relations ritualisées ont pu ainsi se structurer avec l'Homme, un partenaire que l'hominisation a définitivement enraciné dans le symbolisme. Elles ont constitué des clés interspécifiques qui ouvrent les serrures homologues ou analogues du « monde émotionnel » de l'autre.* Des interactions ludiques ont pu notamment s'installer entre les animaux « élus », eux aussi joueurs (Bensch, 2000), et les petits de l'Homme, sans confusion avec la concurrence, la rivalité et la compétition, en tout cas dans leurs dimensions destructrices. Plus fondamentalement, des interactions accordées ont pu s'installer et des attachements « secure » se nouer, fixant l'animal au « foyer » plus efficacement que tout processus de coercition, et aussi, au moins temporairement, le ou les mâles humains belliqueux, imprécateurs, chasseurs, guerriers, rapteurs…

— *Parallèlement, il fallait que l'Homme ait l'assurance que les espèces rencontrées « acceptent » et continuent d'accepter le confinement, l'enfermement et la captivité, d'être soumises sans « condition » ni rebellion à sa dominance, sa tutelle hiérarchique et son omnipotence*, quels que fussent le sexe ou l'âge du potentat, son statut, rôle ou place dans le groupe social (niveau de dominance, rang hiérarchique, marginal), ses particularités physiques (petits ou grands, handicapés), activités (chasseur-cueilleur, cultivateur, artisan) et modes de vie (sédentaire, nomade, migrant). Il était aussi vital que le mâle humain, dont la dominance et le pouvoir omnipotent s'exerçaient sur le groupe familial, ne perçoive pas les animaux comme des sources de danger « à la maison », notamment en son absence. Il fallait aussi que, pour être adoptées, les espèces animales « acceptent » de subir la dominance, le pouvoir hiérarchique et l'omnipotence des autres personnes, notamment les enfants. Chaque personne du groupe familial et du clan avait ainsi la possibilité permanente de reporter frustrations et agressions subies sur un être qui ne devait manifester aucune révolte sous peine d'être exclu ou éliminé. Les enfants pouvaient en même temps se construire en conformité avec les règles de dominance-subordination et de hiérarchie du groupe familial et du clan.

Lorsque les animaux rencontrés manifestaient de l'indépendance vis-à-vis de l'Homme et faisaient la « navette » entre le milieu naturel et l'habitat (par exemple, les chats et espèces comparables), il fallait qu'ils « acceptent », eux aussi, d'être sous sa coupe et de subir sa dominance, son pouvoir hiérarchique et son omnipotence au cours des temps « passés à la maison » et dans le clan.

— *Mais, le pouvoir de l'Homme ne pouvait s'exercer efficacement et dans la continuité que si les animaux captifs étaient « aux ordres ». Ils devaient donc avoir la capacité de se laisser conditionner, en tout cas de se plier à la volonté, aux désirs et habitudes du maître humain. Élevés dans un milieu familial et tribal de récompenses et punitions, les enfants ont pu, par la voie du dressage, découvrir leur pouvoir de contrôle d'un être vivant, se révéler à eux-mêmes des compétences cachées, puis les consolider et les élargir, et enfin les valoriser auprès des autres. Une porte est alors ouverte au développement de la confiance en soi et de l'auto-estime. C'est en tout cas ce que montrent les enfants auxquels on donne la possibilité de participer au dressage des individus qui appartiennent à la plupart des espèces domestiquées, principalement les chiens, chevaux, dauphins, chèvres, souris, rats, hamsters et lapins, mais aussi les rennes, chameaux, dromadaires et éléphants dans leurs lieux de vie. Nous verrons le bénéfice que peuvent notamment en retirer les enfants dits en échec scolaire.*

— Il fallait aussi que l'Homme pût percevoir et mettre en œuvre les bénéfices qu'il pouvait retirer des espèces « élues », non seulement pour lui-même, mais aussi pour sa descendance.

Pour cela, il a dû maîtriser le cycle de reproduction des animaux rencontrés, en particulier pour effectuer l'élevage des espèces dont les productions étaient indispensables à la survie du groupe familial. Il a pu procéder ensuite à des sélections pour satisfaire ses besoins vitaux et ceux de sa descendance à un coût minimum pour un bénéfice maximum. S'agissant d'autres espèces, il a sélectionné celles dont les compétences dépassaient les siennes, et pouvaient ainsi le servir, le protéger, le transporter avec un bénéfice maximum pour un côut minimum (voir précédemment).

En tout cas, l'Homme devait pouvoir constituer un capital d'avantages et de bénéfices avec un minimum d'investissement et de risque. Les enfants ont probablement joué un rôle non négligeable dans ces processus et choix car il fallait que le groupe familial et le clan privilégient les stratégies qui permettent de préserver et d'augmenter leur potentiel reproducteur.

4

Un attachement singulier

Après une rencontre mutuellement tolérée puis acceptée, les animaux apprivoisés, domestiqués, dits « utilitaires », de compagnie ou familiers n'ont pu rester dans la mouvance quotidienne de l'Homme sans que des espaces d'interaction et de communication se structurent entre eux sur fond de sécurité physique, en tout cas de non-insécurité. C'est alors que des cofaçonnements et parfois des attachements singuliers ont pu se développer. Si on se fonde sur les données de la recherche fondamentale et sur les observations des cliniciens (vétérinaires, pédiatres, pédopsychiatres et psychologues), et si on les examine à la lumière des concepts et théories majeurs des sciences biologiques et humaines (évolution, éthologie objectiviste, behaviorisme, psychanalyse, attachement, accordage, théories de la communication, systémique, théories de la cognition, chronobiologie), *on en déduit que trois faisceaux d'influences ont façonné de façon interactive la relation entre l'Homme et les animaux qu'il a admis dans sa mouvance et son habitat* :

— *l'évolution temporelle de ce que les humains ont décidé en fonction de leurs besoins et motivations.* C'est-à-dire : une satisfaction optimale de leurs besoins biologiques à un coût minimum ; une « assurance-vie » en termes de sécurité, protection et défense contre les agressions réelles ou potentielles de l'environnement ; une réponse à leurs attentes émotionnelles, affectives, phantasmatiques, religieuses, sacrées, cognitives ou autres ; un respect des rituels, règles et croyances de leur groupe social, communauté ou société ; une réalisation d'actions et une mise en œuvre de projets grâce à des compétences que n'a pas l'espèce humaine ;

— *l'évolution temporelle des animaux dans leurs caractéristiques spécifiques, raciales ou individuelles* : *« physiques » (espèces, races ou individus plus grands, petits, puissants, aux poils longs ou ras) ; *sensorielles (espèces, races ou individus qui ont des compétences visuelles, auditives, olfactives que l'espèce humaine n'a pas développées, ou qu'elle a insuffisamment développées. Par exemple, la détection et perception des ultraviolets, infrarouges, ultrasons, infrasons, sons discrets, infrasons ou odeurs, notamment les phéromones) ; *comportementales et psychologiques (espèces, races ou individus vigilants, attentifs, réceptifs, disponibles, dociles, obéissants, attachants, coopératifs, amusants, agressifs) ; *physiologiques (espèces, races ou individus endurants, résistants et adaptables aux milieux les plus diversifiés et hostiles tels que le désert, la steppe, la haute montagne, la banquise, la jungle ; femelles et mâles plus fertiles ; couvées ou portées plus nombreuses ; etc.) ; *cognitives (stratégies de recherche et d'exploitation des ressources de l'environnement ; stratégies de chasse ; apprentissages). Cette évolution s'est faite, comme l'Évolution des espèces, de façon diversifiée et buissonnante en fonction des variations génétiques de chaque espèce et de l'influence modelante de l'Homme, selon que les animaux étaient laissés en liberté, enfermés, confinés, sacralisés, « déifiés », sélectionnés, élevés ou non avec des congénères, croisés avec ceux d'autres espèces, etc. ;

— *la pression modelante du temps et des espaces, c'est-à-dire des moments et lieux de vie partagés par l'Homme et les animaux.*

Le cofaçonnement de l'Homme et des animaux qu'il a admis dans sa mouvance et son habitat s'est installé et développé selon des modalités diverses et à des degrés différents, en fonction du « poids » respectif de ces trois faisceaux d'influences. Trois registres distincts mais non exclusifs peuvent être distingués.

La « relation utilitaire »

La « relation utilitaire » a pour fondement l'exploitation par l'Homme de productions, travaux, performances ou « services » qu'il ne peut assurer ni avec ses seuls moyens ou capacités naturelles ni avec les compétences et régulations qu'il n'a pu ou su « acquérir », ou n'a pas suffisamment développées, face aux contraintes et exigences du milieu. Il peut s'agir de déficits ou insuffisances dans des fonctions sensorielles, perceptives, physiques, motrices, comportementales, physiologiques ou cognitives.

QUELS ANIMAUX ?

Une « relation utilitaire » a pu s'établir d'emblée ou se développer plus ou moins rapidement, puis se pérenniser, avec des espèces animales que l'on peut regrouper dans cinq catégories « fonctionnelles », c'est-à-dire qui remplissent des fonctions attendues, voulues, recherchées ou sélectionnées par les humains adultes. Les enfants n'ont pesé que secondairement dans le choix des animaux « utilitaires » car les priorités étaient, et restent, la survie, la production et préservation de ressources alimentaires, la protection et sécurité, et l'urgence des travaux ou services au bénéfice de la famille et du groupe social :

— *les espèces dont la domestication et l'élevage ont permis aux humains de disposer en permanence de ressources alimentaires vitales et renouvelées* (viande, graisse et lait des bovins, caprins, ovins ; viande et graisse des porcs, lapins, cobayes en Amérique du Sud ; viande et œufs des volailles et autres oiseaux ; etc.), et aussi de « productions » naturelles qui les ont aidés à se protéger et se défendre contre les agressions climatiques, animales ou humaines (écailles, plumes, peaux, cuir, fourrure, crin, laine, os, corne, bouses séchées) ;

— *les espèces qui ont contribué par leurs comportements à la préservation des ressources alimentaires de l'Homme et, indirectement, à sa protection contre des germes et parasites susceptibles de mettre sa vie en danger.* Par leur pression prédatrice, elles ont en effet limité dans son habitat et son environnement immédiat les populations animales qui se nourrissaient de ses cultures et réserves alimentaires, et qui pouvaient être « porteuses » de virus, bactéries, rickettsies, protozoaires. Les plus présents dans l'habitat humain ont été, et sont encore pour la plupart, les chats et genettes (Europe et Moyen-Orient) et les pythons (Asie), tous prédateurs des grands dévoreurs de céréales (blé, riz) que sont les souris, rats et autres rongeurs. Ceux-ci sont aussi souvent des « réservoirs » et vecteurs de micro-organismes qui ont provoqué des épidémies meurtrières à certaines « périodes » de l'histoire humaine (peste, typhus, fièvre jaune). D'autres prédateurs sont également admis dans l'environnement humain. La plupart sont faciles à apprivoiser : par exemple, les fennecs (renards des sables en Afrique du Nord : parfois, ils sont aussi engraissés pour leur viande), certaines civettes (on dit que la civette des palmiers en Afrique centrale « s'apprivoise comme un chat ») et, dans une moindre mesure, certaines mangoustes. Ces espèces sont toutes des prédatrices redoutables de rongeurs, insectes et serpents, y compris les plus dangereux (par exemple, la vipère trigonocéphale à la Martinique) ;

— *les espèces qui ont permis à l'Homme de découvrir, faciliter et diversifier l'exploitation des ressources de l'environnement grâce à leur capacité de détection des « nourritures cachées »* (les chiens pour les gibiers et oiseaux, les chiens et porcs pour les truffes, les furets pour les lapins, les faucons pour certains gibiers et oiseaux, etc.) ;

— *les espèces dont les « qualités » physiques, la flexibilité comportementale et les régulations physiologiques dans des conditions de vie où les capacités de l'Homme sont dépassées, en ont fait des animaux de bât et transport, d'exécution des travaux lourds dans les champs, les rizières, les forêts.* Elles ont aussi permis le développement d'« activités » que l'Homme n'aurait pu réaliser sans elles, à moins d'un « coût » élevé en temps, énergie ou sans un matériel sophistiqué qu'il ne possédait pas (par exemple, les chevaux dans l'exploitation des mines), ou d'activités « complémentaires » (les courses de chevaux, lévriers, chiens de traîneau ; le polo ; les tournois, parades et cérémonies diverses). Il s'agit, principalement, des bœufs, buffles, chevaux, ânes, mulets, chameaux, dromadaires, éléphants, lamas, rennes ;

— *les espèces dont les capacités sensorielles et perceptives ont permis à l'Homme de détecter les intrus qu'il ne pouvait percevoir avec son seul équipement spécifique et sa seule vigilance.* Elles ont été utilisées, et certaines le sont encore, pour l'alerte (« oies du Capitole », chiens de prairie, chiens de garde) ou la recherche de personnes « disparues » (chiens d'avalanche ou de décombres).

QUELS SIGNAUX ?

Nous ne considérerons pas ici les animaux qui peuvent avoir une fonction « utilitaire » mais complémentaire ou « annexe » de celles qui en font des animaux de compagnie ou familiers, c'est-à-dire principalement les chiens, chats, chevaux et dauphins. Il sera question de ces espèces dans les parties consacrées aux animaux de compagnie et animaux familiers, en même temps que les perroquets qui n'ont aucun « intérêt utilitaire » connu, des dauphins et des singes dont les capacités « utilitaires » sont peu reconnues ou mal « exploitées ».

Dans la « relation utilitaire », les humains attendent a priori *et principalement de l'animal qu'il mette à leur disposition des produits, une capacité de travail, des performances ou des services.* Leurs objectifs et motivations sont donc de sauvegarder l'« agent » de production, travail, performance, protection, détection, sécurité. Au fil de l'histoire des personnes, communautés et sociétés, ils évoluent logiquement, pour un coût minimum, vers un contrôle des individus et du cycle de reproduction des espèces jugées utiles, nécessaires, performantes ou rentables, voire irremplaçables. L'Homme peut alors pérenniser une espèce dans sa mouvance, sélectionner une race ou des individus, et créer des hybrides. Il est surtout à l'écoute d'indicateurs et de signaux qui peuvent refléter l'intégrité et le bon fonctionnement de la « machine animale » (santé, infections, blessures, « qualités » physiques, régulations physiologiques, compétences perceptives et cognitives, performances dans l'accomplissement d'un travail ou de services, vieillissement). Il perçoit de façon sélective ceux qui sont liés à l'œstrus et la reproduction, c'est-à-dire les « appels sexuels », compétitions et luttes entre mâles, parades, accouplements, mise bas, allaitement et relations entre la mère et son ou ses petits. Parallèlement, il est réceptif aux indicateurs et signaux qui peuvent traduire une altération de l'état de santé des animaux, et de leurs « qualités », capacités, compétences ou performances.

Même s'ils sont rarement associés à la décision des adultes dans les choix, les enfants s'engagent aussi auprès des animaux « utilitaires », en tout cas lorsqu'ils font partie de leur univers quotidien, mais pas forcément ou seulement pour les mêmes raisons que leurs proches. Tout d'abord, comme dans tous les contextes et situations, et avec tous les partenaires, un enfant voit, entend ou sent souvent des particularités ou « détails » que les plus âgés ne remarquent pas, ou auxquels ils ne prêtent pas attention. Surtout quand il est associé à la surveillance, l'alimentation, l'entretien de la « niche » ou aire attribuée aux animaux, ou à leurs soins. Ils se retrouvent alors côte à côte, face à face et corps à corps. Même quand l'animal est grand ou sale, la plupart des enfants n'hésitent pas à mettre les bras autour du cou d'une vache, d'une chèvre ou d'un mouton, en tout cas leurs petits, porter un chevreau, un agneau, un porcelet, un lapin, un cobaye (Argentine), à caresser et embrasser les naseaux, la tête ou le flanc d'un cheval, chameau ou dromadaire, ou encore la trompe d'un éléphant. Leur regard est illuminé quand ils enferment un poussin dans l'écrin de leurs mains. Ils sont ravis et ne donneraient pas leur place pour « tout l'or du monde » lorsqu'ils sont suivis, et eux seuls, par des poulets et canetons qui ont pris leur empreinte à l'éclosion de l'œuf (voir précédemment l'*imprinting*). Plus généralement, tout animal « utilitaire » peut être *a priori* pour un enfant un être d'affectivité réel ou potentiel, dès lors que le face-à-face, les yeux dans les yeux et les contacts corporels sont possibles et durables, et que l'animal a l'air de partager ses émotions (nous verrons dans le chapitre 4 l'importance de la recherche mutuelle du regard et de l'attention visuelle soutenue dans les interactions entre l'enfant et ses différents partenaires).

En conséquence de cette proximité corporelle, et d'un point

de vue plus « terre à terre », les enfants remarquent les irritations, boutons, eczémas, blessures, piqûres, grosseurs passés inaperçus, trouvent les tiques cachées par les poils et détectent certains parasites, en particulier les vers sous-cutanés (par exemple, dans les pays tropicaux, les filaires qui « circulent » sous la cornée). *Ils perçoivent plus tôt et précisément que n'importe quelle autre personne les modifications comportementales qui annoncent ou reflètent une maladie (tumeur, infection), une dégradation sensorielle (cécité, surdité, anosmie, diminution de la sensibilité cutanée), une détérioration dans les capacités motrices ou altération du fonctionnement « cérébral », parce qu'ils les vivent dans les interactions côte à côte, face à face, les yeux dans les yeux et corps à corps. Les cultivateurs et éleveurs seraient bien inspirés de demander à leurs enfants ce qu'ils perçoivent des besoins, particularités et évolutions des animaux « utilitaires ».*

Les enfants apprécient d'ailleurs d'être associés à la surveillance, à l'alimentation et aux soins corporels des animaux « utilitaires », plus généralement à l'amélioration de leurs conditions de vie et aux interventions qui les « rendent confortables ». Ils adorent distribuer le foin ou la paille aux chevaux, vaches, moutons, dromadaires, les carottes et choux aux lapins, ou les graines aux volailles. C'est souvent la première chose que, à peine réveillés, ils demandent à faire, ou effectuent spontanément. Contrairement à de nombreux adultes, ils ne négligent pas le changement de la litière. Accompagnés de chiens qui encadrent les troupeaux de moutons, ils jouent au berger avec délectation. Ils éprouvent du plaisir à brosser les poils des chèvres, à bouchonner les chevaux, à traire les brebis, dès lors qu'ils ont pris conscience du confort qu'ils procurent à l'animal et du plaisir qu'il paraît éprouver. C'est ce qu'on observe communément chez les « enfants de la campagne », mais aussi les citadins de passage ou en vacances. J'en ai vu se réveiller avant tout le monde ou quitter la table du petit déjeuner, pour aller en catimini visiter, nourrir, abreuver, caresser, brosser un lapin, une chèvre, un cheval ou une vache. Ils en retirent non seulement du plaisir, mais aussi un sentiment du « devoir accompli », en particulier lorsqu'ils sont « en échec scolaire » et entendent qu'ils ne sont « bons à rien ». Ainsi peut naître un sens de la responsabilité enraciné dans des actes nécessaires à la vie, à la santé et au bien-être. Lorsque leurs initiatives sont remarquées, connues et reconnues, leur savoir-faire et savoir-être peuvent être valorisés par autrui. C'est une « école buisonnière » qui peut permettre à des enfants et adolescents de prendre ou reprendre confiance en eux, et de développer « malgré tout » un sentiment d'auto-estime. C'est le cas de ceux qui sont délaissés, ignorés, maltraités, marginalisés ou déjà délinquants. C'est ce qui se fait parfois, mais trop souvent sans véritable réflexion et projet sur les espèces à privilégier. En effet, les chevaux, vaches, chèvres, cochons, lapins ne se laissent pas approcher de la même façon et n'acceptent pas n'importe quelle interaction. Il faut aussi prendre en compte les lieux de vie des animaux : les chevaux n'ont pas le même comportement dans un milieu ouvert comme la Camargue ou la pampa argentine, et dans un paddock (il en est de même pour les chèvres selon qu'elles sont gardées dans un environnement naturel avec ou sans arbres, ou confinées dans un enclos). La rencontre entre les animaux et les enfants ou adolescents doit être organisée dans des espaces aménagés, en présence de personnes sécurisantes pour les uns et les autres (voir troisième partie).

Alors qu'ils sont maintenus ou élevés dans des conditions de captivité et de « dépendance obligée », les animaux « utilitaires » vivent dans un univers sensoriel et perceptif « encadré » et « pollué » par les humains qui les exploitent pour leurs productions, travaux, compétences et performances, et auxquels ils ne peuvent échapper :

— bruits, vocalisations, cris, pleurs des enfants, productions langagières, attitudes, gestes, contacts corporels, allées et venues, rythmes d'activité des personnes au cours des 24 heures, et d'un jour à l'autre, notamment ceux qui annoncent l'alimentation, les soins, les changements de lieu et les travaux d'« exploitation » (traite, tonte) ;

— interventions des humains auprès des autres animaux, eux-mêmes captifs dans la même niche écologique ;

— visites et comportements d'autres humains ;

— variations journalières (et autres) des odeurs humaines, animalières et végétales, en relation avec l'alimentation, les travaux des champs, feux, cycles de végétation, cycles de reproduction.

Parallèlement, les humains vivent dans un prisme sensoriel et perceptif qui peut être enrichissant, mais aussi appauvrissant, parfois « invalidant » s'ils se laissent enfermer dans cet univers.

Les « relations » entre l'Homme et l'animal « utilitaire » s'inscrivent avant tout dans une interdépendance économique où chacun « attend » a priori *de l'autre des réponses codifées par un vécu partagé au quotidien, « utilitaire » pour l'un, de « production », travail, protection, sécurité, performances, services et soins pour les autres. Elles reposent sur des filtrages très sélectifs des informations émises et reçues. La plupart des signaux sont façonnés, canalisés, dissociés, rendus « stéréotypés », sélectionnés ou orientés par la captivité, la « dépendance obligée », le contrôle permanent, les contraintes, accouplements, sélections, croisements, conditionnements et habitudes que l'Homme impose à l'animal « utilitaire ». Les bruits, émissions vocales, gestes, postures, déplacements, sécrétions et contacts corporels de l'humain et de l'animal (sans oublier évidemment les productions langagières et discours de l'Homme) sont des « fils conducteurs » qui relient deux univers sensoriels et perceptifs juxtaposés, et rarement des éléments de communication, c'est-à-dire qui ont la même signification pour l'un et l'autre, et véhiculent ainsi les mêmes messages. Y compris, probablement, dans les relations sexuelles que les humains imposent aux animaux (il faut bien les évoquer puisqu'elles existent, en tout cas avec des chiens, chèvres ou brebis, voire des vaches et chevaux). Cependant, des processus de communication peuvent s'ébaucher, surtout avec les enfants qui tissent des « liens affectifs » avec un animal « utilitaire », et le considère peu ou prou comme un animal familier au fil du temps partagé (voir deuxième partie).*

LES PRÉMICES D'UN CODE PARTAGÉ

Le partage quotidien d'une même « niche écologique » conduit les humains et leurs animaux « utilitaires » à des situations, perceptions, comportements et régulations qui ne sont observés ni chez les humains sans animaux dans leur mouvance, ni chez les animaux sauvages, ni entre les humains et animaux sauvages qu'ils ont capturés et maintenus dans leur environnement proximal.

L'Homme et « ses » animaux « utilitaires » partagent des espaces qui organisent leur vie quotidienne. Si les humains structurent ces espaces pour répondre aux caractéristiques physiques, physiologiques et comportementales des animaux, notamment leur organisation temporelle (rythme d'activité, « rythme alimentaire », cycle de reproduction, etc.), c'est d'abord pour optimiser les productions, travaux, performances ou services qu'ils attendent de l'animal (au plus faible coût pour un bénéfice maximum). Mais aussi pour rendre leur propre organisation temporelle compatible avec celle des animaux (rythme veille-sommeil, rythme d'activité). C'est ce qui prévaut de plus en plus souvent dans les projets d'aménagement des étables, écuries, porcheries, clapiers, pâtures, paddocks et autres enclos, même s'il existe encore des abus, négligences et insuffisances. *L'Homme et ses « animaux utilitaires » partagent ainsi des repères spatiaux fortement dépendants de leur organisation temporelle respective et des projets économiques.*

Les humains et « leurs » « animaux utilitaires » vivent des moments de proximité au cours desquels ils reçoivent les uns des autres des indicateurs et signaux, même s'ils ne leur attribuent pas a priori *la même signification et le même sens.* En vivant quotidiennement les mêmes créneaux temporels, chacun découvre et apprend à décoder les informations qui ont du sens pour lui, et en même temps celles qui paraissent signifiantes pour l'autre, c'est-à-dire qui modifient son comportement d'une façon différente du hasard. Des portes peuvent alors s'ouvrir pour pénétrer dans les codes de l'autre, et s'ajuster à ses besoins, comportements, « motivations » et intentions, même si le partage des mêmes créneaux temporels est limité, et si les épisodes de « vie séparée » créent des perceptions discontinues et remodelables.

L'Homme et « ses » animaux « utilitaires » partagent aussi de multiples indicateurs et signaux de l'environnement « extérieur », qu'ils soient d'origine météorologique (pluie, orages), végétale (phases et cycles de végétation, bruits des arbres, odeurs des fleurs), animale (bruits, émissions vocales, odeurs d'autres espèces) ou humaine (bruits issus des activités de personnes familières ou inconnues ; voix familières ou étrangères ; etc.). *Ils sont objectivement en situation de coanalyseurs du « même » monde extérieur, et pas seulement de la niche écologique qu'ils partagent.*

Cependant, l'équipement sensoriel de nombreux animaux « utilitaires » leur permet de percevoir des indicateurs et signaux « extérieurs » que les humains ne perçoivent pas (ultrasons, infrasons, bruits discrets, infrarouges, vibrations transmises par le sol, odeurs). Des animaux gardés ou élevés pour leurs « productions utilitaires » ont alors *de facto* des fonctions d'annonce, d'alerte, d'alarme et de prévision, voire de « prédiction ». Ils nourrissent parfois chez les personnes l'idée qu'ils ont des pouvoirs surnaturels. Plus concrètement, ils leur donnent la possibilité d'anticiper et de mieux s'ajuster aux événements extérieurs. Par exemple, quand elles étaient à l'écoute du comportement de leurs chevaux, vaches, oies, rennes, chameaux, des personnes et communautés humaines ont pu, selon les régions, s'organiser et se mettre à l'abri d'orages ou d'incendies, de tornades, tremblements de terre, ruptures de la banquise, vents de sable ou raids d'envahisseurs, souvent il est vrai en combinaison avec les signaux émis par les animaux de compagnie ou familiers (voir plus loin).

Lorsqu'ils réagissent aux mêmes événements extérieurs dans le cadre d'une routine partagée, les humains et « leurs » « animaux utilitaires » peuvent construire des repères concordants à la fois sur l'environnement, le temps qu'il fait, le temps qui s'écoule et les différents êtres qui « circulent ». Ils s'influencent et se façonnent peu ou prou au fil des moments et stimulations vécus ensemble. Chacun se trouve objectivement dans une situation de partage des perceptions et comportements de l'autre, même si les uns et les autres ne sont pas conscients de ces phénomènes. La pression modelante du temps et des espaces partagés entraîne ainsi chez les humains des modifications dans leurs représentations des « cohabitants » animaux. En effet, il n'est pas rare que les paysans, éleveurs, cavaliers et dresseurs de cirque leur attribuent un autre statut que celui d'animal « utilitaire » (voir plus loin). Ce qui se traduit par des propos tels que :

« Tu as bien entendu la même chose que moi, c'est encore la fouine de l'autre jour », « C'est le facteur qui arrive », « Tu le sens, toi, qu'il va y avoir de l'orage ? », « Toi aussi, tu as senti l'odeur de la fumée ? », « Tu savais que cet homme allait venir, tu sens qu'il nous veut du mal », « Tiens tu as entendu que "notre" enfant arrive », « Tu sens bien qu'il (elle) est malade », etc. *Les animaux « utilitaires » « répondent » par des comportements qui, au fil du temps partagé, peuvent être interprétés par leur « cohabitant » humain comme des adhésions à ses perceptions, émotions, représentations et projets. C'est en particulier ce qu'on observe à travers le jeu des questions et réponses des enfants qui leur parlent* (voir deuxième partie).

Il y a, plus concrètement, une circulation d'indicateurs et de signaux qui renseignent chacun sur la présence, la proximité, l'éloignement, les allées et venues, la réceptivité, les réponses, les perceptions, les comportements, les rythmes et les types d'activité du « cohabitant ». Elle conduit à une certaine interpénétration des codes, rythmée par la discontinuité des temps partagés.

Si les manifestations de l'Homme et de l'animal « utilitaire » sont modelées et modulées par le même environnement, il n'y a pas a priori *entre eux d'interactions étroitement ajustées, c'est-à-dire de processus dans lesquels le comportement de l'un répond et s'ajuste de façon prévisible, en tout cas attendue, au comportement de l'autre. On peut encore moins évoquer des accordages émotionnels et affectifs. Ils sont essentiellement liés par des fils et ponts sensoriels qui en font des coanalyseurs de l'environnement et de la niche écologique partagée.* Cependant, les espaces sensoriels ainsi créés conduisent chacun à focaliser son attention sur le comportement de l'autre (et, pour l'animal, les productions langagières de l'Homme). Ils sont en situation de construire une certaine connaissance visuelle, auditive, somesthésique, olfactive, gustative et proprioceptive de l'autre. Une attente se développe avec la pression modelante des temps partagés dans la même niche écologique. La discontinuité des temps vécus en l'absence de l'autre crée d'autres attentes. Les conditions sont créées pour que, en se dégageant des finalités « utilitaires », des relations d'un autre type se développent. *Il arrive alors que les humains décident d'attribuer un « statut » d'animal de compagnie ou d'animal familier à « leurs » « animaux utilitaires » (vache, chèvre, renne, lama, porc, éléphant, chameau), en tout cas si l'espèce, la race ou les individus présentent les particularités ou « qualités » que nous avons précédemment énumérées pour que la rencontre entre l'Homme et l'animal soit possible, c'est-à-dire lorsque celui-ci :*

— « accepte » de rester captif alors qu'il vit des épisodes où il est « libre » de ses mouvements et pourrait donc « s'enfuir », lorsqu'il n'est ni attaché ni confiné. Il « montre » ainsi qu'il « choisit » de rester dans la dépendance de l'Homme. C'est le cas des chevaux, chèvres, rennes, lamas, chameaux, genettes, civettes, éléphants ;

— manifeste des comportements ludiques sans finalité « utilitaire » : il « joue pour jouer » (c'est interprété par les humains avec cette signification ou ce sens). Par exemple, les chèvres qui se dressent sur leurs pattes, grimpent aux arbres, font des cabrioles ;

— exhibe des comportements de « bébé », infantiles ou juvéniles, qui « rappellent » ceux de l'enfant humain : frottements et fouissements au contact du corps, « roulades » sur le dos, « invitations » à jouer, accompagnements dans tous les déplacements, gémissements, piaillements, bêlements ;

— montre « spontanément » des comportements interprétés comme des signaux émotionnels et affectifs : léchages par des vaches, frottements corporels des chèvres, « caresses » avec la trompe des éléphants ;

— développe des comportements de « coaction » avec l'Homme : recherche des truffes (truie), chevauchement et conquête des espaces dans certaines activités quotidiennes et aussi la transhumance ou le nomadisme (cheval), ou encore dans le cadre d'objectifs beaucoup moins nobles comme dans la guerre, les raids (chevaux, chameaux, dromadaires, éléphants), la chasse (capture des lapins au fond de leur terrier par des furets).

L'animal de compagnie

Par rapport aux animaux « utilitaires », une autre étape est atteinte dans la relation Homme-animal avec les animaux de compagnie ou, en d'autres termes, les « animaux-compagnons ». Selon les définitions du *Larousse*, le compagnon (humain) est « celui qui accompagne quelqu'un », « vit ordinairement auprès de quelqu'un », « partage ses occupations », « partage les mêmes joies, les mêmes peines, le même idéal que quelqu'un ». Cependant, on peut aussi adopter le point de vue, non contradictoire mais d'une autre « nature », de J. J. von Uexküll (1937 ; 1963) et K. Lorenz (1935, 1937) à propos des relations entre animaux de la même espèce dans les conditions naturelles. Le compagnon est, selon eux, un congénère qui participe à une fonction déterminée. Il peut être, en fonction des situations et partenaires, un « compagnon-qui-nourrit », un « compagnon-enfant », un « compagnon-parent », un « compagnon-conjoint » ou un « compagnon-rival ». Cependant, cette conception est enfermée dans une logique de comportements innés (c'est-à-dire, pour ses promoteurs, génétiquement programmés) qui règlent les interactions entre individus de la même espèce. En effet, selon Lorenz, l'oisillon possède un schéma inné du « compagnon spécifique ». Le postulat vaut pour toute autre espèce, y compris chez les mammifères. Mais la réalité est plus « ouverte » comme le montrent, par exemple, les études et essais empiriques menés sur l'adoption réussie d'un oisillon ou petit de mammifère par un « compagnon-parent » d'une autre espèce, et réciproquement l'adoption d'un « compagnon-parent » par un jeune d'une autre espèce. Il existe plus généralement, et banalement, de multiples observations sur des animaux qui sont acceptés comme compagnons de la vie quotidienne par ceux d'une autre espèce, souvent avec des bénéfices réciproques.

En fait, il y a deux possibilités pour qu'un animal puisse être admis comme compagnon par des individus d'une autre espèce, en particulier les humains :

— *certaines espèces auraient la possibilité génétique de « prendre l'empreinte » d'une autre espèce,* même lorsqu'elle est très différente et phylogénétiquement très éloignée. Par exemple, nous l'avons vu, la « prise d'empreinte » de l'Homme par le chien et le chat, peut-être le cheval, dans le cadre d'une capacité génétique postulée ou supposée de prendre une double empreinte (voir précédemment). Nous admettrons qu'elle est plausible car elle repose sur des études sérieuses, même si elle reste du domaine de l'hypothèse ;

— *en développant une proximité et une familiarité avec un individu d'une autre espèce depuis les premiers jours après l'éclosion ou la naissance, certains animaux peuvent installer et consolider avec lui des liens tellement électifs et sélectifs que, selon leur histoire partagée et le contexte, ils se comportent ensuite à son égard comme un « compagnon-qui-nourrit », un « compagnon-enfant », un « compagnon-conjoint », un « compagnon rival », etc.* C'est, par exemple, ce qu'on observe lorsqu'un chaton est allaité et « élevé » par une chienne ou un chiot par une chatte, et aussi l'un et l'autre par un humain, que l'animal soit allaité au sein ou nourri au biberon (il arrive en effet que des femmes allaitent des petits de mammifères, y compris d'espèces sauvages, par exemple des chatons du chat sauvage). Il n'est pas alors nécessaire ou pertinent de postuler l'existence d'une double empreinte inscrite dans les gènes de l'espèce, même si elle peut exister. *Des effets dus à la familiarité-proximité peuvent aussi être constatés entre des animaux de compagnie ou familiers et des espèces « utilitaires » qui n'ont pas* a priori *de relations étroites entre eux. Par exemple, un chiot « adopté » par des cochons après avoir été allaité par une truie. Il accompagne ou suit les porcs qu'il rencontre, et n'évite pas leurs approches et comportements spécifiques. Il peut même « se blottir » contre eux, en tout cas à proximité immédiate.*

Si certaines espèces ou races, ou encore certains individus appartenant à telle espèce ou race, sont devenus « plus que d'autres » des « compagnons » de l'Homme au quotidien (ou animaux de compagnie), c'est, comme pour les animaux « utilitaires », sous la pression des trois grandes influences que nous avons définies : l'évolution temporelle de ce que les humains décident ; l'évolution temporelle des caractéristiques physiques, sensorielles, comportementales, physiologiques, émotionnelles, « affectives » et cognitives des animaux ; la pression modelante des temps et espaces partagés.

Cependant, les humains ne choisissent pas et n'acceptent pas auprès d'eux un animal de compagnie pour les mêmes raisons et motivations qu'un animal « utilitaire », même quand ils le spécialisent dans des fonctions « utilitaires ». En outre, n'importe quelle espèce ne se prête pas aux conditionnements, modelages et remodelages qui en font un animal de compagnie. Enfin, les temps et espaces partagés entre un humain et le partenaire qu'il choisit comme animal de compagnie, ne sont pas les mêmes qu'entre la même personne et l'animal acquis ou « sélectionné » pour être « utilitaire ». Ils n'induisent pas les mêmes relations.

POURQUOI ?

Les raisons et motivations qui conduisent les humains à attribuer à des animaux un « statut » d'animal de compagnie (ou de compagnon) viennent essentiellement des adultes, même si l'avis des enfants peut être sollicité et même s'ils peuvent en faire des animaux familiers. Elles s'inscrivent dans deux grands registres.

L'apaisement et la sécurité. – Plusieurs types de raisons ou motivations sont à distinguer. En effet, le « possesseur » humain d'un animal de compagnie peut être tout d'abord *une personne qui n'a pas ou n'a plus de compagnon humain et vit seule, ou encore une personne insécurisée ou non sécurisée par les conduites des autres humains de son environnement (compagnon, enfants, famille, voisin), ou plus généralement le « monde extérieur »*. Il peut aussi s'agir d'un humain dont l'état de santé est déficient, ou psychologiquement fragilisé par des événements anciens ou actuels. *Ces personnes attendent d'abord de l'animal de compagnie que, par sa présence permanente et son comportement, il assure :*

— la protection et la défense, c'est-à-dire la sécurité physique ;

— l'apaisement, la sécurité affective, la réassurance et la réduction de l'inquiétude, l'anxiété ou l'angoisse (en d'autres termes, l'animal doit être anxiolytique et contribuer à « éponger » les peurs humaines) ;

— la régulation des équilibres psychophysiologiques qui ont des effets bénéfiques sur la « santé biologique », la vie affective et le « mental », c'est-à-dire, globalement, le bien-être ;

— la prévention des dérèglements biologiques et psychiques qui créent ou nourrissent le stress (réponses de l'organisme aux agressions), ou en résultent, empêchent les interactions sociales régulées, perturbent les processus de défense, et contrarient l'adaptation de l'organisme au milieu. C'est-à-dire, principalement, les allergies, troubles du rythme cardiaque, dérégulations « psycho-alimentaires » (boulimie, anorexie), perturbations du métabolisme, du transit intestinal et des sécrétions hormonales, et troubles du rythme veille-sommeil.

Au début du XXIe siècle, cette réalité peut être constatée dans tous les pays industrialisés, en tout cas occidentaux, et de façon caricaturale en France. Elle est reflétée par :

— un sentiment croissant d'insécurité physique et affective, sans commune mesure avec la fréquence et la gravité réelles des faits insécurisants ;

— une consommation sans cesse augmentée de psychotropes, c'est-à-dire les molécules qui agissent sur le psychisme, principalement les calmants (surtout les tranquillisants) et les stimulants (notamment, les antidépresseurs et amphétamines) ;

— une consommation élevée de somnifères ;

— une proportion accrue des personnes boulimiques et obèses, et une fréquence des individus anorexiques qui reste élevée à l'adolescence et tend à augmenter à la préadolescence (Frelut, 2002) ;

— une progression et récurrence des allergies dans tous les milieux. Beaucoup sont difficiles à soigner efficacement au moyen des seuls médicaments. Elles ont en effet une dimension psychique qui n'est pas seulement ou forcément dépendante de l'environnement physico-chimique et écologique du moment, et de ses allergènes (pollution, pollens). Elles peuvent être facilitées ou amplifiées par des vulnérabilités psychologiques et difficultés relationnelles. C'est aussi ce qu'on observe avec les crises d'asthme. En revanche, il n'est pas rare que les manifestations allergiques et asthmatiques soient atténuées, ou ne se développent pas, lorsque les personnes évoluent dans une ambiance de sécurité affective. C'est en particulier ce qu'on a remarqué chez des enfants qui, au quotidien et tout au long de l'année scolaire, ont vécu dans leur classe des interactions apaisantes et affiliatives avec le chat de l'enseignante. Pourtant, ils étaient soignés pour de l'asthme ou des manifestations allergiques, et réputés sensibles aux poils de chat (en réalité, les sécrétions ano-génitales que l'animal dépose sur sa fourrure en se léchant).

Il y a coïncidence entre le développement de ces phénomènes dits de société et l'augmentation croissante et diversifiée des animaux de compagnie dans l'habitat humain. Là encore, de façon caricaturale en France. Toutes les statistiques montrent clairement que les chiens et les chats sont les plus fréquents.

L'offrande d'un animal de compagnie à un enfant est souvent un prétexte qui masque les véritables motivations et objectifs des adultes. C'est surtout pour se protéger eux-mêmes qu'ils font entrer l'animal dans la famille.

En revanche, les phénomènes de mode jouent un rôle non négligeable, et parfois préoccupant, dans le choix des animaux de compagnie. En effet, ils entraînent dans l'habitat humain des espèces exotiques pour le moins étonnantes et parfois dangereuses, comme si leur apparence, réputation ou comportement étaient plus protecteurs ou dissuasifs contre les agressions de tout ordre que n'importe quel agent de sécurité et n'importe quelle mesure technique. Par exemple, des mygales, pythons, serpents venimeux, singes de toutes origines, pumas, guépards. C'est évidemment un mythe.

On peut aussi chercher à « remplacer » un être disparu (humain ou animal). Par exemple, l'adoption d'un chien ou d'un chat à la suite du décès d'un enfant, d'avortements répétés, d'une séparation ou d'un divorce (ou inversement, la décision d'avoir un bébé ou un nouveau « compagnon-conjoint » après la perte d'un animal de compagnie ou familier). Même si l'enfant ne choisit pas l'animal introduit en sa compagnie, il peut s'agir d'un acte essentiel qui l'aide à dépasser son désarroi, chagrin ou incompréhension à la suite d'une rupture entre ses parents ou de la disparition de l'un d'entre eux, ou encore d'un grand-parent, d'un frère ou d'une sœur, et aussi d'un chien, chat, lapin, hamster, perroquet, poisson rouge. Il peut alors dire et redire sa tristesse, son inquiétude, son angoisse et ses peurs à un nouveau compagnon de vie qui a l'air d'écouter, de comprendre et de compatir sans se poser de questions qui renvoient au vide, à l'abandon et à la culpabilité créés par la perte d'un être d'attachement. L'animal le fait rire et rêver. Nous y reviendrons plus loin.

En remplissant une fonction de substitut ou substitution, l'animal de compagnie accompagne de fait la personne dans son deuil.

Lorsque certaines fonctions biologiques, psychiques ou intellectuelles sont altérées (mal voyants, aveugles, mal entendants, sourds, handicapés moteurs, troubles du comportement, perturbations affectives, relationnelles ou cognitives, veillissement), *l'animal de compagnie remplit auprès des enfants et des adultes des fonctions cumulées d'« agent de sécurité », de « substitut comportemental ou biologique », d'« agent intermédiaire », de « béquille » physique ou affective, d'« éponge » des émotions, affects, phantasmes voire de « prothèse » qui compense peu ou prou certains handicaps.*

En résumé, si beaucoup d'humains décident d'avoir un animal de compagnie dans leur « niche écologique », c'est pour être apaisés, protégés, défendus, rassurés, sécurisés, pour gommer leurs inquiétudes, anxiétés, angoisses ou peurs, sauvegarder et stimuler leurs fonctions essentielles, remplir un vide ou compenser des manques, déficits, dysfonctionnements ou handicaps. Au fond, c'est un allié de confiance qui aide à vivre et à qui on n'a pas de comptes à rendre.

Narcissisme et exhibitionnisme. – *Tout aussi importante est l'exhibition, la « mise en vitrine » et la « mise en scène » d'un être « potiche-miroir » qui valorise, « narcissise » ou « renarcissise », symbolise ou confère un pouvoir ou des fonctions sociales, donne auto-estime et confiance en soi,* en raison de son apparence esthétique, ses qualités physiques (puissance, élégance), ses qualités sensorielles et perceptives, ses qualités locomotrices et « gestuelles », ses qualités émotionnelles et « affectives », sa « sociabilité », ses particularités « vocales », ses compétences et performances cognitives. Une grande diversité d'espèces peuvent être recherchées ou admises par les humains en mal de narcissisme et de reconnaissance sociale. Mais la durée de leur séjour varie avec leur âge et sexe, et leurs particularités comportementales et biologiques. Elle peut être très brève. Parmi les exemples d'espèces choisies comme « potiches-miroirs » :

— pour l'apparence esthétique et les qualités physiques : certains chats, chiens et chevaux, mais aussi des panthères, tigres, jaguars, guépards, lions, pumas, ours. Ces animaux ont été exhibés, « mis en vitrine » ou « mis en scène », et souvent sacralisés par les rois, reines, empereurs dans l'Antiquité indo-européenne, au cours de la période précolombienne en Amérique ou de l'histoire plus récente. On trouve encore quelques-uns de ces animaux avec le même « rôle » dans certaines communautés humaines nourries de mythes ou de croyances ;

— pour l'apparence esthétique et l'exotisme : certains poissons (poissons combattants, requins...), reptiles (pythons, cobras, caméléons...), oiseaux (serins, perruches, aras, paons, tourterelles...), chats (persans, angoras...), chiens (caniches, lévriers...), petits mammifères (fennecs, koalas, pandas) ;

— pour les qualités sensorielles et perceptives (faucons, pigeons, dauphins, chiens, chats...) ;

— pour les qualités physiques et « majestueuses » (éléphants, buffles, chameaux, dromadaires, chevaux...)

— pour les qualités d'élégance, d'agilité motrice ou de beauté « gestuelle » (lévriers, écureuils, singes...) ;

— pour les qualités émotionnelles et « affectives » (chats, chiens, lapins, chevaux, ânes, dauphins...) ;

— pour la « sociabilité » (choucas, mainates, chiens, chats, cobayes...) ;

— pour les compétences et performances cognitives (choucas, pies, perroquets, chiens, chats, chevaux, rats, dauphins...).

Les humains qui font de l'animal de compagnie un être « potiche-miroir », organisent son exhibition, sa « mise en vitrine » ou sa « mise en scène » soit chez eux, pour eux-mêmes ou des témoins réels ou imaginaires, soit à l'intention des « gens de la rue » ou d'un public lui-même exhibitionniste et scénariste dans le cadre d'expositions, concours, compétitions, spectacles. Outre le narcissisme nourri par l'animal « potiche-miroir », il s'agit pour ces « possesseurs » d'animaux de compagnie de :

— sortir de la solitude ;

— relativiser, « déminer » ou dépasser les peurs ;

— dénouer une timidité ou une personnalité introvertie ;

— disposer de clés pour rencontrer autrui et ouvrir la porte de la communication ;

— avoir des prétextes et occasions pour participer à la vie sociale avec des humains dont le regard, les conduites et propos au sujet de l'animal engendrent une image positive de soi ;

— conquérir ou reconquérir une reconnaissance sociale ;

— développer confiance en soi et auto-estime.

Il n'est donc pas rare que ces « possesseurs » d'animal de compagnie s'identifient à « leur » animal. Ce qui se traduit par l'affichage conscient ou inconscient : d'une apparence qui rappelle l'animal, par exemple le port de vêtements dont les couleurs, motifs, la texture ou la coupe rappellent la peau, fourrure, toison ou robe de l'animal ; d'une coiffure organisée comme les poils de la tête de certains chats (race angora) ou chiens (race caniche) ; d'une moustache qui rappelle « celle » de certains chats ; d'un maquillage et de bijoux ayant les mêmes couleurs que les yeux de l'animal, ou qui rappelent les taches naturelles du museau, de la tête ou du corps ;

— parallèlement, l'habillage ou la « décoration » de l'animal à leur image, avec un ruban, une barette, un collier de perles, un bracelet, un bonnet, un manteau, une culotte, des chaussons ayant les mêmes couleurs, motifs, coupes ou particularités que leurs vêtements, parures ou bijoux. L'animal porte parfois le même nœud papillon ou cordon autour du cou. Au temps de la chevalerie, le harnachement du cheval à la guerre, dans les tournois et cérémonies, portait les armoiries ou couleurs de la dame courtisée ou aimée, du suzerain ou de la maison royale. C'est toujours ce qu'on observe dans certaines cérémonies, manifestations sportives et réunions hippiques. Parfois, c'est une organisation des poils du corps, de la tête ou de la queue de l'animal qui rappelle ou reproduit celle des cheveux de l'être humain, par exemple des couettes ou une iroquoise ;

— le tatouage de l'animal avec les mêmes motifs que sur leur bras, jambe... ;

— le choix d'une espèce, d'une race ou d'individus qui leur « ressemblent », évoquent leur allure ou celle qu'ils ont phantasmée. Par exemple, des lévriers tenus en laisse par une personne élancée au profil de « souris », des bouledogues accompagnés d'un homme de petite taille, au corps puissant, aux membres courts et écartés, à la tête large et au nez aplati. Le même type de « mimétisme » peut être observé avec des caniches, pékinois ou pitbulls. S'agissant des chats, il peut s'agir de persans aux yeux bleus et aux poils longs et soyeux dans les bras d'une femme qui a elle-même les yeux bleus, les cheveux longs et soyeux ;

— le reflet du « caractère » ou de la personnalité du « possesseur » humain, ou le signe affiché de son insécurité et de ses peurs. Par exemple, un pittbull accompagné d'une personne qui perçoit les autres humains comme autant d'ennemis potentiels, ou affiche « par procuration » ses intentions belliqueuses et parfois sa dangerosité sociale.

Il y a donc peu ou prou un « mimétisme organisé » par un certain nombre d'humains qui possèdent un animal « potiche-miroir ». C'est au fond leur signature. Il s'agit presque toujours d'adultes, très rarement d'enfants.

UN EXEMPLE DU POUVOIR DOMINATEUR, TYRANNIQUE OU DESPOTIQUE DE L'HOMME

La « possession » d'un compagnon qui rassure ou « narcissise » conduit le plus souvent les humains à confiner leur animal de compagnie dans un ou des lieux qu'ils contrôlent et à lui imposer une proximité quasiment exclusive, en tout cas peu partagée avec d'autres, sauf avec un ou des proches handicapés ou diminués. Ils limitent ainsi ses déplacements, en particulier ses possibilités de rencontrer d'autres partenaires, qu'il s'agisse d'individus de la même espèce, d'autres espèces animales ou d'autres humains. Ils contrôlent sa reproduction (il n'est pas rare qu'ils le castrent ou lui imposent un ou des partenaires sexuels). Plus généralement, ils empêchent, appauvrissent ou

« dénaturent » l'ensemble de ses comportements spécifiques. Par exemple :

— les comportements de cour, parades et accouplements. Il est d'ailleurs fréquent que les animaux confinés réorientent leurs comportements spécifiques sur les humains : les chiens mâles simulent la copulation sur une jambe ou un bras et les femelles en œstrus s'applatissent et adoptent une posture de lordose, exhibant ainsi la zone ano-génitale ;

— la défense d'un territoire extérieur à la « niche de compagnonnage » ;

— les comportements de marquage et flairage dans l'environnement écologique (ce qui prive l'animal d'informations sur ses congénères et les autres espèces présentes dans l'environnement) ; les conflits intra- et interspécifiques « naturels » (non induits par l'Homme) ;

— les relations de dominance et de hiérarchie avec les congénères ; etc.

Ainsi se créent un partage de lieux domestiques bien délimités et restreints, une mise en commun et une interpénétration de codes limités à certains signaux. En effet, ceux-ci sont filtrés, sélectionnés ou imposés par les humains, même s'ils partagent avec « leur » animal des indicateurs et signaux du monde extérieur, comme dans la relation « utilitaire ». En conséquence, les animaux de compagnie ne peuvent « exprimer » qu'une partie de leurs compétences et comportements spécifiques. Ils ne peuvent installer qu'une partie limitée des compétences et comportements qu'ils sont capables d'acquérir dès lors qu'ils évoluent sans entraves dans l'environnement naturel, et au contact d'humains qui leur donnent un statut d'animal familier (voir plus loin). En conséquence, les comportements entre les humains et les animaux de compagnie (qui n'ont pas aussi un « statut » d'animal familier) sont « convenus ». Leurs interactions sont « conventionnelles » et codent des actions attendues. C'est l'Homme qui impose sa volonté, ses conduites et ses codes. Il enferme les comportements et codes de l'animal dans le corset égocentrique qu'il se façonne. Cependant, la plupart des enfants transgressent les interdits posés par l'adulte en accordant à l'animal de compagnie des degrés de liberté qui lui permettent de ressembler à un animal familier dès que le maître ou la maîtresse ont le dos tourné, et de le rester à leur retour. Le duo animal-enfant peut alors générer des conflits difficiles à comprendre et accepter par l'un et l'autre.

Le statut d'animal de compagnie entraîne des conduites humaines rigides, stéréotypées, tyranniques, despotiques, parfois terroristes et mutilantes. Voici les plus répandues.

Les humains atténuent, accentuent ou remodèlent l'apparence spécifique ou raciale de « leur » animal, parfois en le mutilant, selon leurs affects, phantasmes ou délires, selon les modes et pressions de l'environnement, soit par des croisements ou sélections, soit par des opérations « esthétiques » : tatouages du corps ; découpages de la fourrure, crinière selon des contours plus ou moins fantaisistes ; taille des oreilles (par exemple, des chats persans) ou des vibrisses (des chats de toutes races) ; section de la queue (et en même temps de la colonne vertébrale lorsqu'elle se prolonge dans la queue comme chez le chat) ; amputation des griffes (chez le chat), des cordes vocales (chez le chien) ; etc.

Ils organisent dans un ou des espaces restreints l'affichage, la mise en vitrine ou la mise en scène de l'animal, soit pour dissuader les agresseurs potentiels, soit pour mieux le contempler, le rendre facilement observable, et le présenter de façon avantageuse au regard des visiteurs. C'est-à-dire : des aquariums pour les poissons, tortues, petits sauriens, grenouilles ; des cages « dorées » pour les oiseaux, souris, écureuils, hamsters, rats, pythons, perroquets ; des terrariums pour les cobayes, hamsters, souris, rats, lapins, civettes, mangoustes, furets ; des box et paddocks pour les chevaux, ânes, lamas ; des paniers, nids, couffins, « piédestaux », sofas pour les chats, chiens, fennecs, jeunes pumas ; etc. On observe parallèlement que la plupart des espèces parmi lesquelles l'Homme choisit « son » ou « ses » animaux « potiches-miroirs », acceptent ou tolèrent sans fuite, révolte, menace ou agression l'affichage, la « mise en vitrine » ou la « mise en scène » imposés par le « possesseur » humain. Ils acceptent, ou finissent par accepter, la présence rapprochée des humains et les contacts corporels. La plupart sont faciles à apprivoiser, puis à maintenir ou élever en captivité dans des espaces restreints, en tout cas jusqu'à un certain âge.

Ils conditionnent l'animal ou l'enferment dans des habitudes strictes pour qu'il se conforme le plus étroitement possible à leurs attentes, rythmes, habitudes et modes de vie, et pour qu'il donne l'image d'un être soumis à leur volonté et leur pouvoir (l'animal est alors un miroir du pouvoir dominateur, despotique, tyrannique voire terroriste du « possesseur » humain). On observe parallèlement que la plupart des espèces parmi lesquelles l'Homme choisit « ses » animaux de compagnie, se caractérisent par leur facilité à être conditionnées et dressées par l'Homme (chien, cheval), ou à se plier à ses habitudes (chat).

De façon plus générale, ils imposent à tout moment leurs comportements, décisions et codes à « leur » animal de compagnie :

— comportements au début et tout au long des interactions (prises dans les bras, caresses de toutes les zones corporelles y compris les plus sensibles et parfois douloureuses, par exemple l'abdomen des chats, manipulations corporelles, tirage de poils, coups...) ;

— attitudes autoritaires, gestes avec le doigt pointé, la main agitée ou présentée en pronation, latéralement ou en supination, le bras tendu dans la direction où il est exigé que l'animal se rende ;

— registres particuliers de bruits de bouche, vocalisations, onomatopées, cris, appels, discours... ;

— pulvérisation de parfums ou poudrage de l'animal ;

— nourriture imposée ;

— surmédicalisation ;

— enfermement dans la sanction et la récompense ;

— choix arbitraire et obligatoire des « partenaires » de reproduction, etc.

L'Homme soumet en même temps « son » animal de compagnie à son organisation temporelle : rythmes d'action, rythmes d'activité, rythmes chronobiologiques (Montagner, 2001, 2002).

Les maîtres créent des situations dans lesquelles ils simplifient, amplifient, exagèrent ou multiplient les comportements et signaux destinés à l'animal, à lui seul ou d'abord à lui, pour induire des réponses « convenues » et des interactions « conventionnelles ».

Ils sélectionnent chez l'animal des patterns spécifiques et singuliers qui « répondent » à leurs attentes, affects, phantasmes, délires à la mode ou à ce qu'attendent les spectateurs de l'animal « potiche-miroir ». Ils peuvent les renforcer au quotidien en raison du « confinement captif » dans lequel ils enferment l'animal. Celui-ci se trouve ainsi soustrait à d'autres influences. Il est limité ou empêché dans ses initiatives. Par exemple :

— les « possesseurs » humains peuvent sélectionner chez leur chien de compagnie : des comportements de soumission « modelés » (« aplatissements » sur le sol, présentations de la gorge ou du flanc, allongements sur le dos avec les pattes repliées, présentation de l'abdomen en position « debout » avec les pattes avant repliées) ; des comportements d'alerte en réponse à des stimulations inhabituelles ou inquiétantes (positionnements dans l'espace, postures, modes de déplacement, orientations de la tête, attitudes de quête, vocalisations) ; des « conduites » de recherche, transport, offrande et « rangement » des objets personnels (pantoufles, lunettes, télécommande, livre) ;

— s'agissant du chat de compagnie, ils facilitent ou induisent : des positionnements dans l'habitat ; des miaulements en réponse à un bruit de bouche, l'appel de son « nom », intonations dans les productions langagières ; des comportements de sollicitation de telle ou telle nourriture avec tel ou tel mode d'approche, telles ou telles postures, orientations corporelles et vocalisations ; des léchages sélectifs de telle ou telle zone corporelle, parfois après l'avoir imprégnée de leurs odeurs, y compris sexuelles, ou parfumée ; des comportements de jeu et de « prédation simulée » avec une ficelle, un crayon ; des enfouissements dans des vêtements ou chaussures ; des pétrissements de vêtements familiers ;

— considérant les chevaux de compagnie, ils influencent ou imposent : les modes de déplacement, allures, franchissements ou contournements des obstacles ; les cabrages et cabrioles ; les poussées « amicales » dans le dos d'un humain avec la tête ou l'arrière-train ; les « baisers » ou « caresses » avec la tête ou les naseaux ; les hennissements modulés en réponse à un bruit de bouche ou l'appel du nom ; les frappes d'un sabot sur le sol à l'approche de la « personne de compagnie », ou à sa demande ;

les hochements de tête et « salutations » en réponse à des gestes ou paroles.

Ils gardent « leur » animal pour eux, et veillent à ne pas le « partager » avec d'autres partenaires, qu'il s'agisse de congénères ou d'autres humains. Ils limitent en même temps ses possibilités de fugue ou sa capture par d'autres humains.

En conclusion, l'animal de compagnie apparaît comme un compagnon façonné par un maître exclusif, souvent tyrannique, voire despotique, qui attend essentiellement de lui une apparence et des manifestations conformes à ce qu'il a décidé. L'animal est appauvri dans ses possibilités motrices, exploratrices, émotionnelles, interactives, « relationnelles », reproductrices et cognitives, en particulier avec ses congénères. Les humains qui façonnent ainsi leur compagnon ne lui attribuent le plus souvent que des émotions et affects qu'ils ont « préformés ». C'est seulement dans des registres limités que l'animal peut exprimer ses comportements et « états émotionnels », surtout lorsque son « modelage » a commencé au cours de sa « petite enfance ». Il apparaît appauvri dans ses compétences et performances par comparaison avec des animaux de la même espèce ou race auxquels les humains attribuent un statut d'animal familier.

L'être humain et « son » animal de compagnie apparaissent ainsi comme des partenaires sémiotiques (dans une quasi-logique rationnelle), c'est-à-dire qui partagent la signification et le sens de signaux « convenus » et hautement probables dans une vie quotidienne de formalisme et conventions, mais seulement ou essentiellement ces signaux (selon Piaget, les signes par lesquels se produit la représentation, qualifiée de sémiotique, sont conventionnels et collectifs). Cependant, le « statut » de l'animal de compagnie peut évoluer en « statut » d'animal familier dès lors que certaines conditions sont réunies, notamment sous l'influence ou la pression des enfants.

L'animal familier

POURQUOI ?

Cette fois, les enfants sont « partie prenante » et s'engagent avec passion.

Les raisons et motivations des humains qui attribuent aux animaux un « statut » d'animal familier sont multiples et apparemment contradictoires :

— *d'une part, on retrouve des éléments de la relation entre l'Homme et « son » animal de compagnie, c'est-à-dire, essentiellement,* la recherche d'une présence qui apaise, rassure, sécurise, « éponge » l'inquiétude, l'anxiété et l'angoisse, compense un vide, manque, déficit, dysfonctionnement ou handicap (l'« animal-substitut », l'« animal-béquille », l'« animal-prothèse »). Mais, on observe beaucoup moins, ou pas du tout, l'affichage, la « mise en vitrine » et la « mise en scène » d'un être « potiche-miroir » qui valorise, « narcissise » et « renarcissise » ;

— *d'autre part, on observe des particularités discordantes, en tout cas pour un observateur humain non averti. Elles façonnent une relation originale dont de nombreux aspects renvoient aux interactions entre les humains.*

L'animal familier est tenu par l'Homme pour un ami qui partage son intimité, et pas seulement une proximité, même s'il le tient aussi plus ou moins captif comme l'animal « utilitaire » et l'animal de compagnie. Mais, les conditions de la captivité et les « liens » entre l'Homme et l'animal sont de « nature » différente. Tout d'abord, les deux êtres « baignent » dans un univers où se trouvent mêlés et combinés des signaux spécifiques et hétérospécifiques, a priori *non imposés par l'Homme, en tout cas non figés par le conditionnement et l'« instrumentalisation » de l'animal. Leurs interactions ne sont pas enfermées dans des « catéchismes » « conventionnels ».* Leur relation n'est pas limitée à la seule recherche par les humains d'un partenaire apaisant, sécurisant, anxiolytique, « substitut », « béquille », « prothèse » ou « potiche-miroir ». L'animal familier est perçu comme un individu « quasiment humain », c'est-à-dire un être qui a le droit d'avoir sa propre vie émotionnelle et affective, ses pensées, son libre arbitre, ses projets, ses phantasmes et qui peut les exprimer avec sa sensibilité, ses signaux, ses codes, ses stratégies, son intelligence. On le prend à témoin et on lui demande son avis. Il est confident et complice.

Dans ce cadre, l'animal familier peut à tout moment manifester « spontanément » des comportements nouveaux, modifiés, nuancés, complexes et diversifiés, à la fois dans son registre spécifique et dans des registres appris et façonnés au contact des humains, mais hors conditionnement et apprentissage instrumentalisé. Ces comportements surprennent, et parfois fascinent, par leur étrangeté, flexibilité, tendresse, intelligence. *Les animaux familiers renvoient à tout moment les humains à leurs émotions, affects, phantasmes, relations sociales et constructions intellectuelles.* Selon les situations et les partenaires, ils sont perçus comme attachants, séducteurs, coquins, capricieux, jaloux, menteurs, hypocrites, roublards. *Parallèlement, l'Homme manifeste sans retenue les conduites les plus étranges et irrationnelles avec son ou ses animaux familiers, et parfois incompréhensibles pour l'observateur non averti. Il effectue les projections et transferts les plus osés et inattendus, reconstruit ses processus cognitifs, élabore des projets, comme s'il considérait l'animal comme un humain. En fait, l'Homme attribue à ses animaux familiers un « statut » fondamentalement différent de celui qu'il impose à ses animaux de compagnie, mais comparable à celui qui le lie à des personnes de la famille, à moins qu'il ne soit plus élaboré. Il est en effet fréquent qu'il inscrive davantage l'animal familier dans son intimité que toute « autre personne » de la famille, et qu'il le considère même comme sa seule famille. (C'est souvent le cas des personnes sans domicile fixe qui vivent avec un chien, un chat.)*

QUELS ANIMAUX ?

Cinq groupes animaux révèlent clairement la gamme des particularités de la relation entre l'Homme et les animaux auxquels il a attribué un statut d'animal familier, par rapport aux animaux « utilitaires » et aux animaux de compagnie, même quand ils appartiennent aux mêmes espèces que ces derniers. On les rencontre dans la plupart des cultures.

Les perroquets. – *Certains perroquets sont capables de reproduire « spontanément » (sans conditionnement, apprentissage instrumentalisé ou autre intervention de l'Homme)* les grincements d'une porte, bruits d'une machine-outil, motifs musicaux, aboiements de chiens, miaulements de chats, mots, suites de mots ou phrases, et bien d'autres émissions sonores. Ils se comportent comme s'ils avaient pour objectif et motivation de montrer leur compétence à discriminer, connaître, reconnaître, sélectionner et souligner les bruits et signaux de l'environnement humain. Et surtout les « patterns » linguistiques de la langue parlée autour d'eux, sans oublier celle(s) du milieu qu'ils ont dû quitter lorsqu'ils ont été adoptés par une nouvelle famille. Ils se comportent comme s'ils voulaient étonner, séduire, faire rire ou révéler leurs capacités langagières. Ils paraissent maîtriser un mode de communication inégalable qui participe aussi à l'élaboration et l'expression de la pensée, et reste donc *a priori* l'apanage de l'Homme. Ils créent ainsi des conditions qui favorisent les interactions accordées avec les personnes du même habitat, l'installation d'une relation affective, voire d'un attachement, et les « dialogues » apparents qui vont de l'échange du type « café du commerce » au « débat intellectuel ». *En effet, les personnes familières attribuent souvent à « leur » perroquet des émotions, affects, représentations, projections, transferts, délires, raisonnements et compétences linguistiques comme s'il avait une sensibilité humaine, une pensée, un humour, un esprit critique et des capacités d'abstraction. Elles sont particulièrement convaincues de cette « évidence » lorsque les bruits, onomatopées, vocalisations et paroles reproduits par l'animal sont ceux de l'une ou l'autre d'entre elles, lorsqu'il les interpelle et les nomment, ou lorsque l'action de chacun a l'air d'être « décrite ». Elles le sont d'autant plus que les productions vocales et langagières de l'animal collent à leur attente et au contexte, sans avoir subi de conditionnement ou dressage, et* a fortiori *si elles sont imprévues et paraissent traduire le libre arbitre de l'oiseau. Il est libre de s'exprimer, même s'il n'est pas libre de ses mouvements.* Le perroquet est donc souvent perçu comme un partenaire linguistique qui reconnaît la ou les personnes familières, en même temps que celles-ci se sentent reconnues par l'animal dans leur identité, leur personnalité et leurs différences. Un lien d'attachement fort et unique peut alors se nouer entre l'« animal parlant » et « son » ou « ses » humains familiers, en particulier les enfants. Nous verrons plus précisément les particularités de ce lien dans la deuxième partie.

Les chevaux. – *Hors conditionnement et apprentissage instrumentalisé, un cheval peut répondre par une certaine allure, certains types de hochements de tête ou « salutations », cabrages, « battements » de pattes, hennissements à des sifflements, bruits de bouche, claquements de langue, productions vocales et paroles. Il répond par d'autres allures, hochements de tête, battements de pattes, hennissements, lorsque les sifflements sont différents, lorsque le maître l'appelle non pas en sifflant, mais en claquant les doigts, vocalisant, chantant, parlant à l'animal ou l'appelant par son nom.* Le cheval montre ainsi qu'il est capable de s'ajuster librement à toute une gamme de signaux typiquement humains, et d'entrer dans un jeu intime de communication dans lequel les signaux et signes humains paraissent revêtir pour lui la même signification et le même sens que pour la personne familière. Mais seulement pour eux deux, en tout cas les plus discrets, ainsi que l'enchaînement des réponses, comme si c'était un dialogue entre complices. C'est particulièrement ce qu'on perçoit au moment de la séparation et des retrouvailles entre un enfant et son cheval. Consciemment ou non, la personne familière reproduit, module, change le registre de ses sifflements, claquements de doigts, claquements de langue, vocalisations, chansons, discours selon le message qu'elle souhaite transmettre à « son » cheval, les réponses de celui-ci, et particulièrement l'accueil qu'il lui réserve. Là aussi, comme pour le perroquet, *l'Homme attribue au cheval familier, selon la « nature » et la dynamique du « dialogue », des émotions, affects, représentations, projections, transferts, délires, processus cognitifs et intellectuels, et compétences quasi linguistiques. Les réponses du cheval aux rythmes et séquences comportementales et langagières de l'humain familier sont parfois si ajustées et exclusives, et il paraît* *si heureux et complice au moment des retrouvailles, si affectueux au moment de la séparation, qu'il est souvent perçu comme l'archétype de l'ami fidèle, attachant et noble qui ne ment jamais. Il paraît capable de s'accorder à son ami humain. On a même parfois formulé l'hypothèse que le cheval était capable d'une certaine maîtrise des nombres dès lors qu'ils étaient « enseignés » par une personne d'attachement (ce qui reste à démontrer).*

Le cheval a un autre atout, probablement plus important. Hors conditionnement, dressage et apprentissage instrumentalisé, il a en effet la capacité de s'ajuster en permanence et « au quart de tour » aux contacts manuels (caresses, tapotements...), pressions de jambes, ordres vocaux et productions langagières au cours du chevauchement. Ainsi se trouvent créées les conditions d'un « dialogue tonico-postural » avec les humains familiers (Wallon, 1959), c'est-à-dire un partage émotionnel, en tout cas lorsque le cavalier s'ajuste lui aussi à ce qu'il reçoit et ressent chez son partenaire. En effet, les ajustements tonico-posturaux sont tellement étroits que le cheval et la personne paraissent alors « faire corps » (ne faire qu'un), et donc adhérer l'un à l'autre, non seulement dans leur « expression comportementale », mais aussi leurs émotions, affects, rythmes, « pensées »... Au fond, l'animal familier paraît se donner « corps et âme » aux humains dès lors qu'ils se donnent à lui corps et âme. Nombreux sont les exemples d'humains qui se sont pris d'une telle passion pour un « cheval libéré » que les témoins l'ont parfois perçue comme une relation amoureuse. Une caricature est constituée par l'empereur romain Caligula qui se comportait avec son cheval Incitatus comme avec un humain. Il en fit un favori et avait, dit-on, l'intention d'en faire un consul lorsqu'il fut assassiné. Que dire du vieux garçon Lucky Luke qui « passe sa vie » sur son cheval Jolly Jumper et accepte même d'être brocardé par celui-ci.

Le cheval libre (non dressé) apparaît donc comme un ami et un complice capable d'entrer dans une communication intime et unique avec l'Homme, à travers un corps à corps qu'on pourrait qualifier de cœur à corps, quand l'investissement émotionnel du cavalier dépasse toute rationnalité au point qu'il le préfère aux êtres humains les plus proches. C'est en particulier le cas de nombreux enfants qui ont tissé avec un cheval des liens qui s'apparentent à un attachement (voir plus loin).

Les chiens. – *Le chien qui a un statut d'animal familier peut « spontanément » aller à la recherche d'un autre animal sans avoir été dressé pour cette « fonction » (gibier, tortue cachée, poule égarée, hérisson). Il peut aussi découvrir le détour au cours de son activité exploratoire et donc apprendre de lui-même à contourner un obstacle (grillage, mur, monticule, maison). Ce qui lui permet de rapporter un « objet » caché (lapin, tortue, poule, bâton, balle) à son initiative ou s'il a perçu chez « son » maître des signaux ou signes habituellement associés à la recherche de cet « objet ». Très attentif à ce que fait et dit son maître et en quête affective permanente, il paraît en effet capable de décoder son attente, intention et projet, ainsi que ses émotions, indépendamment de tout « conditionnement formel » ou dressage.* Habitués à vivre les compétences d'ajustement émotionnel et cognitif de « leur » chien, et ses manifestations confondantes d'humanité, en tout cas de leur donner cette interprétation, les êtres humains développent à tout moment des représentations de ce que fait l'animal resté à la maison ou lorsqu'il sort de leur champ visuel, et de ce qu'il va faire, en s'interrogeant sur sa capacité d'initiative et d'anticipation. En effet, quels que soient la situation et le contexte, hors conditionnement et dressage, le chien « animal familier » se montre capable de s'ajuster (peut-être de s'accorder) « librement » à des registres très différents de signaux et signes humains, y compris les plus discrets, dès lors qu'il vit dans l'intimité quotidienne d'une personne. Il crée et nourrit alors des processus de communication complexes dans lesquels des signaux paraissent revêtir la même signification et le même sens pour les deux partenaires, et seulement pour eux comme s'ils étaient complices. Il peut être acteur dans son registre, et pas seulement celui de l'Homme.

En outre, le chien se montre un coacteur exceptionnel avec les humains, non pas simplement et seulement dans le cadre d'un dressage encadré au sein d'un espace restreint qui limite sa liberté de mouvement (ce qui en fait aussi un animal de compagnie), mais dans de nombreuses activités de plein air où il peut avoir de l'intiative : la chasse avec un humain non chasseur ; le transport de personnes et de marchandises (chiens de traîneau) ; l'« encadrement » des troupeaux de vaches, moutons ; la garde, défense et protection de la niche familiale et écologique de l'Homme ; la recherche « spontanée » des ressources cachées telles que l'eau souterraine, les truffes, les espèces animales difficiles à détecter ; la recherche des humains enfouis (chiens d'avalanche, de décombres) ; le sauvetage des personnes en mer, dans une maison en flammes ; l'assistance (chiens d'assistance pour les personnes âgées ou handicapées, chiens-guides pour les aveugles).

Dans chacune de ces « activités », le chien qui a un statut d'animal familier peut moduler son comportement et son action « utilitaire » en tenant compte des impondérables. Il reste flexible par rapport aux événements, même quand il est dressé pour une « fonction ». Ce qui peut poser problème quand il doit être au service d'un humain diminué ou handicapé sans dévier de l'objectif qui lui est assigné. C'est pourquoi on ne peut choisir les mêmes chiens selon qu'on attend d'eux un rôle d'animal de compagnie auprès de personnes qu'il doit assister à tout moment, ou un rôle d'animal familier avec des degrés de liberté qui ne sont pas compatibles avec ce qu'on exige de lui (voir troisième partie).

Comme précédemment, il est fréquent que les personnes attribuent à leur chien familier des fonctions cérébrales complexes, comme s'il était un humain, tellement il est flexible et capable de trouver par lui-même des solutions inattendues dans de nombreuses situations, et tellement il peut aussi être joueur et fantaisiste. Ces représentations sont d'autant plus récurrentes qu'il a l'air d'être complice et confident en toutes circonstances.

Les chats. – *Un chat sait clairement indiquer (mieux que le chien) ses intentions à « son » « humain familier » dans les situations les plus diverses*. Par exemple, il vient se frotter à ses jambes en amplifiant les ronronnements et parfois en miaulant, puis trottine vers la porte de sortie avec la queue et les oreilles dressées, pavillons orientés dans la direction de la personne familière, se retourne et s'oriente vers elle. En l'absence de réponse, il peut reproduire la séquence à plusieurs reprises. Si cela ne suffit pas pour transmettre le message, l'animal familier peut gratter à la porte ou sur un meuble, ce qui fait réagir les personnes soucieuses d'éviter, ou de limiter, les griffures, ou encore bondir sur la poignée de la porte et parfois réussir à l'ouvrir. Il arrive aussi qu'il fasse tomber un objet, avec parfois de la casse, saute sur un meuble proche d'une fenêtre et adopte une posture d'observation du monde extérieur, apparemment indifférent à l'humain familier. Mais il fonce vers la porte de sortie dès que celui-ci amorce un déplacement, même s'il ne se dirige pas dans la même direction. D'autres séquences signifiantes peuvent être observées, sous d'autres formes, et avec des patterns différents, lorsque l'animal a faim ou recherche un objet avec des conduites ludiques qui s'apparentent à des comportements de guet d'une proie et de prédation (poursuite de bouts de ficelle, bobines de fil, « jouets de chat »). En outre, lorsque le chat s'attend à recevoir un aliment dans un récipient identifié, il peut marquer un comportement de refus ou de désintérêt (éloignement, orientation de la tête dans une autre direction) vis-à-vis de la même nourriture présentée dans un autre récipient alors que le moment de l'alimentation est le même que les jours précédents et le comportement global de la personne familière apparemment inchangé. C'est aussi ce qu'on observe lorsque la personne familière s'apprête à lui proposer dans un récipient connu un mets qu'il n'aime pas ou ne connaît pas, avant même de l'avoir vu et reniflé. *L'animal prend manifestement en compte les différences de comportement et de productions langagières de la personne familière qui a décidé de le « piéger » pour « lui faire manger autre chose », y compris les plus discrètes. Le chat est rebelle à tout conditionnement et apprentissage instrumentalisé, même s'il se plie aux habitudes des humains. Il est donc difficile de l'enfermer dans un dressage. Il n'y a pas beaucoup de chats exhibés dans les spectacles de cirque ! Quand c'est le cas, les comportements acquis par conditionnement sont pauvres.*

Consciemment ou non, la personne familière peut aussi induire ces séquences comportementales de chat avec un enchaînement d'actes qui rapelle les séquences félines. Par exemple, elle caresse le chat, se dirige vers la fenêtre, gratte ou tapote celle-ci, ou le « perchoir » depuis lequel l'animal observe habituellement le milieu extérieur, dit « tu veux aller au dehors, je suis sûr que tu as envie de sortir », avec le même ton, la même allure et le même comportement qu'en ouvrant la porte « sur les indications » du chat. C'est aussi ce qu'on observe lorsque la personne familière se dirige vers le réfrigérateur ou le placard qui contient la nourriture du chat. Là aussi, les mêmes signaux (peut-être les mêmes signes) paraissent revêtir la même signification et le même sens pour les deux partenaires familiers, et seulement pour eux, comme s'ils étaient complices. En outre, les différences dans les comportements manifestées par le chat selon qu'on va lui proposer un mets habituel, ou selon qu'on veut le « piéger » avec un mets modifié ou une autre nourriture, conduisent la personne familière et les observateurs à lui attribuer des capacités perceptives et cognitives hors du commun. Admiratifs, la personne familière et les observateurs disent alors souvent (« il est futé », « il ne lui manque que la parole »). En outre, en multipliant les signaux de demande de liberté (la sortie de l'habitat humain) et de nourriture, le chat amplifie les démonstrations émotionnelles et affectives (considérées comme telles par la personne familière) : les ronronnements sont sonores et prolongés, les miaulements brefs et plaintifs de type infantile ou juvénile, les frottements de la tête sur les jambes insistants, les balayages de la queue sur les jambes appuyés et « soyeux », les léchages répétés.

Le chat qui a un statut d'animal familier est un indépendant qui montre à tout moment sa dépendance aux humains. Il ne se laisse pas enfermer dans leurs « quatre volontés » tout en s'ajustant à leurs conduites et habitudes, et en les « asservissant » aux siennes. Il donne l'impression qu'il « veut » bien être « manipulé », à la condition de pouvoir « manipuler » le « manipulateur ». Il fascine particulièrement les enfants.

Les dauphins. – *Là aussi, hors conditionnement, dressage et apprentissage instrumentalisé, le dauphin apparaît capable d'établir une relation entre des situations ou contextes et des émissions sonores ou ultrasonores, notamment quand elles sont générées par les comportements et activités des humains.* Par exemple, on sait qu'il est capable de discriminer et reconnaître les sons produits par différents instruments de musique (sifflets ordinaires ou émetteurs d'ultrasons, trompettes), les bruits les plus divers (cornes de brume, rames, casseroles, cloches...), les sonorités humaines (claquements de langue ou de doigts, vocalisations) et les intonations de voix de personnes différentes. Il peut ensuite s'approcher puis rechercher l'interaction avec l'« émetteur », ou rester à une certaine distance, plonger, évoluer autour d'une embarcation, sauter hors de l'eau, pousser ou « transporter » un objet humain (bouée, mannequin...). Il émet différentes séquences de signaux sonores et corporels en fonction de la situation (une activité de pêche ; un humain en difficulté dans l'eau : les histoires de sauvetage par un ou plusieurs dauphins sont nombreuses ; un enfant qui « joue » dans l'eau avec un autre dauphin, les deux animaux donnant ensuite le sentiment qu'ils jouent à trois ; un bateau qui part en mer pour telle ou telle activité quotidienne, etc.). *La proximité que le dauphin établit avec les humains, sa réactivité à leurs comportements, activités, productions vocales et langagières, sa sensibilité à la douleur et au plaisir, ses conduites d'entraide légendaires, son absence d'agressivité (alors qu'ils sont des prédateurs redoutables, des requins), ce qui n'est pas le cas des perroquets, chevaux, chiens et chats, conduisent l'Homme à penser que l'animal a pour lui une véritable amitié. Son répertoire de signaux et « phrases » acoustiques est tellement diversifié et approprié aux situations (plusieurs centaines de signaux différents ont été répertoriés chez plusieurs espèces) que les humains prêtent au dauphin un véritable langage non seulement spécifique, mais susceptible d'être partagé par l'Homme (même si la preuve scientifique reste à établir, beaucoup d'humains le croient). Ils projettent sur lui des affects et phantasmes, et forment des projets fantastiques (par exemple, l'utilisation du dauphin comme « agent de liaison » entre les humains de surface et ceux des profondeurs marines). Des liens particuliers peuvent se nouer avec les enfants.*

UN RÉCEPTACLE D'ÉMOTIONS

Les exemples précédents montrent tous que l'animal familier est un formidable « réceptacle » des émotions, affects, projections et transferts des humains, en même temps que ceux-ci lui attribuent sans limites des émotions, des affects, des représentations, des projections, des capacités cognitives et intellectuelles.

Il est banal d'entendre des humains dire à leur animal familier leurs joies et bonheurs, leurs chagrins et tristesses, leurs surprises et étonnements, leurs peurs et insécurités, leurs aversions et dégoûts, leurs indignations, colères, inquiétudes, anxiétés, angoisses, cauchemars, etc. En effet, *lorsqu'on parle à un animal familier, il a la particularité de manifester des comportements qui « s'apparentent » à des attitudes humaines d'écoute et d'intérêt, ou à des conduites qui paraissent exprimer disponibilité, réceptivité, compréhension, approbation ou adhésion* : s'agissant des cinq animaux précédemment évoqués, on peut souligner :

— chez le perroquet, la grande mobilité de la tête et du regard, les « mouvements de plumes » (d'« esbrouffe ») et la capacité inégalée dans le règne animal de reproduire les bruits de l'environnement humain et le langage ;

— chez le cheval, les « salutations » uniques constituées par les mouvements verticaux de la tête et des pattes, battements de pattes, façons de s'approcher et se cabrer, piaffements, hennissements particuliers ;

— chez le chat, les clignotements ou clignements des yeux qui renvoient aux battements de cils, ronronnements, pétrissages du vêtement et léchages ;

— chez le chien, les halètements, léchages et multiples formes d'allégeance ;

— chez le dauphin, les attitudes au « garde-à-vous » et clicks « interrogateurs ».

L'animal familier apparaît en même temps comme un confident auquel son ou ses partenaires racontent leur vécu, leurs phantasmes, intentions et projets, et devant lequel ils miment et testent des conduites amicales, amoureuses, conflictuelles, destructrices, etc. *Il est le réceptacle idéal des constructions psychiques et cognitives des êtres humains puisqu'il ne juge pas et ne sanctionne pas.* En se fondant sur l'apparence, les comportements et les constructions psychiques et cognitives qu'ils ont observés, ou cru observer, au cours des temps partagés, les humains lui attribuent même un caractère ou une personnalité (il est perçu comme anxieux, angoissé, jaloux, timide, vicieux, paranoïaque) et des capacités intellectuelles comme s'il était un humain. Il a l'air tellement humain. C'est le cas notamment lorsqu'il développe des conduites qui s'apparentent à la simulation, au leurre et à l'anticipation. Deux exemples sont particulièrement révélateurs :

— lorsque certains chiens suivent la trace d'un gibier, il arrive qu'ils le « leurrent » en s'écartant délibérément de la piste, puis ils s'éloignent en aboyant, effectuent un détour silencieux et se postent à l'affût quelques mètres ou parfois dizaines de mètres plus loin, sur une trajectoire possible ou probable de la proie. Ils la manquent rarement ;

— les chats paraissent « encaisser » les coups de bec des pies qui les harcèlent et se posent parfois sur leur tête. En effet, ils « louvoient », se tassent, s'immobilisent et font le mort, jusqu'à ce qu'ils détendent une patte et frappent l'un des oiseaux d'un coup de griffe fulgurant et mortel. Certains chats ont un comportement encore plus étonnant, qui peut sembler incroyable. Allongés sur le flanc au bord d'une route et immobiles, ils ont les yeux mi-clos et sortent la langue (autrement dit, « ils font le mort »), ce qui attire des corneilles, pies, rouges-gorges, petits carnassiers, lézards. Comme précédemment, la réaction du chat est soudaine et imparable lorsque l'oiseau ou le petit mammifère est à sa portée.

Les humains ont même souvent accordé des pouvoirs surnaturels aux animaux. Ils les ont parfois sacralisés et déifiés. C'est particulièrement le cas de quatre des cinq animaux familiers précédents. Ils ont été les symboles ou « objets » de cultes, croyances mythiques, cérémonies (à notre connaisance, le perroquet est le seul qui n'a pas été mythifié).

Dans la mythologie grecque, le cheval ailé Pégase, né du sang de Méduse, fut d'abord le cheval de Persée, puis de

Bellérophon, qu'il projeta à terre lorsque celui-ci voulut s'élever jusqu'au ciel, et enfin de Zeus lui-même. Le Centaure était un être fabuleux à moitié homme et à moitié cheval. Le cheval de Troie fut construit en offrande à Athéna, ce qui le rendait *a priori* « intouchable ». Il permit aux Grecs de pénétrer dans la ville de Troie. En Europe, le cheval fut jusqu'à la Renaissance le symbole de la noblesse (la caste aristocratique l'utilisait pour la guerre, le jeu et la parade sociale).

Dans l'Égypte des pharaons, le chat était l'objet d'un culte ; il était momifié à sa mort. On a aussi retrouvé des squelettes et momies de chiens dans des cimetières sacrés qui leur étaient réservés. Les Égyptiens leur consacraient des stèles. Le dieu Anubis est d'ailleurs représenté avec une tête de chien. Dans la mythologie grecque, le chien apparaît comme le compagnon d'Artémis. C'est Apollon qui l'a dressé. Le gardien des enfers était Cerbère, un chien à cinquante ou cent têtes que les morts devaient apaiser en lui présentant un gâteau de miel.

Dans les monuments chrétiens, le dauphin est le symbole de la migration des âmes : selon une croyance de l'Antiquité, il les emmenait sur son dos. Il est associé à l'idée de salut.

Parmi ces quatre animaux familiers, *les trois mammifères terrestres sont ceux dont les humains ont le plus souvent emprunté le nom dans leur vocabulaire et leurs constructions linguistiques (expressions, maximes, dictons, métaphores, allégories) pour définir ou illustrer au quotidien des particularités, états, actions, conduites ou fonctions des humains, ou des particularités de leur environnement :*

— pour le cheval : être à cheval sur les principes, cheval de retour, monter sur ses grands chevaux, ne pas être un mauvais cheval, avoir un cheval de bataille, etc. ;

— pour le chat, appeler un chat un chat, donner sa langue au chat, avoir un chat dans la gorge, chat échaudé craint l'eau froide, écrire comme un chat ou encore en anglais « *it rains cats and dogs* », chatte désignant même le sexe de la femme, etc.

— pour le chien, avoir du chien, coup de chien, être d'une humeur de chien, réserver à quelqu'un un chien de sa chienne, avoir un mal de chien à faire quelque chose, etc.

UN RÉGULATEUR DE LA FAMILLE

Les médiateurs. – *Dans les temps anciens, les animaux de la vie quotidienne ont pu être des médiateurs efficaces dans les relations entre les différents partenaires familiaux et tribaux.* C'est encore ce qu'on observe aujourd'hui :

— entre un enfant et ses parents, ou sa fratrie. Par exemple, l'animal familier peut réintroduire un enfant isolé, à l'écart ou en pleurs, dans le jeu des interactions familiales lorsque celui-ci a été délaissé, réprimandé, rejeté, agressé. Un exemple caricatural en est donné par les chiens et les chats. En effet, par leurs élans à l'interaction et comportements affiliatifs qu'ils distribuent sans retenue et « sans prendre parti » (chez le chien : léchages, halètements, frétillements de la queue, aboiements plaintifs ; chez le chat : léchages, frottements, ronronnements, miaulements : voir les compétences-socles dans le chapitre 4), ils apaisent et rassurent l'enfant, en même temps qu'ils induisent ses comportements affiliatifs (sourires, rires, caresses). Parallèlement, ils provoquent ceux des parents, frères et sœurs, en même temps qu'ils canalisent, épongent ou détournent leur agressivité, colère ou tristesse. Par leurs allées et venues de l'un à l'autre, soit de façon continue ou renouvelée (le chien), soit au cours d'épisodes rapprochés (le chat), ils réduisent la distance entre les « protagonistes » et les remettent en jeu pour une relation non conflictuelle. Les interactions accordées sont de nouveau possibles. Le même type de processus peut être observé avec des chevaux, des lapins, mais évidemment sous d'autres formes et dans des contextes différents (voir deuxième partie) ;

— entre des parents en conflit. Là aussi, les chiens, les chats, les chevaux peuvent canaliser, éponger ou détourner les comportements et émotions de l'un ou l'autre, et aussi leurs affects (inquiétude, anxiété, angoisse, jalousie, déprime). Ils facilitent les rencontres entre les enfants et leurs parents séparés ou divorcés, et aussi entre ceux-ci, en refocalisant sur eux leur attention et leurs interactions, en remobilisant leurs émotions, en les décentrant de leurs affects et en créant des parenthèses dans leurs cassures ou ruptures ;

— entre des personnes de tous âges et toutes conditions sociales, notamment entre un enfant et ses pairs, ou encore ses éducateurs ou enseignants (voir plus loin). Dans une classe, la présence de certains animaux (chat, chien, et aussi lapin, cobaye, hamster, rat, souris, perroquet, tourterelle) peut assurer une médiation incomparable entre le professeur et les élèves, surtout lorsque ceux-ci vivent dans l'insécurité affective ou sont en échec scolaire. La focalisation des regards, comportements et dialogues sur l'animal entraîne la réduction des distances spatiales et tensions affectives entre les personnes. Elle crée des situations et interactions qui génèrent l'attention visuelle soutenue, les élans à l'interaction, les comportements affiliatifs et imitations qui fondent la communication, c'est-à-dire les compétences-socles (voir deuxième partie).

Dans les temps préhistoriques, la plupart des chiens et chats étaient probablement autant tribaux que familiaux, et parfois davantage. En distribuant leurs élans à l'interaction et comportements affiliatifs aux uns et aux autres, ils ont pu être des « épongeurs » d'agressivité, de colère, peur et tristesse entre les membres du clan, des « démineurs » de conflits, et des « rétablisseurs » de dialogues et de relations, dès lors qu'ils ne prenaient pas parti et ne s'immiscaient pas dans les relations de dominance.

Un substitut affectif et relationnel. – *Comme avec l'animal de compagnie*, il n'est pas rare que des humains reportent sur l'animal familier leurs émotions, affects, phantasmes et pensées à la suite du départ ou d'une absence passagère (un parent, un frère qui quittent le milieu familial pour des raisons personnelles, professionnelles, médicales), au moment d'une cassure ou rupture entre les parents, ou après une disparition (décès d'un proche). *Mais l'animal familier peut aussi être une sorte de substitut d'attachement pour un enfant qui n'a pu construire un attachement « secure » avec sa mère, son père ou une autre personne, ou dont l'attachement s'est défait (voir troisième partie). On ne saurait ignorer cette réalité même si, bien évidemment, l'enfant* *ne peut alors construire et structurer aussi complètement son psychisme que dans les émotions et affects échangés avec la personne d'attachement initial (le plus souvent la mère).*

LES « VOIES » DE LA RECONNAISSANCE

Il semble que deux voies principales aient été empruntées par les animaux pour être admis et reconnus par l'Homme avec un « statut » d'animal familier.

Une grande capacité d'adaptation et une polyvalence dans la coaction. – Comme nous l'avons souligné, le chien est coacteur de l'Homme dans de nombreuses activités. Il peut être intéressant de récapituler pour bien cerner la diversité de ses compétences : la chasse (chiens d'arrêt et chiens courants) ; les déplacements (chiens de traîneau, chiens-guides pour aveugles, sourds, handicapés moteurs ou handicapés mentaux) ; les actes quotidiens tels que l'ouverture d'une porte, le transport d'aliments et d'objets (chiens d'assistance, chiens de « confort ») ; l'alerte, la garde, la protection et la défense pour la niche écologique ou familiale (chiens d'alarme et de défense) ; la garde des troupeaux (chiens de bergers) ; la recherche des ressources souterraines (chiens truffiers) ; la recherche des humains disparus (chiens d'avalanche, de décombres) ; la transmission de messages dans les milieux hostiles (« chiens-facteurs », chiens de montagne, de banquise, de steppe, de guerre).

Cette polyvalence dans la coaction repose sur des capacités d'adaptation aux environnements les plus divers et hostiles, des capacités d'ajustement aux signaux et signes des humains de toutes cultures et systèmes linguistiques, et une complicité étroite.

Le cheval est, lui aussi, un coacteur polyvalent : chasse dans les milieux les plus divers (steppe, pampa) ; chasse à courre ; transport de personnes et de marchandises ; labours et travaux des champs ; défense et protection de la niche familiale et écologique ; guerres et conquêtes ; parades sociales et cérémonies.

Cette polyvalence repose, comme chez le chien, sur des capacités d'adaptation aux environnements les plus divers et hostiles, des capacités d'ajustement aux signaux et signes des humains de toutes cultures et systèmes linguistiques et une complicité étroite.

Une grande capacité à susciter et à amplifier des signaux émotionnels signifiants. – *Le chat est un formidable générateur et amplificateur des signaux perçus par l'Homme comme des manifestations émotionnelles et affectives, et un attachement personnalisé : ronronnements sonores, renouvelés et durables ; frottements de la région buccale et de la tête sur les différentes zones corporelles de l'Homme ; pétrissages du vêtement du partenaire avec orientation du regard vers son visage (rappelons que les pétrissages sont des comportements qui permettent au chiot de presser les tétines maternelles et d'être allaité) ; regard dont la « tonalité » change avec la situation, et paraît exprimer de l'amour, de la jalousie ; miaulements plaintifs de type infantile ou juvénile ; roulades sur le dos avec présentation de l'abdomen ; blottissements et étalements sur le corps du partenaire humain ; « étreintes » ; mise bas dans la maison ; « présentation » et « offrande » des petits par la femelle (elles les prend dans la gueule et les dépose aux pieds d'une personne familière), ou « autorisation » de les manipuler ; activités ludiques de « prédation » avec les objets les plus divers ; dépôt (offrandes) de souris, lézards sur le paillasson de la porte d'entrée ; attachement à la niche écologique et aux personnes familières.*

Ces comportements induisent chez l'Homme la caresse, la prise dans les bras, le baiser, l'étreinte, le sourire, le rire, l'offrande, la sollicitation, les comportements et discours de tendresse et d'attachement.

C'est aussi un peu le cas pour le perroquet, mais à un moindre degré et pour des « raisons » différentes. Il s'agit essentiellement de sa capacité à écouter et reproduire les bruits et sons de l'environnement humain, ainsi que les productions vocales et langagières des personnes, mais aussi de sa capacité à accepter et rechercher le contact corporel, notamment en se perchant sur la tête, la main... et le contact « bec-bouche ». L'ajustement de ses manifestations vocales et comportementales à celles des humains, et aux contextes partagés, en fait un partenaire linguistique, c'est-à-dire un être qui paraît partager avec l'Homme la signification et le sens de la « parole humaine », quelles que soient sa culture et sa langue. Comme pour le chat, ses comportements induisent chez l'Homme les contacts corporels et surtout le sourire, le rire, l'offrande, la sollicitation, les comportements et discours de tendresse et d'attachement.

C'est enfin le cas du dauphin pour ses capacités de « comédien », de « complice total » et d'ami sans faille : cabrioles et tourniquets dans l'eau et l'air ; « salutations » face au partenaire humain avec le corps peu ou prou sorti de l'eau ; « facéties » (agitations de la tête, « port » d'un chapeau ou de tout autre objet disponible et portable) ; clicks qui rappellent les rires ou ricanements ; contacts corporels d'une qualité incomparable ; recherche et acceptation des caresses et des étreintes ; absence d'agressivité.

Le dauphin peut ainsi induire chez l'Homme des émotions, affects et attachements encore plus marqués et « partagés » que le chat et le perroquet.

Les coacteurs que sont le chien et le cheval ont aussi une grande capacité à susciter et à amplifier les signaux perçus par l'Homme comme des manifestations émotionnelles et affectives. Parallèlement, les générateurs et amplificateurs de signaux émotionnels signifiants que sont le chat et le dauphin peuvent être aussi des coacteurs, même s'ils ne sont pas polyvalents comme le chien et le cheval (utilisation du chat pour combattre les rongeurs ; interventions du dauphin pour aider en mer des humains en difficulté et rabattre les bancs de poissons vers des pêcheurs). Ces quatre animaux paraissent donc avoir emprunté les deux voies de la coaction et de l'amplification des signaux émotionnels « pour » être admis comme animaux familiers dans la mouvance de l'Homme.

Les autres espèces qui répondent à ce double critère sont peu nombreuses. En outre, elles ne sont pas polyvalentes, à moins que leurs capacités à générer et amplifier les signaux émotionnels soient très réduites. On peut citer : le pigeon (transmission de messages), l'âne, le mulet et le bardot issus de croisements entre des chevaux et des ânes (animaux de transport), la genette (elle fut utilisée au Moyen Âge pour combattre les rongeurs), le furet (utilisation dans la chasse aux lapins), l'éléphant (en tout cas, celui d'Asie), le cochon (utilisation dans la recherche des truffes), le renne, le chameau et le lama (animaux de transport), le macaque (utilisation dans l'assistance d'humains handicapés).

Mais, au sein de ces espèces, seuls certains individus se voient parfois attribuer un statut d'animal familier tel que nous l'avons examiné pour les cinq « animaux types », et seulement par certains humains, à l'exception peut-être des animaux dont le nom est beaucoup utilisé dans le langage courant pour désigner des particularités humaines : l'âne (« coup de pied de l'âne », « faire l'âne pour avoir du son », « il y a plus d'un âne à la foire qui s'appelle Martin », « le pont aux ânes »), l'éléphant (« avoir une mémoire d'éléphant », « être comme un éléphant dans un jardin de porcelaine »), le porc (« cochon qui s'en dédit », « caractère de cochon », « le cochon qui sommeille », « tour de cochon », « n'avoir pas gardé les cochons avec quelqu'un » ; tout comme des chiots et chatons, des jeunes cochons ont été nourris au sein par des femmes, et le sont encore dans certains groupes humains).

Cependant, si une certaine familiarité peut s'établir et se développer entre ces animaux et les humains, Il leur manque beaucoup de « qualités » pour être admis aussi souvent, complètement et pleinement dans la mouvance quotidienne de l'Homme que les cinq animaux familiers types :

— ils ne sont pas des coacteurs « spontanés » : sauf exception, c'est par le conditonnement, essentiellement le dressage, ou l'apprentissage instrumentalisé, qu'ils peuvent devenir coacteurs des humains ;

— ils ont une faible capacité à générer et surtout amplifier les signaux perçus par l'Homme comme des manifestations émotionnelles et affectives ;

— s'ils peuvent être perçus par les humains comme des êtres qui ont leur propre vie émotionnelle et affective, leur caractère ou leur personnalité, comme des partageurs de signification et de sens des signaux humains, et parfois comme des êtres d'attachement, ils ne sont pas considérés comme des réceptables des constructions psychiques et cognitives de l'Homme, ni comme des partenaires linguistiques, ni comme des amis et complices, à l'exception peut-être des éléphants.

Un statut d'animal familier peut aussi être attribué ponctuellement et partiellement par certains humains à des animaux, quelle que soit leur espèce, quelles que soient leurs particularités et quelles que soient les perceptions dominantes du groupe social et la culture des « possesseurs » humains. Il suffit qu'un humain le décide. Ces animaux et l'Homme ont pu développer entre eux une certaine familiarité. Nous les appellerons donc animaux de familiarité. Cela peut être le cas de ceux qui peuvent présenter quelques « qualités » émotionnelles ou cognitives des animaux les plus familiers (choucas, ratons laveurs, singes) et « acceptent » de vivre captifs dans la niche écologique et familiale de l'Homme (tortues, pythons, tourterelles, écureuils, fennecs, sangliers). Même parmi des animaux sauvages *a priori* difficiles à domestiquer (varans, marmottes, fouines, renards, blaireaux, lynx, pumas).

Il existe donc des gradients sans limites entre les animaux sauvages, animaux domestiqués « utilitaires », animaux de compagnie, animaux de familiarité, animaux quasiment familiers et animaux familiers.

Deuxième partie

LA RENCONTRE DES COMPÉTENCES-SOCLES

Le concept de compétence-socle est issu des données de la recherche fondamentale, des études longitudinales sur l'enfant, des observations cliniques et du vécu des éducateurs et des pédagogues. Il repose donc sur des informations recueillies dans des contextes et des environnements très divers (situations expérimentales de laboratoire, maternités, milieux familiaux, crèches, écoles, cabinets de consultation médicale, hôpitaux de jour et institutions spécialisées dans l'accueil des enfants « étranges », « inadaptés », psychotiques, autistes, infirmes moteurs d'origine cérébrale).

Ce concept a été créé pour mieux comprendre comment les phénomènes d'attachement entre le bébé et sa mère (et tout autre partenaire), les compétences initiales (perceptives, motrices) et les comportements à la naissance (innés), les particularités biologiques, psychiques et cognitives interfèrent et « s'imbriquent » à chaque âge et d'un âge à l'autre. En d'autres termes, *il a été élaboré pour identifier plus clairement les socles fondamentaux des constructions périnatales et tout au long de la petite enfance. C'est-à-dire, ceux qui permettent à l'enfant d'installer les conduites nécessaires à la satisfaction de ses besoins vitaux et ceux qui lui permettent de s'ajuster à l'environnement, en particulier de s'accorder avec le partenaire d'attachement (Stern, 1982, 1985).*

Parallèlement, il renouvelle les grilles de lecture des troubles combinés du développement, de l'attachement et des conduites de l'enfant. Il permet de mieux identifier les troubles, désordres, anomalies ou dysfonctionnements en relation avec l'histoire et le vécu de chaque personne (l'enfant lui-même, sa mère, sa famille). L'influence des événements récents dans ces phénomènes peut aussi être mieux cernée (nouvelle naissance, décès d'un proche, maltraitance, rupture entre les parents, changement de cadre de vie, etc.).

Concrètement, cinq compétences-socles permettent de définir dès la naissance les « noyaux » « initiaux » à partir desquels le bébé capte, agglomère, combine et intègre les informations de son monde extérieur : l'attention visuelle soutenue, l'élan à l'interaction, les comportements affiliatifs, l'organisation structurée et ciblée du geste, et l'imitation. *Interactives, elles sont bien entendu traversées et imprégnées par le langage, évidemment enraciné dans le fonctionnement du cerveau humain. Elles ne peuvent être davantage dissociées des constructions cognitives « émergentes », elles aussi ancrées dans le cerveau humain.*

Les compétences-scoles s'installent et se développent au fil des jours et des interactions précoces avec la mère et l'ensemble des personnes du milieu familial (père, fratrie, grands-parents) et aussi celles des autres lieux (assistante maternelle ; éducatrices, puéricultrices et enfants de crèche). Des attachements pluriels peuvent ainsi se nouer, même si un attachement « secure » (« sûr » et « sécurisant ») avec la mère est fondamental dans les constructions « initiales » et successives de l'enfant.

Sublimé par de nombreux romans, *il est un attachement que soulignent les familles, mais que retiennent rarement les chercheurs et cliniciens dans leurs développements théoriques et leurs pratiques : celui qui lie l'enfant à un animal familier. En effet, pour la plupart, la vie psychique de l'Homme, notamment dans ses dimensions phantasmatiques, est d'une telle complexité que toute comparaison ou assimilation entre des comportements humains et animaux est* a priori *dépourvue de sens. Pourtant, et quelle que soit l'interprétation qu'on en donne, les phénomènes d'attachement entre le « petit de l'Homme » et un animal, ainsi que les interactions qui les fondent, ne sont pas un mythe. En outre, et plus généralement, les relations entre l'enfant et les animaux peuvent jouer un rôle non négligeable dans l'installation, le développement et la restauration des cinq compétences-socles que nous avons distinguées. Y compris lorsqu'il présente des troubles ou anomalies du comportement ou de la relation, et lorsqu'il est handicapé. C'est aussi le comportement de l'animal qui est modifié, au point que les témoins de cette « relation » privilégiée, et l'enfant lui-même, lui prêtent une vie émotionnelle et affective d'humain. Il est fréquent que la famille le reconnaisse alors comme un partenaire familial à part entière qui rassure, canalise, structure, médiatise, transfère (voir précédemment).*

Examinons comment les animaux peuvent contribuer à rendre lisibles et fonctionnelles les compétences-socles de l'enfant, après avoir défini chacune d'entre elles dans le cadre de ses interactions et relations avec les partenaires humains.

5

L'attention visuelle soutenue

Les interactions initiales du bébé

LES PARTICULARITÉS DE BASE

Dès les premiers jours, le bébé accroche et recherche « spontanément » le regard de sa mère. Parallèlement, celle-ci accroche, recherche et pilote le regard de l'enfant. Ce « mouvement » réciproque conduit à des contacts œil à œil de plus en plus durables et fréquents. C'est aussi ce qu'on observe lorsque le partenaire est le père, la sœur, le frère ou toute autre personne interactive (médecin, puéricultrice).

L'orientation ciblée du regard du bébé en direction du regard maternel est guidée ou facilitée par la capacité de l'enfant, « en continuité » avec les perceptions auditives développées *in utero*, de s'orienter par rapport aux voix familières, en particulier celle de la mère (Busnel, 1994 ; Busnel *et al.*, 1983-1992), sa capacité de discriminer la configuration « deux yeux-un nez-une bouche » (Spitz, 1945, 1968 ; Spitz et Wolff, 1946) et ses capacités de percevoir et discriminer les autres informations extérieures. Par exemple, celles qui lui permettent de discriminer, de connaître et de reconnaître les stimulations tactiles et proprioceptives au cours des caresses et portages, et les stimulations olfactives, en particulier les odeurs maternelles (Montagner, 1974, 1988 ; Schaal *et al.*, 1980, 1981 ; Schall, 1988).

Les mécanismes initiaux de captage, d'accrochage et de pilotage mutuels des regards, ainsi que les réponses ajustées des différents partenaires sont des « foyers » qui concentrent l'attention du bébé. Il peut ainsi développer une attention visuelle soutenue vis-à-vis du visage et du regard de sa mère (et des autres partenaires), c'est-à-dire non fugitive, non limitée à des balayages visuels et non interrompue par les événements extérieurs (bruits, arrivée d'un tiers) (Brazelton, 1973-1992). Elle est de plus en plus durable à mesure que la mère ancre sa relation dans la capture et le pilotage du regard de l'enfant.

LES FONCTIONS OU PROCESSUS MAJEURS QUI REPOSENT SUR L'ATTENTION VISUELLE SOUTENUE

L'attention visuelle soutenue fournit au bébé un « cadre » relationnel, temporel et spatial de repères familiers, et donc a priori *rassurants ou non insécurisants. L'enfant dispose alors d'une durée de lecture sans limite du visage et du regard de ses partenaires. Il a le temps au fil des jours de donner une signification et un sens aux regards et expressions faciales de sa mère, son père et toute autre personne, en combinaison avec les autres informations qui lui sont destinées (productions langagières, caresses, baisers).*

L'attention visuelle soutenue est un socle de processus majeurs :

— *le développement de la communication « multicanaux » ou intégrale, c'est-à-dire qui combine entre elles les informations captées par les différents organes des sens.* En effet, l'attention visuelle soutenue qui se développe au cours des contacts œil à œil durables, permet au bébé de s'installer dans un bain proximal de mimiques, sourires, bruits de bouche, vocalisations et productions langagières. Il peut alors associer, combiner et intégrer les composantes visuelles et auditives, et aussi olfactives, tactiles et proprioceptives des messages de son partenaire. C'est à partir de ces processus d'association, de combinaison et d'intégration que l'enfant peut organiser, au fil des interactions, selon le partenaire et le contexte, les messages

« plurisensoriels » qu'il reçoit et délivre. Ainsi se trouvent constitués les fondements d'un « premier langage » (ou « proto-langage »). Un nombre croissant de processus cognitifs peuvent alors être activés, en même temps que d'autres se structurent ;

— *la « lecture différenciée » des émotions et affects véhiculés par le regard et le visage des différents partenaires, en combinaison avec leurs mimiques, sourires, vocalisations, paroles, caresses, pressions corporelles. Le bébé a ainsi la possibilité d'ajuster ses réponses aux manifestations de la mère, du père, des frères et sœurs. Il peut s'accorder de façon personnalisée aux émotions, affects et rythmes de chacun. Les conditions sont réunies pour qu'un attachement « secure » s'installe entre le bébé et sa mère (Bowlby, 1958-1980). Ainsi peut être réduit ou empêché chez l'enfant le développement de l'insécurité, anxiété ou angoisse supposée ou postulée à la naissance, ou générée par la perception périnatale des émotions et affects de la mère ;*

— *l'exploration visuelle et « plurisensorielle » des différents « interlocuteurs », et ainsi la reconnaissance de leurs traits, en combinaison avec leur voix et leurs « particularités physico-chimiques » (texture de la peau, odeur, goût).* Un nombre croissant de personnes peuvent alors être identifiées non seulement dans le milieu familial, mais aussi l'ensemble des lieux de vie (« gardienne », puéricultrices de crèche, etc.) ;

— *la découverte des modifications induites dans le regard de la mère, et de toute autre personne, par l'arrivée, la présence, le départ ou l'absence d'un tiers (père, fratrie) ;*

— *le « jeu » des interactions triangulaires ou autres au sein de la famille, ainsi que les « jeux » d'interactions plurielles dans les autres lieux de vie (puéricultrices, pairs), et ainsi les combinaisons et nuances dans la communication et l'expression émotionnelle, dans d'autres contextes que la communication à deux ;*

— *l'exploration visuelle, la discrimination, la connaissance et la reconnaissance des patterns, propriétés et « fonctions » d'un nombre croissant d'objets découverts au cours de l'exploration « spontanée » de l'environnement par le regard, ou présentés par les partenaires.*

L'ATTENTION VISUELLE CONJOINTE

Lorsque le bébé en interaction avec sa mère réoriente le regard en direction d'une autre « cible », par exemple un objet, le visage d'une autre personne ou un animal (voir plus loin), puis développe une attention visuelle soutenue vis-à-vis de la nouvelle « cible », il induit le glissement du regard de sa mère dans la même direction. En créant une situation d'attention visuelle conjointe, le bébé « réoriente » aussi le discours, les émotions et les représentations de sa mère. Le renouvellement des situations d'attention visuelle conjointe vis-à-vis d'objets variés dans des contextes diversifiés, avec une personne d'attachement ou un autre partenaire, stimule l'attention visuelle soutenue du bébé. Ainsi peuvent se façonner de nouvelles constructions perceptives, motrices, comportementales, interactives, émotionnelles et cognitives. Notamment :

— *la discrimination puis la reconnaissance, à travers le regard focalisé de l'autre, des particularités et « fonctions » d'un nombre croissant de formes, volumes, cinétiques (mouvements saccadés, continus, oscillants, amples), brillances, couleurs,* etc. même si ces processus cognitifs se construisent aussi en dehors des interactions sociales ;

— *les coordinations visuo-oculo-motrices affinées et remodelées* au cours de la saisie et la manipulation des objets présentés par la personne qui partage l'attention visuelle conjointe ;

— *les organisations gestuelles et les interactions de plus en plus élaborées et diversifiées* qui s'enchaînent dans les séquences d'observation alternée de l'objet, de la main qui présente l'objet, de la dynamique gestuelle et du visage du partenaire ;

— *les perceptions nuancées et évolutives des combinaisons qui lient les informations visuelles aux informations auditives, tactiles, olfactives, proprioceptives...* selon qu'elles proviennent d'objets familiers ou inconnus, et selon que la personne en situation d'attention visuelle conjointe est familière ou non, un adulte ou un enfant.

LES DÉFICITS ET RESTAURATIONS POSSIBLES

Lorsque le bébé et le jeune enfant ont une attention visuelle faiblement développée (leur regard ne peut être piloté, balaie la cible « regardée » sans s'y arrêter, se pose sur la cible mais ne l'explore pas), ou non observée (l'enfant n'accroche pas le regard du partenaire, ou l'évite), ils ne peuvent installer, développer et rendre fonctionnels les processus précédents. C'est ce qu'on observe lorsque la mère ne capte pas et ne pilote pas le regard de son bébé, et ne se laisse pas capter et piloter le regard par l'enfant. Au plan expérimental, Tronick *et al.* (1977-1984) montrent que, après une phase d'interactions œil à œil, le bébé détourne le regard ou n'essaie plus d'accrocher celui du partenaire, ne sourit plus, fige son visage et son comportement, lorsque celui-ci (la mère ou une autre personne) ne capte plus son regard, adopte un visage figé et ne parle plus (situation dite « *still face* »). Si l'évitement du regard du bébé par la mère se prolonge, l'enfant s'installe dans l'évitement du regard maternel. C'est ce qu'on peut observer au quotidien avec une mère durablement dépressive ou « plus banalement » inquiète, anxieuse ou angoissée quand le bébé régurgite ou refuse de prendre le sein, ou de s'alimenter au biberon. Ou encore s'il n'a pas une courbe de croissance pondérale et un développement conformes à ses attentes, ni à celles de l'équipe soignante. Par exemple, lorsque le bébé est né prématuré ou hypotrophe (son poids est inférieur à 2 kg 300 pour une naissance à terme), et encore davantage lorsqu'il est à la fois prématuré et hypotrophe. L'évitement du regard du bébé par la mère est aussi observé lorsqu'il présente certaines anomalies génétiques, *a priori* inquiétantes. Par exemple, une fente labiale ou labio-palatine qui déforme les traits et mimiques du bébé, et lui donne une apparence « monstrueuse » (dite « bec-de-lièvre »). C'est aussi ce qu'on observe communément, mais de façon moins accentuée et durable, quand les traits, l'apparence, le rythme veille-sommeil ou le comportement du bébé ne correspondent pas aux attentes de sa mère. Cependant, sauf cas particulier (par exemple, lorsque la mère a des troubles profonds de la personnalité), ces phénomènes sont temporaires et réversibles dès lors que les représentations et conduites de la mère évoluent, et que l'enfant rend lisibles et fonctionnelles non seulement sa compétence d'attention visuelle soutenue, mais aussi ses compétences perceptives ainsi que ses autres compétences-socles (voir plus loin). C'est évident quand une mère particulièrement inquiète pour une raison ou une autre est rassurée et déculpabilisée par un accompagnement psychologique approprié.

Lorsqu'un évitement du regard s'est installé au cours des premiers mois entre un enfant et une mère dépressive, angoissée, souffrant de troubles de la personnalité, ou pour d'autres raisons, il peut révéler sa capacité d'accrocher et de piloter le regard d'autrui, et laisser accrocher et piloter son regard, dès lors qu'il rencontre des partenaires qui peuvent s'ajuster et s'accorder à lui. Par exemple, les puéricultrices et les enfants d'une crèche (Montagner, 1978-2002), mais aussi certains animaux (voir plus loin). L'attention visuelle soutenue de l'enfant peut alors se développer sans dommage pour son développement et ses conduites.

Les enfants psychotiques, autistes et infirmes moteurs d'origine cérébrale (IMC, *cerebral palsy*) peuvent aussi sortir de l'évitement systématique qu'ils montrent vis-à-vis du regard d'autrui, même si c'est de façon partielle et irrégulière, dès lors qu'ils peuvent vivre dans un environnement sécurisant, en tout cas non insécurisant, des interactions avec des partenaires accordants, c'est-à-dire qui ajustent leurs émotions, affects et rythmes à ceux qu'ils perçoivent chez l'enfant. Le processus peut s'amplifier si on crée des conditions de vie qui respectent les rythmes bio-psychologiques des enfants, notamment le rythme veille-sommeil, et s'ils peuvent évoluer dans des espaces qui structurent, révèlent et valorisent leurs compétences.

Les interactions avec les animaux

La quasi-totalité des enfants sont fascinés ou troublés par ce qu'ils lisent dans les yeux des animaux. Parallèlement, ils sont décontenancés, frustrés ou attristés lorsqu'un animal évite leur regard. Il n'est donc pas étonnant que beaucoup d'auteurs de livres, magazines, bandes dessinées et dessins animés pour enfants utilisent les yeux et le regard des animaux pour traduire et faire passer des émotions, affects, pensées, intentions, raisonnements, délires. Par exemple, les combinaisons de clignements, clignotements et fermetures des yeux chez les personnages « féminins » dans des situations et rôles d'apaisement, de réassurance, de bonheur et/ou de séduction, non seulement lorsqu'il s'agit d'une chatte (il est commun, nous l'avons souligné, qu'un chat apaisé et assis sur son arrière-train, cligne et clignote des yeux, surtout si un partenaire humain recherche son regard), mais aussi une chienne, souris, éléphante qui, pourtant, n'ont pas ce comportement dans leur « réalité animale ». Les dessins animés de Walt Disney usent et abusent de ce type de cliché. On peut aussi souligner les yeux pédonculés qui jaillissent des orbites dans l'illustration de la surprise ou la fureur, les yeux de « chien battu » pour traduire la peur ou la tristesse chez les chiens (des « yeux de cocker ») et toute autre espèce, ou encore les yeux qui se remplissent d'étoiles ou de taches colorées à la suite de chocs émotionnels ou physiques.

Les animaux sont des partenaires qui induisent chez les enfants de tout âge la recherche et l'exploration du regard, les contacts œil à œil durables et l'attention visuelle soutenue. C'est particulièrement évident lorsqu'ils ont un statut d'animal de compagnie ou d'animal familier, mais on peut aussi les observer avec des animaux « utilitaires » (voir précédemment). Cependant, les interactions œil à œil entre l'enfant et l'animal revêtent des formes, fonctions et significations différentes selon l'espèce, la race et les individus animaux, et aussi selon les êtres humains et les contextes. Les différences observées donnent des clés pour comprendre l'histoire des rencontres entre les animaux et les humains (voir première partie), et aussi ce qu'un animal peut apporter aux constructions enfantines. On peut distinguer quatre « modèles » principaux :

LES INTERACTIONS QUI SE CARACTÉRISENT PAR DES CONTACTS ŒIL À ŒIL DE LONGUE DURÉE ET UNE ATTENTION VISUELLE TRÈS SOUTENUE ENTRE L'ENFANT ET L'ANIMAL, QUEL QUE SOIT LE CONTEXTE

Il s'agit des interactions avec un partenaire animal qui se laisse capter le regard et développe en toutes circonstances une attention visuelle soutenue. Nous prendrons deux exemples : le premier est constitué par des animaux « terrestres » (les chiens), le second par des animaux aquatiques (les dauphins). Ce type d'interactions peut aussi être observé avec d'autres animaux, mais de façon moins constante ou lisible. Ou alors, il est épisodique et limité à certains contextes (voir plus loin).

Les chiens. – *Les chiens sont en quête permanente du regard des humains. Ils initient et acceptent des contacts œil à œil de longue durée, montrent et « démontrent » à tout moment une attention visuelle très soutenue*, sauf quand ils n'ont pas été élevés dans le processus dit de la double empreinte spécifique et humaine, subissent de mauvais traitements et sont « limités » par des particularités raciales ou individuelles. Cette quête est particulièrement évidente dans les situations d'interaction avec les enfants, eux aussi en quête permanente des contacts œil à œil (à l'exception de ceux qui présentent des troubles de l'attachement, du développement ou du comportement : voir troisième partie).

C'est à tout moment et dans les contextes les plus variés que, debouts, accroupis, à genoux, assis, à plat ventre ou sur le dos, les enfants non limités par des difficultés personnelles ou familiales recherchent activement les interactions œil à œil avec les chiens. Face à face, ils prennent la tête de l'animal entre leurs mains, lui tiennent la patte ou posent la main sur sa tête, souvent en l'embrassant sur la truffe, en le caressant et en lui parlant, avec des yeux « aimantés » et « agrandis ». Il est fréquent qu'ils développent alors une attention visuelle de longue durée vis-à-vis d'un partenaire *a priori* rassurant et non anxiogène : sans parole, le chien ne porte aucun jugement sur eux ou leur famille et ne peut donc les renvoyer à des difficultés personnelles ou familiales.

La fascination des enfants peut être tellement forte qu'ils ne réagissent pas aux bruits « extérieurs », ni même aux appels et sollicitations des proches. Selon les témoins, ils sont « sur un nuage », « dans leur bulle », « perdus dans leur monde intérieur », « en extase ». Ces interactions « face à face » et œil à œil ont une forte probabilité d'être recherchées par les enfants qui viennent d'être « mis au placard », réprimandés, repoussés ou agressés par l'un de leurs partenaires familiaux. Ou encore, lorsqu'ils rentrent de l'école après avoir vécu des relations difficiles (résultats scolaires insuffisants et soulignés par le maître ; sanction ; sentiment de ne pas être écouté, aimé et reconnu en classe par le maître ; conflit, agression ou exclusion dans le groupe de pairs). C'est aussi ce qu'on observe chez les enfants dits autocentrés, mutiques ou craintifs et, souvent, ceux que l'on dit en échec scolaire. Les interactions œil à œil durables et l'attention visuelle soutenue sont facilitées par le comportement du chien. Non seulement il les accepte, mais il en prend l'initiative et les renforce à tout moment, et dans les contextes les plus variés. Il est en effet fréquent que, dans les interactions œil à œil, l'animal ait un regard « agrandi » et « aimanté ». Il paraît alors marquer son adhésion aux comportements, émotions, affects, paroles, pensées de l'enfant en développant des comportements affiliatifs lisibles, renouvelés et durables. Par exemple, il lèche le visage et les mains de l'enfant après s'être dressé sur les pattes, bave, émet des vocalisations de type plaintif ou des jappements, enfouit le museau sous le bras ou le vêtement, pose une patte sur un bras ou une jambe, sur fond de balayages répétés de la queue portée « en étendard » (voir les comportements affiliatifs). Il peut enchaîner en se mettant sur le flanc ou le dos comme dans les comportements de soumission et les conduites « infantiles » (il « se roule » sur le sol, gambade, tourne sur lui-même, effectue des cabrioles, urine, aboie et geint sur un registre juvénile). Appelé par une autre personne de la famille, il n'est pas rare que le chien « n'entende pas », ou alors se détourne, s'oriente vers le nouvel « interlocuteur », court le rejoindre, puis fasse demi-tour et revienne quêter le regard de l'enfant.

Comme dans la relation avec la ou les personnes d'attachement (mère, père), l'attention visuelle soutenue vis-à-vis des yeux du chien familier fournit aux enfants un « cadre » relationnel, temporel et spatial de repères familiers, a priori *sécurisants, en tout cas non insécurisants. L'enfant dispose d'une durée de lecture sans limite du regard de son partenaire animal, et déploie sans retenue les actes et vocalisations associés (élans à l'interaction, comportements affiliatifs et imitations : voir les autres compétences-socles). Il a le temps de donner une signification et un sens aux regards et comportements du chien, en tout cas de les interpréter par rapport à ses émotions, à ses affects, à ses pensées dans une interaction non brouillée par les paroles et gesticulations. Son discours montre qu'il se sent considéré comme une personne unique. Il libère son comportement et ses productions langagières. Il multiplie les élans à l'interaction, les comportements affiliatifs (sourires, rires, caresses) et les discours. On n'entend pas de paroles qui puissent être interprétées comme l'expression d'une insécurité ou d'un mal-être, d'une inquiétude, d'une anxiété ou d'une angoisse. Les élans à l'interaction et les comportements affiliatifs de l'enfant s'amplifient lorsque le chien répond par des léchages, des contacts avec les pattes, des agitations de la queue, des jappements, des vocalisations « juvéniles ». Les regards focalisés et soutenus et les comportements affiliatifs qui s'enchaînent entre les deux partenaires, engendrent chez l'enfant des registres comportementaux, émotionnels et affectifs souvent inédits (c'est-à-dire non observés, lisibles ou fonctionnels dans les relations habituelles avec les personnes, y compris la mère, le père, la fratrie, les copains). Il est fréquent que l'enfant enchaîne les enlacements, les étreintes, les chevauchements, les poursuites ludiques, les jeux de cache-cache, les rires, les appels, les vocalisations et les paroles de bien-être. Les conduites, les histoires et les scénarios qu'il développe dans ce contexte (parfois, il les met en scène dans ses dessins) montrent qu'il inscrit sa relation avec le chien non seulement dans ses émotions, mais aussi sa pensée, son imaginaire et son univers phantasmatique. Initiées par des contacts œil à œil durables et renouvelés, ces interactions débridées permettent à l'enfant d'« oublier » ses difficultés, en tout cas de les relativiser. Il peut alors déminer les peurs qui le hantent et dépasser l'insécurité affective qui, dans d'autres contextes, le paralyse ou le plonge dans des conduites autocentrées, des évitements ou des « mouvements pour le mouvement » (l'instabilité comportementale : les enfants sont dits hyperactifs). Son agressivité est canalisée : ses actes d'agression sont rares, atténués ou ritualisés (limités à des menaces gestuelles et vocales) non seulement vis-à-vis de l'animal, mais aussi des humains qu'il retrouve ensuite. Cette régulation est facilitée par le comportement du chien puisque celui-ci a une forte probabilité de réagir à une agression par l'évitement ou la fuite et non par l'agression (Filiatre* et al., *1988 ; Millot* et al., *1988). Les observations dans les classes et les écoles montrent que, lorsque des enfants dits en échec scolaire ont la possibilité de vivre une « relation » œil à œil affiliative avec le chien d'un enseignant ou un chien « perdu sans collier » qui s'installe et se laisse adopter, leurs conduites autocentrées, évitantes, « hyperactives » et agressives sont ensuite moins accentuées, fréquentes et durables.*

On n'observe pas d'interactions aussi complexes entre un enfant et un chien dont les yeux sont exorbités ou masqués par des poils (cockers), sauf lorsqu'une familiarité ancienne lie les deux partenaires. Plus fondamentalement, il faut que certaines conditions soient réunies chez le chien et l'enfant. S'agissant du chien, les interactions complexes œil à œil et affiliatives ont une forte probabilité d'être observées si l'animal a pu installer une familiarité précoce avec un humain, s'il n'est pas maltraité, privé de nourriture ou attaché en permanence (pour les « enfants pas comme les autres », voir troisième partie).

En développant une attention visuelle soutenue dans les interactions œil à œil avec un chien, les enfants vivent des situations qui leur donnent la possibilité de se structurer dans une communication « multicanaux » qu'ils n'ont pu découvrir aussi clairement avec les humains du quotidien, faute de pouvoir vivre avec eux des interactions accordées. En effet, la focalisation de l'attention visuelle au cours de contacts œil à œil ininterrompus avec un partenaire non insécurisant, ouvre la porte à une communication qui permet à l'enfant d'associer, de combiner et d'intégrer en toute confiance les composantes visuelles, auditives, tactiles, proprioceptives, olfactives des messages « affectifs » et « amicaux » de l'animal. Sans qu'ils soient brouillés par des gesticulations, agitations corporelles et paroles susceptibles de renvoyer l'enfant à des difficultés personnelles ou familiales. *Comme dans les interactions humaines sécurisantes, ces processus d'association, de combinaison et d'intégration lui permettent d'organiser au fil des contextes et des jours les messages « plurisensoriels » qu'il reçoit et délivre.*

Induites le plus souvent par des bruits, sons, vocalisations, productions langagières ou odeurs, les capacités de mise en alerte et d'attention visuelle soutenue du chien vis-à-vis de l'environnement ont une forte probabilité d'induire chez les enfants une réorientation du regard, une exploration visuelle des cibles regardées et une attention conjointe. L'animal conduit ainsi les plus inattentifs (ceux dont on dit qu'ils « n'écoutent pas ») à observer, découvrir, discriminer, connaître et reconnaître des objets, animaux et êtres humains qu'ils ignoraient auparavant, ou qu'ils ne savaient pas, ne pouvaient pas ou ne voulaient pas regarder et écouter. *Chaque enfant peut construire son regard à travers celui du chien et donner sens et signification à des comportements, des événements et des « spectacles » jusqu'alors ignorés ou non observés.* Parallèlement, par ses gestes de désignation (le bras tendu et le doigt pointé), le plus souvent soulignés par des vocalisations et des paroles, l'enfant peut réorienter à tout moment le regard de l'animal et créer avec lui des situations d'attention visuelle conjointe. Il se découvre des capacités à montrer et expliquer à un partenaire attentif des événements et des spectacles que celui-ci n'a pas perçus, et ensuite à le mettre en mouvement pour réaliser une action (rapporter un objet, ouvrir une porte, accueillir un visiteur, etc). Associés régulièrement aux gestes de désignation, les bruits de bouche, les claquements de langue, les vocalisations ou les paroles sont ensuite « suffisants » pour que le message soit décodé par le chien. *C'est en vivant de tels conditionnements « spontanés » qu'un enfant peut se développer comme acteur dans des interactions où il combine le regard, le geste, les expressions faciales, les bruits de bouche, claquements de langue, vocalisations et paroles. Il se fait reconnaître comme une personne qui sait se faire comprendre, surtout lorsque, dans les situations « ordinaires », les partenaires humains ne l'écoutent pas ou ne l'entendent pas.* C'est aussi un mode d'interaction particulièrement structurant pour les enfants sourds ou handicapés moteurs (voir troisième partie).

D'autres processus cognitifs peuvent être activés ou structurés chez les enfants à partir de l'attention visuelle conjointe avec un chien :

— *des relations temporelles et spatiales peuvent être établies entre des éléments « cachés » ou méconnus de l'environnement.* Par exemple, lorsque l'animal observe des oiseaux, puis conduit son partenaire sur les lieux où ils se posent et vivent. L'observation et la progression silencieuse activent l'attention visuelle soutenue et conjointe de l'enfant, tout en optimisant les regards, actes et contacts qu'il échange avec l'animal. Celui-ci ayant donné sens et signification à des phénomènes naturels et un milieu de vie, l'enfant rentré à la maison raconte, explique, écrit, dessine ce qu'il a vécu. Il révèle ainsi des connaissances et compétences inattendues. Il peut également les dévoiler en classe, modifiant alors les représentations du maître et des pairs. Écouté et valorisé, puis sollicité par le « groupe-classe » pour rapporter de nouvelles « aventures » et découvertes, il peut être reconnu comme une personne qui « enseigne » des choses captivantes. Il est ainsi stimulé pour organiser son regard et développer une attention visuelle plus soutenue, notamment pour mieux combiner les composantes visuelles et auditives des messages pédagogiques qui sous-tendent les apprentissages. Surtout si le maître organise des explorations et découvertes de l'environnement, sous la conduite de l'enfant et de son chien. C'est ce qu'on pouvait observer en milieu rural quand l'école était plus ouverte sur l'environnement, et quand les enseignants étaient plus préoccupés de permettre aux élèves de révéler leurs compétences « cachées » d'enfant que d'arriver au terme d'un programme. Aujourd'hui, on peut encore le constater, mais trop rarement. *Il est dommage que, trop souvent, l'école oublie ou ignore les clés affectives qui ouvrent la porte des compétences et ressources intellectuelles des enfants. L'une de ces clés est la complicité visuellement guidée qui permet un accordage des émotions. En quête permanente d'interactions œil à œil, et ancré dans l'attention visuelle soutenue, le chien peut être un complice idéal pour révéler les compétences cachées de l'enfant-élève ;*

— *des conduites et stratégies de contournement des obstacles et de détour sont dévoilées*, par exemple lorsque le chien contourne un grillage, une haie pour rapporter un objet situé ou lancé de l'autre côté. Ou encore, contourner une maison pour agripper avec les crocs le vêtement d'une personne familière, aboyer puis lui montrer le chemin à suivre, la conduisant ainsi auprès d'un autre humain qui ne peut se déplacer (par exemple, un enfant tombé dans un trou ou qui s'est blessé en chutant d'un arbre) ;

— *des compétences d'utilisation intelligente et de mémorisation de l'environnement sont révélées.* Par exemple, lorsque le chien extrait du sol les objets qu'il a enterrés (un os, une balle), y compris ceux qui appartiennent à l'enfant, comme s'il lui avait fait une farce (c'est parfois le sens qui est donné à ce comportement). Il arrive aussi que l'animal enfouisse (ou cache) un objet que le parent a confisqué à l'enfant, puis qu'il l'exhume au cours de ses interactions avec celui-ci et présente l'objet comme s'il voulait le lui rendre ;

— *des phénomènes d'anticipation et des stratégies sont découverts*, par exemple lorsque l'animal suit une piste « odorante », puis la contourne, se met à l'affût et attend la proie « à contre-courant » (voir précédemment). Ou, dans le cadre du milieu familial, lorsqu'il se poste à une certaine heure pour accueillir une personne dont il connaît le rythme des allées et venues, notamment un enfant à son retour de l'école, et plus tard une autre personne de la famille, ou inversement.

En résumé, sauf lorsqu'ils sont malades, vieux et aveugles, ou encore maltraités, les chiens n'évitent quasiment jamais les contacts œil à œil de longue durée avec les humains. Au contraire ! Dans toutes les cultures, ils les recherchent activement, même quand le partenaire est un enfant qui n'est « pas comme les autres » (voir troisième partie). Chez le chien, l'attention visuelle soutenue est, comme chez les humains, une compétence-socle des « systèmes émotionnels », interactions et registres de communications, et aussi des manifestations cognitives. Pourtant, c'est sur ses compétences auditives et olfactives que l'on met habituellement l'accent. L'attention visuelle soutenue du chien stimule celle de l'enfant, et aussi ses autres compétences-socles (voir plus loin). Le partage de cette compétence et la complicité qu'elle nourrit font du chien un compagnon universellement accepté et intégré dans tous les milieux humains.

Les dauphins. – Certaines espèces de dauphins montrent aussi des capacités « inépuisables » à orienter le regard en direction du visage et des yeux des humains, accepter des contacts œil à œil proximaux et durables, puis développer une attention visuelle soutenue. C'est ce qu'on observe lorsque, « en appui » sur leur nageoire caudale, ils adoptent hors de l'eau un positionnement vertical à l'appel d'un dresseur, mais aussi « spontanément » en direction d'une personne sur une jetée ou un bateau comme s'ils venaient la saluer pour le seul plaisir de la saluer. Très attentif dans l'eau au comportement des humains (il a une excellente vision), le dauphin montre et démontre une grande compétence à s'ajuster visuellement à leurs actes, par exemple en s'élevant à plusieurs mètres hors de l'eau pour prendre précisément avec le bec le poisson présenté à la main ou tenu du bout des lèvres. Pourtant, comme ils ont un « radar » naturel (le sonar), on souligne surtout leurs registres vocaux et leurs capacités de communiquer au moyen de manifestations sonores et ultrasonores à base de clicks et vocalisations plus ou moins sophistiqués selon l'espèce.

Les enfants semblent fascinés par la capacité du dauphin à rechercher leur regard, et à venir leur présenter un objet qu'il est allé chercher au fond de l'eau, parfois à le déposer à côté d'eux, à suivre leurs déplacements depuis le milieu aquatique, et enfin à les regarder en restant « en appui » sur la nageoire caudale. En s'approchant du dauphin et en le caressant, ils se retrouvent les yeux dans les yeux avec un partenaire qui paraît sourire, rire ou rigoler. Il vocalise comme s'il voulait parler. Lorsqu'ils vivent de nouveau cette situation le lendemain ou quelques jours plus tard, ils pensent qu'ils sont reconnus, surtout si le dauphin les « choisit » parmi d'autres personnes, c'est-à-dire développe avec eux, et eux seuls, des contacts œil à œil de longue durée, une attention visuelle soutenue, des interactions ajustées et des « offrandes » dans un bain de clicks et de vocalisations. Regardés comme les autres ne le sont pas, les enfants ont le sentiment d'avoir rencontré un partenaire qui partage leurs émotions. Ils disent ou écrivent qu'il ont un ami. Ainsi peuvent se nouer des attachements étonnants qui aident les enfants à se rassurer, prendre ou reprendre confiance en soi, et communiquer, notamment quand ils sont autocentrés, mutiques, évitants ou même autistes (voir troisième partie). Il serait intéressant de bien comprendre les mécanismes qui se dévoilent dans cette « relation », et comment ils peuvent permettre à des enfants ayant des troubles du développement, de l'attachement ou du comportement de se (re)structurer dans leurs émotions, affects et relations, sans oublier les processus cognitifs qui sont révélés et activés (Noa Bercovitch, 1999). Mais, dans ce domaine, la recherche reste timorée ou dogmatique.

LES INTERACTIONS QUI SE CARACTÉRISENT PAR UNE ATTENTION VISUELLE SOUTENUE, MAIS ALTERNATIVE ET MODULÉE SELON LE CONTEXTE

Les chats. – *L'attention visuelle soutenue est également évidente chez le chat, mais seulement dans certains contextes, car elle est plus dépendante des besoins et décisions de l'animal que chez le chien et le dauphin, et en même temps plus indépendante de ceux des humains.* Cependant, elle peut aussi aider l'enfant à se construire dans ses émotions, affects, interactions, modes relationnels et processus cognitifs.

L'attention visuelle soutenue du chat est caricaturale quand il observe et explore son environnement, et lorsqu'il chasse, en particulier en situation de guet devant le terrier d'un rongeur, ou pendant l'approche progressive et silencieuse d'un oiseau sur le sol ou dans un arbre. Elle est également évidente lorsqu'il regarde les évolutions d'une mouche et tente de l'attraper, même si elle est derrière une vitre. Plus étonnante encore est sa capacité de mobilisation du regard quand il « s'invente » une proie et « surveille » le bouchon, bout de papier, fil qu'il fait « vivre » d'un coup de patte et poursuit sous un meuble « en rugissant » (il produit alors une vocalisation rauque). La plupart des enfants hurlent de rire et libèrent leur parole. Des écoutes, interactions affiliatives, commentaires amusés et dialogues débridés se nouent avec les différentes personnes de la famille. Par son comportement visuellement guidé, le chat paraît indiquer qu'il joue pour jouer, qu'il a un imaginaire, voire des phantasmes, et qu'il se projette dans une prédation « pour de rire ». Même si ce « cinéma » peut sembler anecdotique, il détourne l'attention et le discours des « spectateurs ». Il atténue ou « démine » le mécontentement, la réprimande, l'agressivité ou la colère de l'un ou l'autre, notamment à l'égard de l'enfant. Le chat peut ainsi détendre une ambiance familiale minée par un souci ou une relation conflictuelle.

L'attention visuelle soutenue du chat est également évidente dans les contextes où il est tout à fait dépendant des humains, c'est-à-dire :

— lorsqu'il a faim et n'a pas réussi à « se faire entendre » pour « se faire servir » le repas. Après des miaulements répétés, parfois déchirants, ronronnements et frottements renouvelés sur la jambe d'un nourriseur potentiel, même inconnu, il se cale sur l'arrière-train, oriente le regard en direction des yeux de la personne ou d'un tiers. Il donne à son regard une telle « aimantation » et fixité que le message est clairement reçu (« tu as faim, toi », « attends un peu la bouffe arrive », ou d'autres propos ayant le même sens). Il peut aussi se poster près du réfrigérateur ou du meuble qui contient sa nourriture, et rechercher avec insistance le regard de l'« humain de service » (voir précédemment). S'agissant de la fratrie, c'est à qui répondra le mieux et le plus rapidement au message ;

— c'est aussi ce qu'on observe lorsqu'il veut sortir de la maison ou rentrer, ou plus généralement se faire ouvrir une porte ou une fenêtre, et passer ainsi d'un lieu à un autre.

L'attention visuelle soutenue du chat est également manifeste lorsque, apaisé et repu, il recherche, accepte ou initie avec un partenaire humain des interactions de proximité « face à face » et les yeux dans les yeux. L'animal se met alors souvent dans un état d'alternance apparente de veille-somnolence très caractéristique de l'espèce. Immobile et sur fond de ronronnements, il développe des « jeux » de clignements, clignotements et fermetures des yeux que ne manifeste aucun autre animal. Ainsi sont activés, modulés et réactivés le discours et les comportements affiliatifs des humains (sourires, rires, caresses, offrandes, voir plus loin). Les enfants sont particulièrement attirés par les « œillades » de chat. Non brouillées par d'autres comportements, elles sont interprétées comme des clins d'œil, et donc des adhésions aux émotions, affects, paroles, pensées souvent comme des démonstrations d'amitié ou d'attachement. Ces « jeux » de regards sont tellement attractifs, fascinants et séduisants que, dans une classe d'école maternelle ou d'école élémentaire, un chat peut attirer des grappes d'enfants qui rient, jubilent, caressent, disent des paroles de tendresse communiquent entre eux et avec le maître sur des registres inédits, sans rejet ni agression. Immobile, « mystérieux » (sphinx), l'animal paraît s'abandonner à ses partenaires. Certains enfants peuvent rester plusieurs minutes face au chat, le regard planté dans ses yeux comme s'ils cherchaient à y lire un message émotionnel ou affectif, ou ce qu'il pense. Surtout s'ils vivent au quotidien des relations insécurisantes (par exemple, lorsqu'ils sont maltraités ou enfermés dans l'angoisse de leurs proches). Le chat en rajoute parfois en multipliant les œillades, miaulant de façon plaintive, frottant sa tête sur la main qui caresse ou « faisant couler » son nez.

Lorsqu'il réussit à se faire accepter par un humain en contact ventro-ventral, le chat a une capacité unique à focaliser son regard « aimanté » sur les yeux de son partenaire, et à lui donner le sentiment qu'il en est amoureux, en tout cas qu'il lui est soumis. Il s'aplatit « comme une carpette », ronronne en clignant ou clignotant des yeux, son nez coule, il « étreint » son partenaire, met le museau au contact de sa bouche et son nez ou l'enfouit sous son aisselle. Il lèche parfois ses écoulements de nez, frotte la tête sur la main qui le caresse et « pétrit » le vêtement avec les griffes. Les enfants « fondent ». Les contacts œil à œil qui s'enchaînent avec ces manifestations de « dépendance amoureuse » sont particulièrement évidents lorsque le partenaire d'interaction est un enfant devenu familier au cours de la « petite enfance » du chat (la « prise d'empreinte » de l'espèce humaine qui, rappelons-le, se situerait chez le chaton entre les âges de huit à douze semaines, après la « prise d'empreinte » spécifique au contact de la mère).

Plus largement, le chat distribue différemment son attention visuelle et ses œillades selon que son partenaire dans le milieu familial est l'enfant, sa mère, son père ou ses frères et sœurs. Son attention est plus ou moins soutenue et ses œillades sont plus ou moins durables et renouvelées, selon le degré de familiarité et les expériences qu'il a développés au contact des humains. Il est particulièrement disponible et interactif avec un enfant qui a noué avec lui des liens affectifs qui s'apparentent à un attachement « secure » avec la mère ou toute autre personne.

En résumé, par sa compétence d'attention visuelle soutenue et ses œillades dans les interactions face à face, et plus largement les contextes auxquels les humains donnent du sens, le chat a la capacité unique de les « séduire ». Il a en même temps la capacité unique de « mettre en scène » des comportements souvent interprétés par les humains comme des conduites imaginées ou phantasmées. Les enfants sont ravis d'avoir pour copain un être de rêve. Il n'est donc pas étonnant que le chat soit l'une des espèces universellement admises dans la mouvance intime de l'Homme, c'est-à-dire les lieux où il dort, fait l'amour, fait sa toilette.

Les perroquets. – *Certaines espèces de perroquets ont aussi la capacité de créer des situations qui conduisent à des contacts œil à œil durables avec les humains, et à une attention visuelle soutenue. Mais, comme chez les chats, elle est alternative et variable selon le contexte. Elle est étroitement tributaire d'une compétence unique que n'ont pas les autres animaux, en tout cas dans des registres aussi divers et complexes : celle de reproduire les bruits, sons, « thèmes » musicaux et productions langagières.* Par leurs compétences d'« imitateur », les perroquets ont la capacité de rassembler autour d'eux les enfants et leur famille, et de créer des interactions et dialogues qui détendent l'ambiance. Certaines reproductions vocales sont tellement fidèles qu'elles trompent les animaux de la même « niche humaine ». Par exemple, en imitant un miaulement ou un bruit de porte d'entrée qui s'ouvre, le perroquet peut induire les aboiements du chien de la maison et le mettre en mouvement. S'il n'est pas attaché, il peut même le guider jusqu'à la porte. Témoins d'une telle scène, beaucoup d'enfants hurlent de rire.

Le perroquet peut aussi leurrer les humains, notamment en créant un événement. Par exemple, lorsqu'il imite un bruit de verre cassé, il alerte une personne du milieu familial et lui donne à penser qu'un tiers a cassé un objet. Là encore, les enfants témoins de la scène peuvent hurler de rire, sauf s'ils doivent se défendre d'être les auteurs de la « casse ».

Dans ces deux situations, il est fréquent que les enfants s'approchent, développent une attention visuelle très soutenue et tentent de « capturer » le regard du perroquet comme s'ils cherchaient à décrypter « ce qu'il a derrière la tête ». En inclinant et déplaçant la tête, l'animal paraît avoir lui aussi un regard inquisiteur, en même temps qu'il donne l'impression de délivrer des clins d'œil. Malgré sa mobilité corporelle, son regard reste focalisé sur celui de l'enfant comme s'il cherchait lui aussi à décrypter « ce que pense » son partenaire humain. Les deux interlocuteurs peuvent rester ainsi de longues minutes, avec parfois d'étonnantes productions langagières du perroquet. Une fois de plus, elles peuvent faire hurler de rire l'enfant et les autres « spectateurs », mais aussi les agacer selon les bruits, mots ou phrases de l'oiseau.

Les reproductions langagières paraissent parfois tellement pertinentes par rapport aux attentes, représentations et phantasmes des humains, qu'elles peuvent être interprétées comme des manipulations ou provocations, et avoir des conséquences surprenantes. Par exemple, en « nommant » une personne absente, et en reproduisant un mot ou une phrase qu'elle a prononcés, ou aurait pu prononcer, le perroquet peut « rapporter » des propos jugés confidentiels, indécents ou injurieux. Il peut faire penser qu'il dénonce ce qu'une personne a dit au sujet d'un tiers.

En résumé, il est fréquent que, par leurs productions langagières, leur regard à la fois mobile et immobile qui paraît disséquer l'environnement et les personnes, et l'attention soutenue qu'ils leur portent, les perroquets rassemblent autour d'eux l'enfant, la fratrie et les parents, mais aussi les visiteurs. En créant des situations d'attention visuelle conjointe, en déclenchant le rire et en faisant parler, il sont des animateurs hors pair qui stimulent la communication et le dialogue. Ils détendent l'ambiance.

LES INTERACTIONS QUI SE CARACTÉRISENT AUSSI PAR UNE ATTENTION VISUELLE SOUTENUE, MAIS AVEC DES PARTICULARITÉS LIMITANTES

Les chevaux ont aussi une compétence-socle d'attention visuelle soutenue qui leur permet d'accepter et d'induire à tout moment celle des humains. Mais la latéralisation des yeux, la taille et la masse de l'animal (à l'exception notable des poneys et d'autres petites races), ses sabots, son port altier de tête, l'ampleur de ses comportements et parfois la crinière qui masque son regard sont des obstacles qui limitent les interactions de proximité, en particulier les contacts œil à œil avec les personnes. La distance entre les regards réduit la « portée informative et affective » de l'attention qu'ils se portent, surtout quand il s'agit d'enfants. Le sens et la signification des regards échangés ne sont pas assez facilement et clairement décodés pour que les interactions puissent s'accorder, sauf lorsqu'il y a une familiarité avec le cheval et s'il y a entre eux des relations d'attachement. Cependant, les deux partenaires peuvent compenser les « obstacles » qui les séparent en mobilisant et partageant d'autres compétences-socles, c'est-à-dire les élans à l'interaction et les comportements affiliatifs pendant les chevauchements (voir plus loin). C'est aussi le cas des éléphants avec les personnes familières. En revanche, lorsque les élans à l'interaction et les comportements affiliatifs sont peu développés chez les animaux dont les particularités morphologiques, anatomiques et comportementales limitent la portée de l'attention visuelle soutenue, les interactions entre l'enfant et l'animal ne peuvent avoir des fonctions comparables à celles que l'on observe avec les chevaux, et encore moins les chiens et chats, même si des liens affectifs peuvent être constatés. C'est le cas des chèvres, vaches, chameaux, lamas ou rennes (voir plus loin).

LES INTERACTIONS ŒIL À ŒIL DIFFICILES OU « IMPOSSIBLES »

Les espèces qui évitent ou n'accrochent pas le regard. – Les interactions œil à œil ne peuvent être durables entre les humains et la plupart de leurs « cousins » que sont les singes. En effet, qu'il s'agisse des macaques et babouins, ou des anthropoïdes (les pongidés : chimpanzés, gorilles, orangs-outans, gibbons), l'évitement du regard est, sauf chez les jeunes, un élément essentiel de la régulation des relations interindividuelles au sein du groupe. Dans la plupart des cas, seul le mâle dominant peut maintenir un regard focalisé et insistant en direction des autres, en tout cas dans les interactions de proximité au sein d'un groupe dont la composition est stabilisée et où les statuts sociaux des individus sont bien établis. L'évitement du regard du dominant est un facteur de cohésion sociale.

L'« émergence » d'un regard qui fixe le dominant de façon persistante et renouvelée, en particulier chez les adolescents, est un signe de rebellion. C'est toute la dynamique des interactions et « rôles » qui peut alors être remise en question, même si les manifestations d'apaisement se multiplient, c'est-à-dire, selon l'espèce et le contexte, les toilettages (*grooming*), présentations de la zone ano-génitale, chevauchements qui miment la copulation, comportements juvéniles, vocalisations particulières ou offrandes (Chance, 1988 ; de Waal, 1988-1997).

En conséquence, dans les milieux naturels, une personne ne peut s'approcher des singes sans se mettre en danger que si elle maintient les yeux baissés, à l'exception de quelques espèces de petite taille ou de proximité des lieux de vie des humains (talapoins dans les villages africains, langurs dans les temples indiens). Elle ne peut être acceptée dans leur mouvance quotidienne que si elle se tient à une certaine distance et ne recherche pas l'interaction les yeux dans les yeux. C'est ce qui ressort notamment des études pionnières de Jane Goodall sur les chimpanzés (1965, 1986) et de Diane Fossey sur les gorilles (1984).

Ou alors, l'accrochage des regards est fugitif, inexistant ou limité à certains contextes. C'est, par exemple, le cas des bonobos qui vivent sur la rive droite du fleuve Congo. Contrairement aux autres espèces de chimpanzés, leurs interactions et leur vie sociale ne sont pas essentiellement fondées sur des comportements agonistiques, c'est-à-dire, il faut le rappeler, les menaces, les agressions et les fuites. En effet, ils « passent leur temps » à copuler, quels que soient le contexte et le partenaire, non seulement pour se reproduire mais, apparemment, pour empêcher ou réduire les tensions entre les individus. La débauche de relations sexuelles des bonobos, leur déconnexion par rapport à la fonction de reproduction, et « le plaisir pour le plaisir » qu'ils paraissent éprouver, fascinent tellement l'Homme qu'il y voit la preuve d'une analogie troublante (pour certains, une homologie) avec sa propre vie affective et sexuelle. Je ne discuterai pas ici de cette conviction, spéculation ou vision phantasmatique. En revanche, les films réalisés par les chercheurs, journalistes ou cinéastes ne montrent pas que les bonobos adultes aient la capacité d'accrocher le regard des congénères de façon durable, de se laisser accrocher le regard, et d'installer une attention visuelle soutenue les yeux dans les yeux. Les écrits non plus. Parallèlement, rien ne permet d'établir que cette capacité existe dans les interactions avec les humains. Les bonobos ne peuvent donc développer les fonctions qui reposent sur cette compétence chez le petit de l'Homme, en tout cas pas aussi complètement (voir précédemment).

En captivité, les interactions proximales œil à œil entre les singes et les humains restent inexistantes ou difficiles à installer sauf avec des jeunes animaux. Elles sont fugitives ou brèves, même si elles peuvent véhiculer des messages et jouer un rôle dans la communication, comme l'ont montré par exemple Allen et Beatrix Gardner dans leur recherche sur l'enseignement à des chimpanzés du langage des sourds-muets américains (*American Sign Language*, 1969-1994).

Il n'est donc pas étonnant qu'il soit difficile et compliqué pour les humains de développer des interactions accordées avec les singes, et ainsi de leur attribuer des émotions et affects qu'ils puissent partager. Au zoo, c'est particulièrement évident pour les enfants, souvent décontenancés, frustrés ou attristés par l'évitement du regard des singes, alors qu'ils viennent de leur offrir des « friandises » et de leur parler amicalement. Pourtant, les animaux les font rire par leurs acrobaties, grimaces et chamailleries.

C'est pourquoi l'adoption d'un singe est une gageure et un pari presque toujours perdu d'avance, même s'il y a des exceptions avec des animaux élevés par l'Homme dans des conditions particulières qui ont pu faciliter la rencontre des regards et la mutualité à certains moments d'une attention visuelle « les yeux dans les yeux ». Mais qui peut définir ces conditions, surtout quand les singes deviennent adolescents ou même préadolescents ?

Le non-accrochage ou l'évitement du regard, et l'absence d'attention visuelle soutenue dans les contacts œil à œil chez les singes adultes, en particulier les anthropoïdes, constituent un fossé qui les sépare profondément de l'espèce humaine. En effet, dans tous les groupes humains et toutes les cultures, l'attention visuelle soutenue est une compétence-socle qui organise et régule les échanges émotionnels et affectifs, en combinaison bien évidemment avec le langage qui l'imprègne et la traverse. Le non-accrochage et l'évitement du regard peuvent exister pour respecter une coutume ou une règle sociale, mais seulement dans certains groupes humains. On sait en effet que des tabous ou interdits sociaux peuvent interdire à une femme, un enfant, une personne d'une autre catégorie sociale ou caste de maintenir son regard dans celui d'autrui, en tout cas de certaines personnes. C'est pour les femmes en dehors de la maison que le tabou ou l'interdit sont particulièrement coercitifs quand ils imposent le port d'un voile grillagé qui masque complètement le visage et les yeux. L'objectif est évidemment de réduire les risques de séduction des « concurrents » potentiels du mari en empêchant « dans la rue » les interactions les yeux dans les yeux. Mais, le plus souvent, c'est évolutif et limité à certains contextes. L'universalité des accordages émotionnels et affectifs par la voie de l'attention visuelle soutenue « les yeux dans les yeux », reprend en effet « ses droits » tôt ou tard.

Universels, les contacts œil à œil soutenus combinés au langage, et la communication émotionnelle qu'ils autorisent, ont pu être des facteurs puissants et décisifs dans la séparation des lignées humanoïdes et des lignées de singes, puis dans les processus d'hominisation. Parallèlement, dans le buissonnement de l'Évolution, des convergences évolutives ont conféré à certaines espèces animales une attention visuelle soutenue dans les interactions œil à œil et un ensemble de comportements associés qui stimulent de façon sélective les émotions et affects des humains. Ainsi a pu s'ouvrir, comme nous l'avons souligné dans les premiers chapitres, l'une des voies de la rencontre mutuellement consentie puis recherchée entre les humains et les animaux de certaines « branches » de l'arbre évolutif (canidés, félidés, ongulés, delphinidés).

Les autres espèces : le cas particulier de celles qui ont un regard étrange. – De façon générale, les enfants sont attirés par les yeux et, plus globalement, nous l'avons vu, la configuration « deux yeux-un nez-une bouche » (Spitz et Wolff, 1943 ; Spitz, 1945-1968). Ils peuvent donc s'approcher d'un fauve. C'est ce qu'on observe communément dans un zoo ou tout autre lieu équipé de barrières ou grilles qui empêchent toute interaction proximale avec un tueur potentiel. Les enfants montrent alors une attention visuelle soutenue et des élans à l'interaction contenus mais réels vis-à-vis de certains fauves. Ils paraissent fascinés par le regard du fauve, surtout quand son apparence ou allure est majestueuse, et quand ses comportements laissent bouche bée (lion, tigre, panthère, ours). La proximité corporelle peut d'ailleurs avoir des conséquences dramatiques lorsque la protection est insuffisante (main broyée, bras arraché, corps déchiqueté). *Là aussi, les enfants se vivent dans le regard de l'autre, fût-il un tueur notoire, dès lors que l'attention visuelle est soutenue et apparemment partagée.*

En revanche, le petit de l'Homme garde une distance et présente des comportements de crainte par rapport aux regards étranges. C'est le cas des « regard obliques » (hyènes), saillants ou troubles selon le moment (crocodiles), exorbités (certaines races de chiens), démesurés par rapport à la tête et au corps (rapaces nocturnes), « verticaux (vipères), inquiétants par la configuration céphalique (bec crochu des faucons ; langue et forme de la tête des serpents). Il est dérouté par les poissons plats dont les yeux alignés sur le même plan paraissent « incrustés » dans une tête indissociable du corps.

6

L'élan à l'interaction

Les interactions initiales

Le bébé manifeste à chaque instant des comportements qui entraînent une réduction de la distance interpersonnelle avec son partenaire, une proximité corporelle et des contacts apaisés et apaisants. Citons les dilatations de la pupille, « écarquillements » des yeux, réorientations de la tête, succions en dehors de l'acte alimentaire, mimiques, bruits de bouche, cris, agitations des bras, mouvements unilatéraux et bilatéraux d'embrassement (y compris le réflexe de Moro), fermetures des doigts sur le doigt, la joue, pédalages, protrusions de la langue et défécations. Les pleurs ne sont pas englobés dans ces comportements car ils peuvent refléter des états internes très différents dont la signification ou le sens sont perçus de façon très variable selon le partenaire et le contexte. Ils peuvent en effet « traduire » un état de faim, une souffrance digestive, une douleur, une difficulté d'endormissement, un manque de sommeil, un attachement « insecure » ou « non secure », etc., ou revêtir plusieurs de ces significations, selon que le partenaire est la mère, le père, la grand-mère. Les réponses sont très différentes selon le vécu et les attentes de chacun : s'ils peuvent induire des rapprochements et contacts corporels, ils peuvent également entraîner la maltraitance ou l'éloignement.

Les comportements d'élan à l'interaction peuvent être manifestés par le bébé dans le cadre de ses régulations psychophysiologiques : avant, pendant et après l'alimentation ; au moment du réveil, avant l'endormissement ou pendant le sommeil (par exemple, les mimiques et succions) ; au cours des explorations sensorielles du partenaire ou de l'environnement (visuelles, auditives, olfactives ou autres) ; dans les enchaînements de mouvements et d'agitations qui paraissent traduire des besoins physiologiques ou d'« expression corporelle » ; pendant les autoexplorations et les autostimulations des priopriocepteurs (par exemple, les succions du pouce, les explorations de la main que le bébé déplace devant les yeux et les extensions-flexions des bras et mains).

Mais, ils sont aussi (ou plutôt) perçus comme des élans dont la finalité est de rechercher et d'obtenir une réponse affective, même lorsqu'il s'agit de réflexes (par exemple, les gestes d'« embrassement » dans le réflexe de Moro, ou la fermeture des doigts du bébé au contact d'un doigt du partenaire avec la paume de sa main). Ils ont en effet une forte probabilité d'induire des contacts corporels ou manuels puis une interaction corps à corps ou face à face au cours desquels la mère, ou tout autre partenaire, manifeste des conduites affectueuses. Certains comportements d'élan à l'interaction du bébé sont considérés comme des comportements d'attachement, c'est-à-dire inducteurs d'un attachement « secure » entre le bébé et sa mère (Bowlby, 1958-1980).

Le rapprochement crée une « bulle » de communication intime dans laquelle la mère peut focaliser l'attention du bébé sur son regard et son visage, moduler ses vocalisations et productions langagières, et optimiser ainsi ses messages, en même temps que le bébé peut rendre clairement lisible et fonctionnelle sa capacité d'attention visuelle soutenue et ses autres compétences-socles. En effet, la tête soutenue par la main de sa mère, ou l'ensemble du corps supporté par un matelas ou une table à langer, l'enfant accepte et recherche « spontanément » les contacts œil à œil durables, produit des bulles salivaires, émet des vocalisations modulées, détend le bras et la main ouverte en direction du partenaire, fait saillir la langue en réponse à une protrusion de la langue. C'est aussi ce qu'on observe avec d'autres partenaires. Plus généralement, le bébé induit ainsi chez autrui des comportements, vocalisations et productions langagières qui constituent un bain de communication multicanaux.

D'interaction en interaction et de jour en jour, l'élan à l'interaction conduit le bébé à des communications proximales face à face et œil à œil sans délai ni obstacle. Il a ainsi la possibilité de « lire », entendre et « sentir » la signification et le sens des messages maternels dans leur globalité, leurs variations et leurs nuances. Les conditions sont créées pour que ses « états psychophysiologiques » (faim-satiété, veille-sommeil, vigilance-non vigilance, repos-fatigue, confort-inconfort, « détente »-douleur, « ouverture-fermeture » aux stimulations extérieures) soient plus clairement lisibles, et pour que des « états internes » soient perçus comme des émotions ou affects, et mobilisent chez la mère des interprétations, représentations, transferts qui activent les processus d'accordage. L'élan à l'interaction fournit ainsi un socle essentiel à l'installation, au développement et à la restauration d'un attachement « secure », à la fois chez le bébé, sa mère et les autres partenaires familiers. C'est aussi ce qu'on observe tout au long de la petite enfance et à tous les âges.

Lorsque les comportements d'élan à l'interaction de l'enfant ne sont pas clairement lisibles ou fonctionnels (lorsqu'ils ne conduisent pas à une interaction proximale) ou ne sont pas observés (l'enfant est passif, détourne le regard, « s'enferme » dans des conduites autocentrées ou d'évitement), on n'observe pas d'interactions ajustées avec la mère, et *a fortiori* d'interactions qui pourraient être accordées. Il manque à l'enfant des conduites de rapprochement corporel ou inductrices de l'approche, indispensables aux constructions qui permettent de donner signification et sens aux combinaisons d'informations dans les interactions proximales et face à face. Cependant, comme l'attention visuelle soutenue, cette compétence-socle peut être « simplement » enfouie, cachée ou masquée, et peut émerger dès que certaines conditions sont réunies (Montagner, 1993-2002).

Les interactions avec les animaux

Les animaux qui ont dans tous les contextes une compétence-socle d'attention visuelle soutenue vis-à-vis des humains ont aussi des comportements d'élan à l'interaction développés. Des relations d'attachement peuvent ainsi se nouer facilement et rapidement avec les enfants, en tout cas lorsqu'ils vivent au quotidien dans leur « mouvance ». Ils apportent alors aux enfants apaisement, sécurité affective, réassurance, confiance en soi et auto-estime. C'est le cas de la plupart des chiens et, à un degré moindre, des dauphins. Et aussi de ceux qui mobilisent sans retenue leurs élans à l'interaction au cours des moments partagés avec l'Homme dans sa « niche familiale » : les chats (voir plus loin).

Les chiens. – *À tout moment disponible pour l'interaction, le chien manifeste en permanence des comportements qui le rapprochent des humains et le conduisent à se rapprocher de lui :*

— dès qu'ils voient ou entendent un humain familier, ou reconnaissent son odeur, les chiens « se ruent » dans sa direction, aboient ou gémissent, agitent la queue, se roulent par terre, se dressent sur leurs pattes... comme s'ils avaient faim de retrouvailles, même lorsqu'ils viennent de le quitter. Aucun obstacle ne les arrête : ils peuvent alors franchir une haie ou un muret, contourner un obstacle, traverser une pièce d'eau. Sortant de la maison ou revenant de l'école, les enfants se précipitent pour vivre ces élans à l'interaction, même quand ils ne les ont pas provoqués. Il en résulte des éclats de rire et toute une gamme de comportements affiliatifs, même chez les enfants repliés sur eux-mêmes, timides, évitants, fuyants, agressifs, anxieux, angoissés ou en échec scolaire ;

— lorsqu'un chien est adopté par une famille avec un ou plusieurs enfants, ou naît dans un tel milieu, leurs relations ont une probabilité plus élevée de bien se développer que si l'animal « est déjà » dans la famille à la naissance des enfants (Filiatre *et al.*, 1986). Mais, de façon générale, s'il s'agit d'un chiot qui vient de naître ou dont l'âge est inférieur à quatre mois, il peut prendre l'empreinte de l'espèce humaine au cours d'interactions répétées dans un milieu protégé, avec des partenaires ludiques qui manifestent sans retenue leurs élans à l'interaction et comportements affiliatifs. En effet, les enfants s'arrêtent à tout moment dans leurs activités pour se rapprocher du jeune chien (et de sa mère si elle est présente), lui parler, le caresser (ils doivent parfois « demander l'autorisation » à la chienne), le « patouiller », l'embrasser, l'étreindre et le prendre dans les bras. De retour de l'école ou d'un autre lieu, ils sont accueillis par un partenaire qui interrompt son sommeil ou son repas, ses explorations ou ses interactions, pour « faire la fête » à son ou ses partenaires de prise d'empreinte. Les élans à l'interaction du chien sont plus démonstratifs qu'avec toute autre personne. Il n'est pas rare qu'il « exprime son émotion » (c'est ainsi interprété) en « faisant pipi », « minaudant », mordillant, haletant, léchant « à grands coups de langue », bavant, battant de la queue, étreignant une jambe ou un bras, ou simulant une copulation. Il arrive qu'il déséquilibre l'enfant par ses débordements et le fasse tomber, induisant ou renforçant alors ses rires et ses autres comportements affiliatifs (à moins que, évidemment, la chute ne soit douloureuse ou insécurisante). Dès que l'enfant s'assoit, le chien prolonge et amplifie son élan à l'interaction en posant la gueule sur sa cuisse avec des yeux « énamourés ». Dans d'autres contextes, les chiens se nichent ou se blottissent aux côtés de l'enfant familier, acceptent qu'il s'allonge sur eux ou les chevauche. Ils le rejoignent dans son lit, parfois après avoir simulé un autre comportement à l'intention des parents qui lui ont interdit d'accéder à la chambre. En l'absence de l'enfant, ils s'installent sur un vêtement qu'il a porté et « s'immergent » dans son odeur corporelle.

Lorsqu'on leur demande en classe ce qu'ils vont faire en arrivant à la maison, la plupart des enfants qui vivent au quotidien les élans à l'interaction massifs de leur chien disent qu'il les attend, et qu'ils sont impatients de le retrouver. Le plus souvent, ils rapportent spontanément les projets qu'il forment pour le week-end ou les vacances qu'ils vont passer avec lui. Ils se sentent aimés, compris et reconnus par un partenaire qui ne demande pas de comptes et ne mesure jamais ses élans à l'interaction. Ils lui parlent comme s'il était un confident. Par les émotions et affects qu'ils mobilisent et partagent (ont l'air de partager, selon l'enfant et les personnes qui en sont les témoins et les interprètent avec ce sens), l'enfant et le chien développent souvent entre eux un attachement profond. Dans ses effets ou conséquences, celui-ci n'est pas fondamentalement différent de l'attachement initial de l'enfant avec sa mère, son père, même si ces liens premiers sont bien évidemment ancrés dès la vie fœtale dans l'histoire, le vécu, le psychisme et la vie phantasmatique des différentes personnes (Lebovici, 1983-1989). En effet, l'enfant qui installe et renforce avec son chien un attachement qu'il ressent comme « secure », peut évacuer ou relativiser ses peurs et son angoisse, notamment celles qui sont générées ou amplifiées par la maltraitance, le sentiment d'être mal aimé, l'indifférence ou la mise à l'écart subis dans la famille ou un autre lieu de vie. Ou bien, lorsqu'il y a une cassure au sein du couple parental, et encore lorsque l'inquiétude, l'anxiété ou l'angoisse envahissent le milieu familial à cause d'une maladie, perte d'emploi ou insécurité générée par le monde extérieur. Plus « ordinairement », l'attachement noué par un enfant avec un chien renforce la sécurité affective nourrie par l'attachement initial avec la mère, le père, tout en lui donnant une ouverture imaginée sur le monde intérieur d'un ami inconditionnel ;

— le chien répond de façon sélective et sans délai à la voix du ou des maîtres, en particulier des enfants, mais aussi à leurs vocalisations, bruits de bouche, claquements de doigts ou de langue, bruits qu'ils provoquent avec des objets comme s'il n'attendait que leurs signaux. En outre, ses réponses vocales (aboiements, gémissements) sont différentes selon le partenaire humain. Les enfants les entendent donc comme des éléments d'un « dialogue » personnalisé. Malgré sa myopie, le chien peut aussi répondre à leurs gestes, même à une certaine distance. Il est facilement mobilisable à tout moment et dans tous les contextes.

L'élan à l'interaction et la quête de relations proximales avec les humains sont tellement prédominants chez les chiens qu'ils peuvent se mettre en danger ou dans une situation désagréable soit « spontanément » (à leur initiative), soit en acceptant de se plier à toutes sortes de conditionnements :

— ils se précipitent dans l'eau pour aider une personne en difficulté, saisissent son vêtement avec les crocs, lui permettent de l'enlacer ou s'agripper à leurs poils, avant de la tirer vers la terre ferme. Ou bien ils donnent bruyamment l'alerte par des combinaisons très caractéristiques de gémissements et d'aboiements. Tous les ans, des enfants sont ainsi sauvés de la noyade après une chute dans une mare ou une piscine, y compris lorsqu'ils n'étaient pas connus du chien. L'animal est aussi capable de vaincre un barrage de fumée et de flammes pour sortir un humain d'une maison en feu, d'explorer une structure souterraine, de se faufiler dans les syphons d'une galerie et d'apporter les premiers secours à des personnes prisonnières ou blessées. Là aussi, des enfants (et des adultes) ont été sauvés de la mort. Par ailleurs, les chiens accourent auprès de leur maître s'ils perçoivent qu'il est menacé ou agressé, puis s'interposent, menaçent ou agressent l'intrus ;

— ils sont faciles à conditionner, notamment à subir un dressage, y compris lorsqu'on délivre des stimulations désagréables ou même douloureuses (rappelons que Pavlov a élaboré sa théorie du conditionnement avec des chiens). Infatigables dans toutes sortes de conditions écologiques, les chiens sont toujours disponibles pour répondre aux attentes et exigences de l'Homme. Ils se plient à toutes sortes de conditionnements avec pour récompense non pas forcément ou seulement un renforcement alimentaire, mais les comportements affiliatifs de leur partenaire humain (caresses, paroles encourageantes), en tout cas leur maître. Par exemple, pour le sauvetage des personnes en mer et la recherche de celles qui sont ensevelies ou enfermées (voir ci-dessus), le guidage d'un aveugle, l'assistance d'une personne ayant un handicap moteur ou mental, le contrôle des mouvements d'un troupeau de vaches ou de moutons, etc. C'est une « école de la vie » à laquelle on n'associe pas assez souvent les enfants, surtout quand ils évoluent dans un milieu familial qui cumule les difficultés matérielles, physiologiques, morales, sociales et intellectuelles. Lorsqu'on les implique dans ce type de responsabilités, on leur donne non seulement la possibilité de révéler des conduites valorisantes au bénéfice d'autrui, mais aussi de construire des interactions accordées et parfois un nouvel attachement avec un partenaire qui les reconnaît. On leur donne l'occasion de se construire ou reconstruire dans l'auto-estime, à la fois comme personne, acteur social et citoyen responsable. Parallèlement, les chiens d'aide et d'assistance bénéficient d'un bain de jouvence et de tendresse qui ne peut que les renforcer dans leurs élans à l'interaction et compétences au bénéfice des humains.

Par ailleurs, les « conditionnements spontanés » qui s'installent entre un enfant et un chien au cours d'activités libres, créent entre eux une complicité incomparable, surtout quand la récompense est constituée par des contacts œil à œil, caresses, étreintes, paroles amicales et pas seulement ou forcément par une « friandise ». En effet, c'est en observant les gestes de l'enfant familier, en l'écoutant et recevant ses caresses au fil des expériences partagées que, sans gratification alimentaire et sans avoir été dressé, un chien peut percevoir des comportements ou paroles comme des signaux pour réaliser une action. Par exemple, l'exécution d'une roulade, d'une cabriole ou d'un « saut périlleux », l'enterrement ou la dissimulation d'un objet, la recherche puis le transport d'un bâton, de chaussures, d'un vêtement, d'un jouet ou d'une bande dessinée, l'ouverture d'une porte, parfois la capture d'un oiseau ensuite offert. Tout se passe comme si le chien « ne savait quoi faire » pour induire chez l'enfant des élans à l'interaction et des comportements affiliatifs, et être reconnu comme un partenaire unique qui devance ou anticipe ses intentions.

En résumé, les chiens sont toujours à l'écoute et prêts à mobiliser leurs élans à l'interaction. Sans cesse stimulés par les sollicitations et comportements ludiques des enfants, ils sont toujours disponibles pour se mettre à leur service. Ils acceptent, créent et renforcent à tout moment, et dans tous les contextes, des interactions proximales dont on pense qu'elles sont accordées tellement ils paraissent percevoir, comprendre et partager les émotions et affects de l'enfant familier. Ainsi peuvent se forger des liens non brouillés par le jugement d'un partenaire qui ne parle pas. Ainsi se crée une complicité que l'animal ne remet jamais en question (sauf quand il s'agit d'une chienne avec des petits). Ainsi peut s'installer et se développer un attachement « secure » unique qui peut aider un enfant à libérer ses comportements et compétences, ses émotions et affects, ses ressources cognitives et intellectuelles.

Les dauphins. – Les dauphins ont aussi des élans à l'interaction très développés vis-à-vis des humains, et réciproquement :

— ils se rapprochent « spontanément » des bateaux, plages ou jetées puis effectuent des cabrioles, se dressent sur leur nageoire caudale, émettent des clicks et paraissent rire. Ils accompagnent parfois les nageurs, les frôlent ou les précèdent. Il est arrivé qu'ils évoluent devant un bateau et le guident en dehors des récifs, s'approchent d'un humain en difficulté, puis le poussent ou le « portent » vers une plage ou des rochers, parfois en « écartant » les requins dont ils sont de redoutables prédateurs ;

— leurs approches, cabrioles, sauts, « saluts », clicks et « rires apparents » sont autant de comportements qui induisent l'élan à l'interaction des humains, et aussi leurs comportements affiliatifs, surtout chez les enfants ;

— ils répondent de façon sélective non seulement à des bruits de sifflets, tambours mais aussi à des voix humaines. On a observé en particulier chez certains dauphins des élans à l'interaction sélectifs pour des enfants qui les appelaient depuis le bord d'un bassin ou une jetée. Ce qui n'était pas le cas vis-à-vis d'autres humains qui les sollicitaient verbalement ou par le geste. Ils répondent par des « trains de clicks » dont les caractéristiques « musicales » paraissent « personnalisées » : elles varient en effet avec les partenaires, comme les productions vocales des chiens et des chats. Beaucoup d'enfants ont ainsi le sentiment d'être reconnus par les dauphins ;

— comme les chiens, ils se plient à toutes sortes de conditionnements. Là aussi, une complicité et un attachement peuvent s'établir avec un humain.

Cependant, malgré les élans à l'interaction que manifestent clairement les dauphins, les limites et obstacles inhérents au milieu aquatique ne peuvent permettre aux enfants de développer avec eux des interactions aussi libérées, fréquentes, durables, *sécurisantes et accordées qu'avec les chiens. En outre, nous connaissons encore très mal les mécanismes et processus qui sous-tendent la relation entre l'enfant et le dauphin, faute d'une recherche scientifique suffisante et non dogmatique, et aussi d'un intérêt suffisant des cliniciens, souvent prisonniers d'*a priori *théoriques. Pourtant, de plus en plus nombreuses sont les observations qui suggèrent ou montrent les possibilités des dauphins à libérer le monde intérieur et les compétences des enfants qui ne sont « pas comme les autres » (psychotiques, autistes), et à les aider à se construire ou se reconstruire (voir troisième partie).*

Les chats. – *Les élans à l'interaction des chats avec les humains sont à l'image de leurs recherches des contacts œil à œil : alternatifs, variables et modulés selon le contexte. Mais, quand ils sont manifestés, ils sont « massifs », envahissants et possessifs.*

Chez le chat, la faim induit banalement la recherche de contacts proximaux avec les humains qui le nourrissent. La combinaison de leurs approches avec des comportements affiliatifs « explicites » tels que les ronronnements, les frottements de la tête sur les jambes et, de façon paradoxale, soit les « piaulements » soit les miaulements déchirants, selon le contexte ou le jour, sont des manifestations que les humains acceptent dans leur ambivalence, c'est-à-dire à la fois comme des sollicitations alimentaires et des élans à l'interaction. Même s'ils ne sont pas dupes de la motivation de l'animal à satisfaire d'abord et principalement sa faim.

C'est aussi la combinaison comportementale qu'on observe lorsque le chat veut sortir d'une maison soit pour satisfaire son comportement explorateur ou prédateur, soit pour « vivre sa vie » avec des congénères (parades, reproduction, marquage et défense d'un territoire). Et aussi pour entrer dans la maison, ou se faire ouvrir un « lieu de sommeil » (chambre, placard).

Les humains ne sont alors que des « béquilles » nécessaires dont le chat a besoin pour vivre des épisodes de vie égoïstes et spécifiques.

Cependant, certains contextes induisent chez les chats des élans à l'interaction tellement massifs et amplifiés par des comportements affiliatifs débordants, qu'ils envahissent les émotions, affects et phantasmes des humains. Ils ronronnent comme des « chaudières », multiplient les frottements de la tête et du corps sur une main, une jambe, « inondent » le partenaire de leurs sécrétions nasales, soulèvent ou poussent son bras pour se glisser sur ses genoux puis sa poitrine s'il est assis, ou s'étalent comme une « carpette » sur son corps quand il est allongé. Installé en position ventro-ventrale, le chat capture le regard de la personne, approche le museau de sa bouche, lèche son nez, le « tripote » avec ses griffes, accentue ses ronronnements et sécrétions nasales. « À la maison », il est toujours à l'affût d'une interaction possible, même quand il a l'air de dormir. Par exemple, lorsqu'il est pelotonné sur un coussin à l'extrémité d'un banc, apparemment plongé dans un sommeil profond, il ouvre un œil puis les deux s'il perçoit qu'un humain familier assis sur le même meuble vient de s'adosser alors qu'il était penché en avant. En changeant de position, la personne a libéré un espace. Mais il suffit qu'elle se tourne vers le chat et s'adresse à lui, ou parle de lui à un tiers, c'est-à-dire modifie ses intonations et paroles, pour qu'il « sorte de son sommeil ». Dans les deux cas, elle paraît envoyer un signal qui indique à l'animal une disponibilité retrouvée pour l'interaction. En effet, ayant ouvert les yeux, le chat s'étire et, si l'« espace corporel » de la personne lui est ouvert, il vient s'installer sur ses genoux, puis « ventre à ventre » en déployant plus ou moins complètement les comportements précédemment décrits. Si elle s'est de nouveau penchée en avant et a ainsi fermé son « espace corporel » au chat qui s'est approché, celui-ci frotte la tête ou le cou sur un bras ou une main, et essaie de forcer le passage pour accéder aux genoux, tout en ronronnant et en recherchant un contact œil à œil.

De façon générale, le chat libère un ensemble de comportements que beaucoup interprètent comme une « déclaration » de soumission affective, d'amitié, d'amour... en tout cas de reconnaisance et d'attachement, en particulier les enfants et les adultes qui vivent dans la solitude ou les difficultés. Il est en même temps un réceptacle de leurs émotions, affects et phantasmes. Les humains lui confient volontiers leurs joies, chagrins, peurs, colères, surprises, dégoûts, inquiétudes, angoisses, phantasmes, et plus généralement leur pensée. Ils lui livrent des confidences intimes. Le chat est alors une formidable soupape mentale, surtout pour les enfants qui n'ont plus de repères affectifs. Il caricature son attachement en choisissant de s'installer sur des vêtements qui véhiculent leur odeur, même si le support est inconfortable.

L'élan à l'interaction du chat se manifeste aussi en dehors de la maison. Par exemple, lorsque l'un des humains familiers déambule dans le jardin, le chat le suit à distance, puis se rapproche dès que la personne l'appelle par un bruit de bouche, une vocalisation ou une production langagière. Parvenu à proximité, il n'est pas rare qu'il réponde par un miaulement bref à son partenaire qui l'interpelle, puis sollicite les caresses.

En résumé, le chat est pour l'Homme un partenaire qui lui « ressemble », et donc le captive. Il alterne en effet les temps « égoïstes » pour satisfaire des besoins personnels et spécifiques (« il vit sa vie »), et les temps de dépendance étroite vis-à-vis des humains qui le nourrissent et l'abritent des dangers potentiels de l'environnement.

Lorsque l'animal retrouve ses « partenaires familiaux », ses élans à l'interaction sont tellement massifs, intrusifs et possessifs qu'il envahit leur affectivité. Selon les personnes, il donne l'impression ou nourrit la certitude qu'il partage leurs émotions, affects et pensées. C'est en particulier ce que ressentent la plupart des enfants. Le chat est un réceptacle, un exutoire ou une soupape qui les aide à dépasser les difficultés psychiques et relationnelles.

Les perroquets. – Ces oiseaux n'ont pas la même « débauche » comportementale que les chiens, dauphins et chats « pour » montrer leurs élans à l'interaction. Mais leur capacité langagière est tellement surprenante qu'elle conduit les humains à se rapprocher à tout moment, ne serait-ce que pour « discuter » avec un partenaire souvent stupéfiant et provocant qui partage avec eux la capacité de « produire des paroles ».

Cependant, ils ont aussi des élans à l'interaction puisqu'ils viennent se percher « spontanément » sur une épaule ou un avant-bras alors qu'ils ont d'autres possibilités de se poster. Mais ils sont épisodiques.

Comme précédemment pour les autres espèces familières,

les enfants se sentent reconnus et valorisés lorsqu'ils peuvent montrer leur compétence à comprendre leur partenaire animal, et à se faire comprendre de lui. Cette fois par un langage partagé et donc, apparemment, des idées partagées. Surtout lorsque les autres personnes ne comprennent pas leur « dialogue ». En effet, les enfants peuvent être les seules personnes à donner un sens et une signification aux productions langagières du perroquet. Ils sont alors des interprètes et des médiateurs entre celui-ci et les partenaires familiaux. Ils peuvent aussi faire découvrir leur capacité à apprendre à l'oiseau des mots, phrases que d'autres n'ont pas réussi à lui enseigner, à moins qu'ils n'y aient pas pensé. Ils montrent ainsi des compétences qui peuvent modifier le regard et les représentations d'autrui, et changer son « statut » au sein de la famille, notamment vis-à-vis de la fratrie.

Cependant, comme pour le dauphin et faute de recherches suffisantes, on ne sait pas clairement comment les interactions langagières se structurent et peuvent prendre sens entre les humains et leur perroquet. Il serait intéressant de comprendre notamment comment, et dans quelle mesure, les systèmes interactifs, relationnels, cognitifs et langagiers des enfants « qui ne sont pas comme les autres » peuvent être améliorés avec et par ce partenaire, par exemple ceux qui ont des troubles du langage ou sont autocentrés, mutiques ou autistes (voir troisième partie).

Les chevaux. – L'élan à l'interaction des chevaux est également évident à l'égard des humains familiers, surtout s'ils ont établi avec eux des relations d'attachement. En effet, dès qu'ils sont libres de leurs mouvements, ils se rapprochent et recherchent avec eux le contact corporel, puis initient des interactions affiliatives. Appelés ou sifflés, ils rejoignent l'émetteur sans délai. C'est ce qu'on observe en particulier et banalement avec des enfants. Là aussi, l'enfant et l'animal mobilisent leurs registres de comportements affiliatifs :

— en arrivant à proximité de l'enfant, le cheval peut le « saluer » avec des hochements de tête, hennir, piaffer, se cabrer, agiter une patte, battre le sol avec un sabot, secouer la queue ou la crinière, établir et multiplier les contacts corporels avec les naseaux, la tête ou le flanc, ou lècher son partenaire. Parfois il s'agenouille ou se couche ;

— l'enfant le caresse, l'embrasse sur les naseaux, l'étreint, lui parle à l'oreille, le sollicite avec la tête penchée et la main en supination, souvent en recherchant son regard, lui présente sa main à lécher ou lui offre une « friandise ».

Le cheval peut aussi être un réceptacle unique des émotions de l'enfant. Par ses attitudes, il a l'air d'écouter attentivement, de comprendre et de partager ce que l'enfant lui dit. Par ses questionnements, l'enfant essaie de percevoir ce que ressent et pense l'animal. Le cheval paraît marquer son adhésion par des hochements de tête ou des mouvements de pattes. Là encore, les interactions paraissent accordées. En tout cas, le « dialogue tonico-postural » au cours des chevauchements et les échanges affiliatifs au cours d'interactions régulières peuvent conduire les deux partenaires à nouer entre eux un attachement sélectif et de longue durée. Nous y reviendrons plus précisément à propos des comportements affiliatifs car le « dialogue tonico-postural » est étroitement tributaire de ces comportements.

Les singes. – Le plus souvent, on n'observe pas d'élans « spontanés » à l'interaction des singes adultes vis-à-vis d'un enfant, quels que soient les élans à l'interaction de celui-ci. Ils restent exceptionnels. Lorsqu'un singe s'approche d'un enfant dans un parc zoologique, une réserve ou « tout simplement » dans l'environnement naturel, c'est pour lui prendre son gâteau, sa banane, sa casquette, ses lunettes, son jouet, son sac, son bâton ou encore le menacer et parfois l'agresser. Ce qui, bien évidemment, a une forte probabilité d'entraîner chez l'enfant le désarroi, l'évitement, la fuite, la crainte, les pleurs, l'incompréhension ou la frustration. Les mères indiennes, indonésiennes, africaines appréhendent ces situations et sont donc vigilantes par rapport aux évolutions de ces animaux aux environs immédiats de leur habitat. Il est difficile ou impossible d'établir une interaction apaisante et affiliative avec un singe adulte, même avec la médiation d'une personne familière.

Malgré la parenté phylogénétique, ou peut-être à cause d'elle, les singes évitent en milieu naturel la relation proximale avec les humains, malgré l'élan à l'interaction que ceux-ci peuvent déployer. Il a fallu par exemple des années pour que Jane Goodall puisse être acceptée par des chimpanzés et s'en approcher sans être menacée. Ce fut aussi le cas de Diane Fossey avec les gorilles. Par ailleurs, on connaît de nombreux exemples d'enfants défigurés, parfois mis à mort, par des macaques, babouins. Il faut donc éviter de créer des situations qui puissent induire la proximité entre un singe et un enfant. C'est un leurre de former l'hypothèse que, s'ils sont élevés ensemble, leurs interactions seront apaisées et déboucheront sur un attachement partagé. En effet, si les élans à l'interaction et comportements affiliatifs peuvent prédominer entre les deux partenaires au cours de l'enfance du singe, ils s'atténuent ou disparaissent au fil des mois ou années selon l'espèce. Les comportements agonistiques de l'animal deviennent en même temps de plus en plus marqués, fréquents et durables. Les données de Allen et Beatrix Gardner et de leurs élèves (1969-1994) constituent un cas exceptionnel puisque les chimpanzés qu'ils élevaient non seulement acceptaient et établissaient des contacts corporels avec eux, mais les sollicitaient dans le langage des signes utilisé par les sourds-muets américains. Ils demandaient même à être chatouillés. Mais, seulement pendant leur enfance, parfois la préadolescence. Devenus adultes, leurs comportements agonistiques avec les humains devenaient prédominants, y compris avec leurs éleveurs, en même temps que leurs comportements affiliatifs n'étaient plus manifestés, ou alors ils étaient brouillés et non fonctionnels. Selon les chimpanzés, il devenait difficile ou impossible aux chercheurs d'avoir avec eux des relations proximales et des conduites affiliatives.

Des élans à l'interaction et contacts corporels ont été aussi rapportés chez différentes espèces de macaques, mais dans le cadre de conditionnements. Là aussi, lorsque certaines conditions étaient réunies et seulement jusqu'à un certain âge.

En résumé, en évitant à la fois le regard et la proximité des humains, les singes ne peuvent être, sauf cas exceptionnel, des partenaires d'interactions accordées avec les enfants. Les données obtenues dans des situations de laboratoire ou de confinement à un milieu humain relèvent de conditionnements, contagions ou imitations (voir plus loin), et sont limitées à l'enfance ou la préadolescence des animaux. Si on prend comme critère les relations interspécifiques, et non plus seulement la morphologie, l'anatomie, la physiologie et les comportements interindividuels au sein de chaque espèce, les différences entre les humains et les singes sont plus élevées qu'entre les humains et leurs animaux familiers. Peut-être faudrait-il donc repenser l'histoire naturelle des espèces (la phylogenèse) et les « distances phylogénétiques » entre espèces à la lumière de critères qui englobent aussi la compatibilité ou l'incompatibilité entre leurs comportements sociaux et compétences-socles (voir plus loin) ?

Les autres groupes animaux. – Des élans à l'interaction réciproque entre les animaux et l'Homme peuvent aussi être observés avec des espèces « utilitaires » (chèvres, vaches, ânes, chameaux, rennes, lamas), mais seulement dans des circonstances particulères. S'agissant des enfants, ces comportements peuvent les conduire à une certaine forme d'attachement, mais les liens sont plus distendus et moins durables qu'avec les chiens, dauphins, chats en tout cas dans les pays ou régions urbanisés. En effet, quand ils ont noué une relation privilégiée avec une chèvre ou une vache, leurs comportements et propos ne permettent pas d'observer ou d'entendre clairement qu'ils ont avec ces animaux des accordages émotionnels et affectifs. Sauf cas particulier (voir précédemment), ils ne pensent pas que l'animal puisse avoir des émotions et une affectivité qui s'accordent avec ce qu'ils ressentent. Et pas davantage que leurs émotions et leur affectivité puissent être comprises par ce type de partenaire. En revanche, il arrive qu'en milieu rural de tels accordages et un attachement « secure » s'installent et se développent entre un enfant et une chèvre, une vache, un âne. Et aussi dans les milieux « hostiles » avec des espèces locales. Par exemple, en Laponie avec les rennes, au Sahara avec les dromadaires ou chameaux, dans la cordillère des Andes avec les lamas, dans les pays de jungle avec les éléphants. Une recherche comparative dans ce domaine permettrait de mieux comprendre un certain nombre de différences dans le développement émotionnel, affectif, relationnel et cognitif de l'enfant en fonction des influences culturelles et du milieu écologique.

Par ailleurs, on observe des formes rudimentaires d'élan à l'interaction entre les enfants et quelques petits mammifères, par exemple les lapins, cobayes, hamsters, genettes, souris, rats, ratons laveurs et fennecs (renards des sables). En effet, une fois familiarisés à l'Homme, en particulier depuis leurs premières semaines de vie, il arrive que certains de ces animaux s'approchent des humains, et recherchent avec eux le contact corporel. En tout cas, lorsque les personnes, en particulier les enfants manifestent à leur égard des élans à l'interaction. Ceux-ci disent parfois : « Il vient vers moi », « il veut être caressé ». Sauf bien évidemment s'ils ont été mordus, ce qui suscite leur incompréhension. Mais il est difficile de distinguer clairement la « part » qui revient à la « décision » de l'animal dans l'approche et la rencontre, et la « part » qui revient à son comportement exploratoire, à des stimulations attractives ou recherches de nourriture, ou encore simplement au hasard. Ce sont les enfants qui font généralement le premier pas en direction d'un partenaire potentiel qui peut être pris facilement dans la main ou sur les bras, puis être caressé sans obstacle constitué par la taille, le poids, les cornes, le milieu aquatique.

Cependant, quelles que soient les interprétations possibles, on peut souligner que, dans la plupart des cas, ces animaux se laissent approcher, « manipuler » et caresser par les enfants. Ceux-ci peuvent alors libérer leurs comportements affiliatifs et leur parole (voir troisième partie).

7

Les comportements affiliatifs

Les interactions initiales

La plupart des comportements du bébé qui indiquent ou créent un élan à l'interaction sont aussi souvent interprétés par leur mère et toute autre personne comme des comportements affiliatifs, c'est-à-dire des indicateurs ou signes d'une adhésion à leurs actes, émotions, affects, représentations et intentions, ou encore à leur discours (« je vois que tu m'appelles, tu veux un baiser, tu es d'accord avec moi, tu sais que je suis triste, tu me comprends », etc.). D'autres comportements remplissent ces fonctions dès les premières semaines ou au fil des mois pendant la première année, selon les patterns.

Parmi ceux qui entraînent des interactions ajustées, accordées et de longue durée, les plus lisibles et fréquents sont : les sourires (interprétés comme tels), les rires et les comportements jubilatoires ; les sollicitations de l'attention d'autrui ou d'un objet avec la main en pronation soit dans un plan vertical, soit en positionnement plus ou moins oblique ; les sollicitations ritualisées et symboliques telles que la présentation de la main en supination et l'inclinaison latérale de la tête avec une recherche du contact œil à œil ; les abandons, jets et offrandes d'objets, souvent accompagnés de rires et comportements jubilatoires ; le doigt pointé dans la direction du partenaire, d'un tiers, d'un objet, d'un secteur de l'environnement (ce geste de désignation est déjà structuré et fonctionnel entre quatre et cinq mois) ; les caresses et prises de la main du partenaire ; la bouche posée et maintenue sur une zone corporelle du partenaire, avec ou sans salivation ; les balayages avec le nez du cou, du visage, de la main du partenaire ; les saisies des doigts, cheveux, mains, joues, oreilles du partenaire ; les bruits de bouche plus ou moins vocalisés, parfois accompagnés de « bulles salivaires » ; les vocalisations plus ou moins modulées ; les « demandes » de prise dans les bras.

Ces manifestations « initiales » se combinent tout au long de la deuxième année avec de nouveaux registres affiliatifs, encore plus complexes et porteurs d'interactions sociales de plus en plus sophistiquées. C'est ce que montrent notamment les recherches effectuées sur les interactions entre enfants du même âge dès lors qu'ils peuvent « libérer » leur regard, leurs gestes et l'ensemble de leurs vocalisations pendant leurs évolutions dans toutes les dimensions de l'espace (Montagner, 1993-2002 ; Montagner *et al.*, 1993, 1994).

Parmi les comportements affiliatifs complexes de la deuxième année, on peut citer : les enlacements ; les apaisements et consolations des pairs en réponse à leurs pleurs, sollicitations non satisfaites ; les échanges et trocs d'objets ; les ajustements mutuels de comportements dans un nombre croissant d'activités communes ; les conduites de coopération, c'est-à-dire les transports coordonnés d'objets lourds ou encombrants d'un lieu à un autre, les constructions interactives et les mises en mouvement d'un mobilier au même rythme (balançoire, manège) ; les conduites d'entraide (Montagner, 1993-2002 ; Montagner *et al.*, 1993, 1994).

Les comportements affiliatifs sont des socles essentiels pour les conduites de communication élaborées et durables, en particulier :

— les processus dits de socialisation qui régulent les interactions sociales au sein des groupes dès la deuxième année, c'est-à-dire les organisations comportementales et langagières à la demande et au bénéfice d'autrui ;

— les jeux de rôles et activités symboliques, déjà développés entre 2 ans et 2 ans et demi (Montagner, 1993-2002 ; Montagner *et al.*, 1993, 1994) ;

— les transmissions interactives au sein des groupes multiculturels et multiethniques de comportements, modes de communication, langages, particularités culturelles et processus cognitifs.

Lorsque les comportements affiliatifs sont faiblement développés, c'est-à-dire seulement ébauchés, rares ou insuffisamment structurés, non « lisibles » ou non fonctionnels (par exemple, lorsqu'ils sont « parasités » par des actes, vocalisations et productions langagières étranges), ou lorsqu'ils ne sont pas observés (par exemple, dans certaines formes de la psychose et de l'autisme), les enfants ne peuvent disposer des socles indispensables aux constructions complexes et « autorégulatrices » de la vie émotionnelle, affective, relationnelle, sociale, symbolique et intellectuelle, en particulier au moment où le langage se développe. Le « handicap » est d'autant plus lourd que le faible développement ou la non-émergence (ou non-observation) des comportements affiliatifs sont combinés à une « expression » prédominante des conduites autocentrées, craintes et peurs (sursauts, gestes d'autoprotection ou gémissements), pleurs sans raison apparente, fuites, séquences d'« hyperactivité » ou agressions-destructions. Cependant, les « balances comportementales » (fréquences des différents comportements comparés les uns aux autres, par exemple celle des comportements affiliatifs et celle des comportements autocentrés) évoluent « au bénéfice » des comportements affiliatifs dès que les enfants peuvent évoluer dans des conditions qui les induisent, et leur donnent signification et sens (Montagner, 1996). De telles évolutions modifient les représentations des parents, éducateurs et enseignants. Les enfants peuvent ainsi échapper à l'image et au statut qu'a nourri le faible développement de leurs comportements affiliatifs au cours des premiers mois ou premières années (enfants dits repliés ou murés sur eux-mêmes, voire autistes, craintifs, évitants, fuyants, hyperactifs, agressifs, casseurs).

Les interactions avec les animaux

S'agissant des interactions des animaux avec les enfants, elles doivent être considérées sous deux angles différents : les manifestations comportementales des animaux que les humains interprètent comme affiliatives, c'est-à-dire les marques d'adhésion à leurs comportements, émotions, pensées et celles qui induisent les conduites affiliatives des enfants, telles que nous venons de les définir. Il s'agit non seulement des interactions de l'enfant avec l'animal, mais aussi de celles qu'il développe en même temps ou ensuite avec des personnes ou dans le cadre de relations triangulaires qui englobent l'animal. Par exemple, l'enfant, maman (ou papa) et l'animal.

Les chiens et les dauphins. – Nous avons vu que les chiens et les dauphins se caractérisent par une attention visuelle et des élans à l'interaction très soutenus vis-à-vis de l'Homme dans tous les contextes. Ils se distinguent aussi des autres groupes animaux sur deux points :

— lorsqu'ils retrouvent un enfant familier, ils libèrent l'ensemble de leurs possibilités motrices et vocales pour montrer qu'ils sont « contents », « joyeux » ou « heureux », quel que soit le contexte. C'est ce que disent plus de 90 % des enfants de 9 à 11 ans lorsqu'on leur demande la signification des comportements du chien et du dauphin au moment où ils les rencontrent (les questions posées sont « qu'est-ce qu'il pense ? qu'est-ce qu'il a l'air de dire ? ») ;

— à chaque rencontre et à tout moment, ils combinent ou alternent des comportements, affiliatifs, c'est-à-dire, rappelons-le, des manifestations que les enfants interprètent comme des marques d'adhésion à leurs actes, gestes, activités, paroles, émotions, pensées. Il existe en effet une faible probabilité qu'un enfant décèle dans l'une ou l'autre de ces manifestations des signes de méfiance, peur, tristesse, défense, colère, dégoût, menace, rejet ou préparation à l'agression.

Chez les chiens

— face à face, le regard est clairement direct et les yeux sont grands ouverts (on entend dire que c'est un regard « franc ») ;

— la gueule est largement ouverte, sans plissements ambigus du museau qui puissent traduire une peur ou hostilité (il est « rassuré ») ;

— les halètements s'accompagnent de sécrétions salivaires (il « bave parce qu'il est heureux de me retrouver ») ;

— le positionnement corporel face à face, l'attitude avec les pattes posées sur le sol et les oreilles dressées reflètent une attention « confiante (« il est content ») ;

— l'une des pattes antérieures ou les deux se posent sur les bras, genoux ou épaules de l'enfant comme si l'animal était amical (« je suis son ami », « il demande à être caressé ») ;

— les léchages sont massifs, invasifs et renouvelés, ou le museau « se niche » sous l'aisselle ou dans le vêtement (« il m'aime beaucoup », « c'est mon copain ») ;

— les vocalisations sont des piaulements, jappements ou aboiements juvéniles et « personnalisées » (« il fait son bébé », « il me veut ») ;

— la queue est animée de mouvements amples de « balayage » (« il attend qu'on s'intéresse à lui ») ;

— les comportements d'allure « juvénile » s'enchaînent sans raison apparente. Il s'agit le plus souvent de cabrioles, courses avec des épisodes d'allées et venues, « tournoiements », allongements sur le dos avec les pattes repliées (« il fait le fou » ou « l'intéressant ») ;

— des objets sont parfois rapportés et déposés aux pieds de l'enfant (« il me fait un cadeau »).

Chez les dauphins

— le regard est direct et « franc » ;

— l'émission de clicks et vocalisations avec la gueule entrouverte donne à penser que l'animal « rit ou rigole » ;

— le positionnement corporel hors de l'eau avec un regard orienté vers le visage ou les yeux du partenaire humain et les « hochements » de tête sont interprétés par les enfants comme des signes personnels de « salut bienveillant » (« il dit bonjour »,

« il est content de me voir »), et les clicks comme des expressions « personnalisées » qui ressemblent à un langage (« il me parle ») ;

— en pleine eau, la recherche de la proximité corporelle et du contact avec les partenaires humains paraissent traduire un élan à l'interaction et une « demande affective ». En bassin, les dauphins acceptent, favorisent et induisent les comportements affiliatifs. Une ou deux mains sur la peau satinée du dauphin, les enfants sourient, rient, caressent, embrassent, étreignent, offrent un aliment, une « friandise » ou un jouet. Ils disent leur plaisir (« il est gentil, doux », « je l'adore ») ;

— les comportements apparemment gratuits donnent à penser que l'animal se donne en spectacle pour son plaisir et celui des humains. Hors de l'eau, il enchaîne les cabrioles, sauts en arrière et « figures de ballet », avec des clicks et vocalisations. Ces manifestations sont interprétées par la plupart des enfants comme des signes de plaisir (« il est très content ») et des messages affectifs (« il veut jouer »).

Par leurs comportements affiliatifs, les chiens et les dauphins induisent chez les enfants des conduites et des discours qui peuvent modifier à maints égards les regards que portent sur eux leurs parents, et plus généralement leur famille :

— en s'adressant à l'animal et en lui répondant, les enfants montrent qu'ils ont des gestes, façons d'être, paroles et capacités de communication jusqu'alors non observés par leurs proches. Par les échanges ludiques qu'ils créent ou dans lesquels ils se laissent entraîner, ils rendent lisibles leur joie de vivre et aussi leur sens de l'anticipation, imagination et créativité, parfois leur humour. Ils dévoilent des capacités d'adaptation, aptitudes à prendre en compte ce que « dit » le partenaire et possibilités de trouver des réponses ajustées et accordées à ce qu'il « exprime » (c'est-à-dire des processus cognitifs liés aux émotions) ;

— en s'adressant à un proche et en lui répondant (mère, père, frère, sœur), les enfants créent des interactions « triangulaires » dans lesquelles l'animal est un ami référent et médiateur qui autorise les échanges comportementaux et langagiers, émotionnels et affectifs devenus difficiles avec les partenaires familiaux ou entre eux. Les comportements affiliatifs et « spectacles ludiques » donnent à chacun l'occasion de se rapprocher de l'enfant en interaction avec le chien ou le dauphin, de manifester de nouveau ses élans à l'interaction avec lui et les autres, et de créer ainsi des conditions de « réaccordage » affectif, même si cette idée peut paraître dérisoire lorsqu'il y a une ou des cassures profondes au sein de la famille ;

— les enfants autocentrés, habituellement « dans leur coquille » ou « sur leur nuage », montrent qu'ils peuvent prendre des initiatives et être acteurs à part entière dès lors qu'ils sont recherchés et accueillis par un animal qui « sait » les sortir de leur isolement. Ils peuvent alors s'ouvrir d'autant mieux et rapidement au comportement et aux paroles des personnes familières qu'elles s'impliquent dans les interactions avec le chien ou le dauphin ;

— les enfants qui évitent ou fuient habituellement les interactions humaines s'ouvrent à des partenaires « résolument » affiliatifs qui ne les jugent pas et ne les rejettent pas. Lorsque leurs rencontres peuvent se prolonger et se répéter avec un chien ou un dauphin, ils peuvent s'ouvrir à des personnes familières, et ne plus les éviter ou fuir, surtout si elles s'engagent, elles aussi, dans des interactions avec les animaux. Ils montrent ainsi qu'ils n'étaient pas enfermés dans l'évitement ou la fuite ;

— les enfants « hyperactifs » ne s'engagent plus à tout moment dans le « mouvement pour le mouvement » lorsqu'ils sont en présence d'un chien ou dauphin qui, par leurs comportements affiliatifs, « savent exprimer » leur adhésion à n'importe quel enfant et accepter ses différences, même s'il est « difficile à suivre ». Le « trop plein » d'agitation corporelle des « hyperactifs » apparaît canalisé par des comportements clairement organisés en messages auxquels on peut donner un sens. Certains de ces enfants s'arrêtent peu ou prou dans des déplacements « erratiques », se montrent plus ou moins attentifs à ce que font le chien ou le dauphin, et se laissent entraîner dans une dynamique interactive. Ils peuvent se montrer capables de dépasser leur « hyperactivité » avec des personnes non insécurisantes, surtout si elles participent aux interactions avec les animaux ;

— les enfants agresseurs-destructeurs s'engagent dans des interactions qui stimulent les comportements affiliatifs, jusqu'alors masqués, cachés ou inhibés par les conduites agressives, en tout cas lorsqu'ils pensent qu'ils sont recherchés et reconnus par le chien ou le dauphin, et lorsqu'ils savent qu'ils les retrouveront. Lorsqu'ils ont cette perspective, et si les rencontres ont lieu effectivement, la fréquence de leurs agressions diminue dans leurs différents lieux de vie, en tout cas à l'école avec leurs pairs.

Les chats. – En développant les élans à l'interaction chez les chats, nous avons aussi rapporté leurs comportements affiliatifs car il est difficile de les dissocier. Cepenfant, il faut de nouveau souligner l'ensemble unique constitué par ces comportements car ils sollicitent profondément les émotions et la vie affective des enfants, même si les interactions avec le chat sont plus épisodiques et liées au contexte qu'avec le chien et le dauphin.

Les chats ont en effet un « pouvoir évocateur et démonstratif » des émotions, affects, pensées que les humains leur attribuent, et en même temps un « pouvoir stimulant et amplificateur » des émotions, affects, pensées... des enfants de tout âge (et aussi des adultes) grâce à leur capacité de combiner des comportements apparemment « gratuits » qui n'ont pas de finalité biologique pour l'espèce et qui, en revanche, paraissent avoir pour « raison d'être » de « séduire » les humains.

Un enchaînement majeur est constitué par :

— les ronronnements qui n'ont pas d'équivalent chez les autres animaux ni chez les humains ;

— les frottements insistants sur les jambe, les bras du partenaire humain avec la tête, le flanc et la queue, et pas seulement le museau où sont localisées les glandes dont les sécrétions odorantes jouent un rôle important dans le marquage du territoire et celui de l'odeur d'un autre animal. Tous les frottements n'ont pas forcément ou essentiellement ces fonctions de marquage et de masquage dans les interactions avec les personnes, en tout cas lorsqu'ils sont effectués avec le cou ou le sommet de la tête par un chat qui cherche à s'installer sur les genoux d'une personne. Ils ne signifient pas davantage qu'il sollicite son repas puisqu'il peut manifester ce comportement après avoir mangé. Leur sens ou signification est donc logiquement perçu par beaucoup comme la manifestation d'une quête affective et d'un attachement « personnalisé » ;

— les écoulements nasaux chez un animal qui vient de s'installer sur les genoux, la poitrine, le ventre... du partenaire humain comme s'il indiquait ainsi son émotion ;

— l'aplatissement sur la poitrine de la personne avec le regard « planté » dans ses yeux, l'étreinte avec les griffes sorties, le « pétrissage » du corps humain, le museau qui coule et en contact avec le nez du partenaire, le léchage de ses écoulements nasaux comme s'il voulait le convaincre d'un attachement débordant ;

— les léchages « spontanés » des mains et doigts comme s'il faisait acte d'allégeance, même s'il lèche alors des sécrétions sébacées et sudoripares dont certains constituants minéraux l'aident à réguler ses besoins physiologiques.

Une telle débauche de manifestations affiliatives envahit tellement la sphère émotionnelle et affective des enfants qu'ils prêtent au chat un sentiment d'amitié ou d'amour. Elle leur permet de libérer leurs propres comportements affiliatifs : ils sourient, rient, caressent, embrassent, étreignent, offrent un objet ou un aliment, sollicitent ses léchages, désignent un partenaire avec le doigt pointé... Les enfants libèrent en même temps leur parole. C'est sans retenue qu'ils expriment leurs émotions, affects et pensées. Le chat est alors un ami ou amoureux incomparable auquel ils confient en toute confiance leurs espoirs, déceptions, chagrins et projets. Il fait aussi comme eux lorsqu'il n'a pas obtenu la nourriture ou l'ouverture de la porte qu'il sollicitait : apparemment « frustré » ou « fâché », il s'assoit et tourne le dos. Immobile, il « boude » dit l'enfant,« fait la gueule » selon les adultes. Au fond, chacun se reconnaît en lui. Il paraît humain, même dans la frustration.

Finalement, le chat est un complice qui ne trahit jamais, même s'il a ses moments « égoïstes ».

Les perroquets. – Les perroquets n'ont pas de tels registres et ne sont donc pas aussi bien perçus que les animaux précédents comme des partageurs d'émotions, d'affects et de pensées, même s'ils sont « beaux parleurs ». Cependant, nous avons vu que cette capacité libère aussi les comportements affiliatifs et paroles des enfants, et les conduit à donner une signification humaine à « ce que dit » le perroquet. Ils lui prêtent des idées analogues à celles des humains, notamment pour manipuler l'un ou l'autre (voir l'élan à l'interaction).

Les chevaux. – Comme nous l'avons vu, les chevaux ont également des comportements affiliatifs qui induisent ceux des enfants, et aussi leurs paroles. Nous n'y reviendrons pas.

C'est surtout pendant les chevauchements que des constructions et reconstructions peuvent être révélées ou consolidées dans les comportements, émotions et affects des enfants. Tout d'abord, et à tout moment, ils doivent tenir compte des mouvements du cheval pour ajuster leur équilibre « tonico-postural » (la posture en relation avec le tonus musculaire), et organiser leurs gestes. Ils découvrent des sensations et perceptions nouvelles à partir de la stimulation des récepteurs sensoriels (les propriocepteurs) qui sont situés dans les muscles, tendons et articulations sollicités par le chevauchement. Les enfants découvrent en même temps la capacité du cheval à percevoir la moindre variation dans leurs postures et comportements, ainsi que sa réactivité aux claquements de langue, vocalisations, paroles et intonations de voix. Ils constatent que les réponses du cheval ne sont pas les mêmes quand ils sont heureux, attristés, craintifs ou en colère, selon qu'ils viennent de vivre tel ou tel événement, telle ou telle relation dans leur famille, à l'école ou ailleurs.

Le « dialogue tonico-postural » qui s'établit avec l'animal permet aux enfants de s'apaiser et se rassurer, surtout s'ils ont vécu un moment très insécurisant, générateur d'inquiétude, anxiété ou angoisse. Les réactions ajustées du cheval à leurs comportements et états d'âme libèrent leurs comportements affiliatifs (ils caressent, sourient, rient, jubilent) ainsi que leurs bruits de bouche, cris, vocalisations et paroles. Elles libèrent en même temps leurs émotions, affects et pensées. Beaucoup attribuent au cheval une capacité à les partager. Ils ont en effet le sentiment de vivre avec lui des interactions accordées. C'est la voie ouverte à un attachement « secure » dès lors que les deux partenaires multiplient les rencontres et deviennent familiers.

Des processus nouveaux se développent lorsque le chevauchement est partagé avec une personne en positionnement dorso-ventral (l'enfant est devant) ou ventro-dorsal (l'enfant est derrière). L'enfant reçoit alors des informations de deux partenaires dont les registres sont distincts. Il doit régler ses postures et comportements non seulement en fonction des mouvements du cheval, mais aussi par rapport aux ajustements corporels, comportements et paroles de l'autre personne. C'est également ce que celle-ci doit faire par rapport aux deux autres. Enfin, le cheval lui-même doit tenir compte de ce qu'il perçoit chez l'enfant et le tiers. Mais, à mesure que les trois acteurs deviennent de plus en plus familiers l'un avec l'autre au cours des chevauchées successives, leurs interactions sont de mieux en mieux ajustées. Un même « dialogue tonico-postural » les réunit progressivement. Des émotions, affects et rythmes peuvent alors être partagés entre l'enfant et son partenaire humain (Wallon, 1959-1969). Leurs conduites et propos montrent ou suggèrent que leurs interactions sont accordées. Parallèlement, les remarquables capacités d'ajustement et les manifestations affiliatives du cheval les conduisent à penser qu'il partage leurs émotions, affects et pensées. C'est un attachement pluriel qui peut se nouer entre les trois « complices ». Le cheval peut ainsi être un révélateur et reconstructeur des capacités enfouies d'enfants non structurés qui relèvent de la psychiatrie (enfants psychotiques ou autistes : voir troisième partie).

Les singes. – Tout comme l'attention visuelle soutenue et l'élan à l'interaction, les comportements affiliatifs des singes adultes vis-à-vis des humains sont, malgré certaines apparences, peu évidents, fréquents et durables. Si on veut les comparer à ceux des humains entre eux et à l'égard des animaux familiers (chiens, chats), on peut souligner que :

— les sourires et rires relèvent de la spéculation, quelle que soit la qualité des études comparatives entre l'Homme et les singes sur les mimiques ou expressions faciales, et les vocalisations qui les accompagnent, qu'il s'agisse de singes à queue tels que les macaques (van Hoof, 1962, 1972) ou d'anthropoïdes, en particulier les chimpanzés bonobos dont les particularités de vie sociale évoquent particulièrement les conduites humaines (de Waal, 1997). En effet, l'analogie des « déformations du visage » interprétées comme des sourires ou rires et la similitude apparente des contextes où elles sont observées ne signifient pas qu'elles ont le même sens et la même signification que chez les humains. Sans compter que le sourire et le rire varient avec la culture, à la fois dans leur expression et les contextes où ils sont manifestés. D'ailleurs, rares sont les enfants « ordinaires » qui perçoivent des sourires ou rires chez les singes même quand ils paraissent s'esclaffer après avoir volé un objet (lunettes, chapeau) ou une « friandise » (cacahuètes, gâteau, crème glacée). Ce qui fait rire les enfants, c'est l'acte de chapardage et la magie des habiletés manuelles, et non ce que le singe paraît « exprimer » par ses « mimiques faciales et buccales ». La réalité du sourire et du rire chez les singes continue de faire débat entre les chercheurs, quels que soient l'intérêt et le sérieux des études ;

— les contacts manuels ou corporels avec les personnes ne sont observés en milieu naturel que dans certaines circonstances et certains contextes, après une longue durée de familiarisation. Ils sont manifestés par des singes élevés par les humains, mais essentiellement quand ils sont jeunes et vivent avec eux en permanence (Gardner *et al.*, 1969-1994). Parvenus à l'âge adulte, les contacts sont évités ou agressifs ;

— les comportements d'offrande, sollicitations manuelles, gestes de désignation, coopérations et comportements d'entraide peuvent aussi être manifestés dans ces conditions, ou à la suite d'un conditionnement (par exemple, les comportements d'« entraide » des singes capucins qui ouvrent une porte, rapportent un objet au bénéfice d'une personne handicapée).

Cependant, les comportements affiliatifs des singes adultes

sont brouillés par la grande mobilité de leur regard et l'évitement de celui des humains, et aussi la distance qu'ils établissent et maintiennent avec eux.

Plus généralement, on ne retrouve chez les singes adultes ni la gamme diversifiée des comportements affiliatifs des humains ni l'éventail des comportements affiliatifs des animaux familiers vis-à-vis des personnes (chiens, chats). En conséquence, comme nous l'avons déjà souligné à propos de l'élan à l'interaction, les interactions peuvent être difficilement accordées entre un enfant et un singe. Les enfants sont surtout fascinés par l'apparence humanoïde des singes, l'utilisation « humaine » qu'ils font de leurs mains pour prendre, manger, se gratter, épouiller (*grooming*), lancer et modifier un objet, ainsi que par leur agilité dans l'espace (singes à queue, orangs-outans, chimpanzés), leurs « querelles » et certains comportements impressionnants (la diversité des expressions faciales ; l'exhibition des canines par les babouins ; la masse corporelle et les déplacements « chaloupés » des gorilles ; les tambourinements de leur poitrine avec les « poings » et les secouements des barreaux de leur cage). En revanche, si on se fonde sur leur discours, les enfants ont une perception brouillée et ambiguë de ce qu'un singe peut ressentir et exprimer. S'ils interprètent certains de ses comportements comme la traduction de la surprise, la colère ou la peur, ils disent rarement ou ne disent jamais qu'il est joyeux ou heureux, sauf quand il mange ce qu'ils lui ont donné (« il est content »). Ils ne forment pas davantage l'idée qu'il puisse être triste, sauf quand il s'agit d'un petit « sans défense » que l'on voit délaissé, repoussé par sa mère ou attaqué. Plus généralement, les enfants ont des difficultés à comprendre le sens ou la signification des comportements des singes entre eux et avec les humains. Sauf cas exceptionnel, ils ne peuvent donc ressentir ou imaginer que l'animal puisse partager leurs émotions, affects ou pensées. Des accordages peuvent difficilement s'installer et un attachement « secure » est quasiment impossible. Les histoires d'enfant adopté par les singes restent de belles légendes, même si on connaît des exemples de petits Indiens (de l'Inde) et de petits Indonésiens dont la présence et les comportements ont été tolérés ou acceptés, les premiers par des langurs ou d'autres singes à queue, et les seconds par des macaques ou des orangs-outans.

Les autres animaux. – Les comportements affiliatifs sont faiblement développés chez la plupart des animaux domestiques (vaches, chameaux, lamas, rennes), même s'ils se laissent approcher et caresser par les humains. Ils se limitent le plus souvent à des léchages, des frottements corporels (chèvres) et des « appels » (c'est ainsi interprété : vaches, moutons).

Mais, ils peuvent être relativement diversifiés chez certaines espèces ou races. Par exemple chez certaines chèvres : à proximité d'un humain familier, elles peuvent hocher la tête ou frapper le sol avec une patte ; quand elles l'ont perdu de vue, elles peuvent l'appeler et lui répondre par un bêlement. C'est ce qu'on peut observer en particulier lorsque les partenaires sont des enfants qui ont des relations quotidiennes avec les chèvres devenues animaux familiers, par exemple au Maroc. Ou encore chez les éléphants qui « saluent » un humain en secouant la tête et levant une patte, se frottent à lui avec « délicatesse », le « caressent » et l'enlacent avec leur trompe, l'installent sur leur dos ou le prennent dans la gueule. Il est fréquent qu'ils répondent par des barrissements aux caresses et productions langagières de l'enfant, et aussi à ses appels quand ils ne le voient plus. Les enfants sont donc des partenaires particulièrement bien acceptés et recherchés par les éléphants, en tout cas dans les pays asiatiques où ces animaux sont de précieux auxiliaires des familles pour les travaux et déplacements quotidiens.

Les interactions entre l'enfant et une chèvre ou un éléphant peuvent être remarquablement ajustées. Ils montrent une telle recherche mutuelle de proximité et passent tellement de temps ensemble qu'on peut penser à des partages d'émotions, d'affects et de pensées (en tout cas, bien évidemment et comme pour les chiens, chats, selon le point de vue de l'enfant), et donc à des interactions accordées. Leurs liens sont si étroits, apaisants et rassurants pour l'enfant qu'ils s'apparentent à un attachement « secure ». Il serait intéressant de réaliser une recherche comparative sur ces phénomènes. Là encore, on pourrait ainsi mieux cerner les constructions émotionnelles, affectives, relationnelles et cognitives du petit de l'Homme en fonction des influences culturelles.

D'autres animaux manifestent aussi des comportements affiliatifs qui stimulent les émotions des enfants, soit « spontanément », soit plus souvent après conditionnement. C'est le cas, par exemple, des otaries qui initient et acceptent le contact corporel, se font « embrasser » sur la tête, applaudissent. Mais, au contraire des animaux précédents, ce sont des comportements « artificiels » acquis par le dressage. Ces animaux peuvent difficilement avoir un statut d'animal de compagnie ou familier qui structure les émotions enfantines à cause de leurs milieux et conditions de vie, et de leurs comportements spécifiques, à l'exception peut-être des enfants qui vivent dans un cirque ou un zoo. Nous n'évoquerons donc pas ici d'autres espèces dont le comportement et les capacités s'apparentent à ceux des otaries.

Il est difficile d'évoquer des comportements affiliatifs chez les petits mammifères (souris, rats, hamsters, cobayes). Comme nous l'avons rapporté précédemment, on peut seulement souligner leur capacité à se laisser prendre, « manipuler » et caresser par un enfant, et donc à être des partenaires qui lui permettent de mobiliser ses émotions et de dépasser son insécurité affective.

8

Les capacités de reproduire et d'imiter

Les interactions initiales

Le bébé a la capacité de reproduire certaines manifestations de ses partenaires. Dès les premiers jours, il répond en situation de face à face par un gonflement puis une protrusion de la langue, non seulement à sa mère qui tire la langue, mais aussi à toute autre personne qui présente ce comportement (Meltzoff et Moore, 1977, 1992). Au cours du premier mois, il peut aussi reproduire, au moins partiellement, des expressions faciales, bruits de bouche ou vocalisations. Les capacités de reproduction des patterns moteurs et vocaux par le jeune enfant se diversifient dès lors qu'il peut se libérer des contraintes posées par l'« immaturité tonico-posturale », c'est-à-dire lorsque, en position assise, il peut assurer un équilibre corporel stable avec le tronc verticalisé (Montagner, 1993-2002). Dans les phases d'interaction avec un enfant du même âge, il apparaît alors capable de reproduire nombre de ses patterns gestuels et vocaux, et de les intégrer à son « répertoire », tant au plan de leur configuration que de leur rythme (par exemple, des autocontacts, des battements de pied, des caresses et des prises de la main du partenaire, des cris et des vocalisations). On peut ainsi émettre l'hypothèse qu'il imite son partenaire, c'est-à-dire que non seulement il reproduit ses actes et vocalisations, mais qu'il en « adopte » aussi la dimension émotionnelle.

Les deux enfants peuvent également adopter des positionnements corporels et gestuels « en miroir » l'un vis-à-vis de l'autre. Ils montrent ainsi des capacités tellement développées d'ajuster leurs comportements l'un par rapport à l'autre, notamment ceux qui paraissent refléter des états de bien-être et de sécurité affective (sourires, frottements des pieds, contacts main sur main et prises mutuelles des mains), qu'ils paraissent capables d'accordages émotionnels. On peut penser que les interactions avec la mère et les autres personnes familières depuis la naissance (et avant pour certains aspects) ont préparé ces processus (Stern, 1985).

Le faible développement (faible fréquence, non-« lisibilité » ou non-fonctionnalité), les formes étranges ou la non-émergence (ou non-observation) de la capacité de reproduire et d'imiter des comportements, activités et productions langagières des partenaires reflètent ou traduisent des difficultés émotionnelles, affectives, relationnelles, sociales et « cognitives » de l'enfant.

En effet, il ne peut alors intégrer à son « répertoire » des manifestations parfois vues et entendues, mais qu'il n'a pas expérimentées, et dont il ne peut ainsi découvrir ou vérifier pleinement la significations et le sens (Nadel et Bandonnière, 1985).

Parallèlement, cet enfant n'induit pas ou induit peu l'imitation chez ses partenaires. Mais, comme pour les autres compétences-socles, la capacité de reproduire et d'imiter peut se développer dès que certaines conditions sont réunies dans les crèches, écoles, cabinets de consultation médicale, hôpitaux de jour et institutions spécialisées dans l'accueil des enfants malades, « étranges », « inadaptés », psychotiques, autistes, infirmes moteurs d'origine cérébrale (Montagner, 1993-2002).

Les interactions avec les animaux

Dépourvus de mains, à l'exception des singes, et de capacité langagière, sauf les perroquets, la plupart des animaux communément acceptés et recherchés par les humains pour vivre avec eux ou auprès d'eux ne peuvent évidemment reproduire leurs comportements manuels ni leurs paroles, et a fortiori *les imiter.* En outre, à quatre pattes (mammifères terrestres), avec des nageoires pectorales et une nageoire caudale (dauphins) ou des ailes (oiseaux), ils ne peuvent évidemment avoir de gestualité au sens humain du terme, même si, par exemple, l'otarie peut battre des nageoires « pour » applaudir. Mais, comme pour les autres compétences-socles, c'est l'Homme qui décide de décoder, d'interpréter et d'imaginer le sens et la signification des conduites de ses animaux préférés, selon ses capacités perceptives, ses émotions, ses affects et ses phantasmes. Il est ainsi fréquent qu'il leur attribue des capacités d'imitation. Pour les enfants, c'est évident.

Les chiens et les dauphins. – *Les animaux qui ont une attention visuelle soutenue vis-à-vis du regard humain dans tous les contextes, un élan à l'interaction toujours mobilisable et des comportements affiliatifs clairement « exprimés », c'est-à-dire les chiens et les dauphins (pour le chat : voir plus loin), sont faciles à « manipuler » par l'Homme et donc à conditionner.* Instrumentalisé par les humains, l'animal n'a aucun degré de liberté. Il doit reproduire de façon invariable des actes qu'on exige de lui avec une finalité qui, pour lui, n'a pas de sens, à l'exception de la récompense ou la punition qu'il reçoit pour sa performance, et rien d'autre. Il effectue « mécaniquement » une « tâche » sans possibilité de se dégager de l'« ordre » humain et de le resituer en permanence par rapport à l'environnement, sans investissement psychologique qui puisse s'apparenter à une émotion ou une protestation, sans « avoir le droit » de refuser et sans autre choix. En conséquence, parmi les animaux familiers, les chiens et les dauphins sont, avec les chevaux (voir plus loin), les partenaires « non exotiques » que privilégient les dresseurs dans les lieux de spectacle (cirque, delphinarium). Ils sont fidèles, sans « états d'âme » et « aux ordres ».

Cependant, en dehors des situations de conditionnement « expérimental », c'est-à-dire sans récompense alimentaire ni punition, les chiens et les dauphins peuvent conduire un humain à penser que non seulement ils reproduisent son comportement, mais qu'ils l'imitent, c'est-à-dire, il faut le rappeler, ont la capacité de donner le même sens et la même signification aux actes effectués. Par exemple, un chien peut, sans avoir été dressé, aller chercher un bâton, une balle, une casquette, une pantoufle puis le(s) présenter à son maître ou le(s) déposer devant lui, c'est-à-dire le(s) lui « offrir » (c'est ainsi interprété), après que la personne s'est déplacée pour lui offrir une friandise, un objet d'« interaction ludique » ou autre chose. Comme si l'animal avait intégré l'acte d'offrande dans son répertoire et se plaçait dans un processus affiliatif du type « donnant, donnant ». Il arrive aussi qu'un chien « cache » le jouet d'un enfant sous un meuble, derrière un massif de fleurs après avoir observé un parent qui a pris l'objet à l'enfant et l'a dissimulé dans un placard, derrière une porte. Puis, lorsque le parent s'est éloigné, l'animal va le rechercher et l'« offre » à l'enfant. Même si ce type de comportement peut s'expliquer par un « conditionnement implicite » au fil des interactions dans le milieu familial (on le conditionne ou il se conditionne « sans en avoir l'air », comme Monsieur Jourdain faisait de la prose), les enfants pensent et disent que c'est une imitation (« il fait comme nous »). La plupart des enfants perçoivent alors le chien comme un complice.

Par ailleurs, on observe que, hors dressage, un chien peut :

— ouvrir la porte d'une maison ou d'un placard en se dressant sur les pattes puis en appuyant sur la poignée au moyen de l'une d'entre elles ;

— sauter et faire tinter une cloche en tirant avec les crocs sur une corde qui pend ;

— actionner un robinet manipulable par un levier, et prendre ensuite dans la gueule l'extrémité libre du tuyau qui le prolonge pour le disposer sur le bord d'une piscine ;

— « s'asseoir » sur une chaise au moment du repas et poser les pattes sur la table ;

— pousser une balle avec le museau et la faire rouler dans un trou, ou la prendre dans la gueule et la mettre dans un panier, si c'est un comportement habituel de l'enfant familier ;

— « participer » avec des enfants à un jeu qui consiste à courir d'un endroit à un autre en contournant un piquet, à prendre puis abandonner un foulard là où il a été pris et déposé par les compagnons humains.

En s'élevant hors de l'eau, un dauphin peut effectuer « spontanément » (sans récompense ni punition, et donc sans dressage formel) des « figures de ballet » inédites (cabrioles, plongeons en arrière) après avoir vu son dresseur réaliser une « figure similaire » en plongeant ou sautant sur un trampoline. Il peut enfiler un cerceau à la surface de l'eau ou suspendu, prendre un objet dans le bec et le présenter aux spectateurs, ressortir de l'eau avec sur la tête un chapeau qui flottait. Même si c'est de façon opportuniste, et non par imitation, la plupart des enfants (et des adultes) pensent que le dauphin fait comme les humains et donnent à ses actes le même sens et la même signification.

Les chats et les perroquets. – *Les animaux qui alternent les temps égoïstes pour satisfaire leurs besoins individuels et spécifiques, et les temps de dépendance étroite vis-à-vis des humains résistent plus facilement que les chiens et dauphins aux tentations et tentatives de conditionnement fondées sur la récompense ou la punition, ou les deux.*

Les chats sont particulièrement rebelles au conditionnement, sauf quand il s'agit de besoins vitaux (lieu de conservation de la nourriture, bruit du récipient ou du meuble qui la contiennent) et de règles exigées par les humains pour avoir le « droit » de rentrer à la maison et d'y rester (punitions et récompenses pour que l'animal fasse ses mictions et défécations dans un lieu « obligé », ou pour qu'il « respecte » les lieux de sommeil ou d'« exposition » qui lui sont assignés : voir précédemment les animaux de compagnie). Et encore, ils sont toujours prêts à « transgresser » les règles ! Et « ne s'en privent pas » ! Par comparaison avec les chiens, ils sont à la fois plus dépendants de leurs temps « égoïstes » et besoins spécifiques, et plus facilement « mobilisés » par une large gamme d'informations issues de l'environnement. S'ils sont fidèles, ils ont des « états d'âme », c'est-à-dire un état de qui-vive, une réactivité et une mémoire rémanente et récurente « branchées » en permanence sur l'environnement. Par exemple, ils adoptent une posture d'alerte et se mettent en mouvement dès qu'ils décodent les bruits ou couinements de rongeurs ou des gazouillis d'oiseaux « à portée de griffes », ou lorsqu'ils perçoivent la présence d'un compétiteur (un autre chat, un chien), le bruit de la voiture du maître, la voix de l'enfant familier. Contrairement aux chiens, le chat n'est pas « aux ordres ». C'est pourquoi, il peut difficilement être une vedette de cirque sauf pour des « tâches faciles » qui n'exigent pas un investissement coûteux en temps, énergie, réactivité, mémorisation et qui prolongent ses conduites quotidiennes (grimper à un mât, sauter d'un tabouret à un autre, passer à travers un cerceau, se faufiler entre les jambes du maître qui marche, répondre à ses questions par un miaulement bref comme s'il « disait » son accord).

Cependant, comme les chiens, ils peuvent faire penser qu'ils imitent un partenaire familial lorsqu'ils « ont l'air » de reproduire ses actes. Par exemple, nous l'avons vu, lorsqu'un chat dépose une souris ou un oiseau sur le paillasson de « sa » maison puis s'en va, il crée une situation qui nourrit parfois l'idée qu'en offrant sa proie, il reproduit un comportement analogue aux « offrandes humaines » dont il bénéficie au quotidien. En tout cas, si la personne lui a remis avant sa « partie de chasse » une souris en tissu ou en plastique, ou un autre objet ludique. Alors qu'on ne connaît pas réellement le sens et la signification d'un tel comportement, il peut même paraître symbolique lorsque le chat ne laisse sur le paillasson que la vésicule biliaire de la souris ou quelques plumes de l'oiseau. En tout cas, cette conduite intrigue beaucoup les enfants et contribue à renforcer l'image mystérieuse du chat.

Par ailleurs, l'animal semble reproduire ou même imiter les déplacements de son maître quand il le suit à une certaine distance en empruntant le même trajet, parfois très fidèlement (il se guide probablement sur la piste odorante laissée par la personne). C'est évident lorsqu'il suit la marche ou course sinueuse d'un enfant familier. Celui-ci a alors le sentiment que le chat lui montre son attachement, et qu'il ne veut plus le quitter, surtout quand il répond à ses paroles par un miaulement. L'animal paraît lui montrer son allégeance.

Comme nous l'avons souligné, les perroquets de certaines espèces ont clairement la capacité de reproduire les bruits de bouche et vocalisations des humains, ainsi que leurs mots, phrases et intonations de voix. Ceci hors conditionnement : comme le chat, il n'est pas facile à conditionner. Là aussi, une personne peut penser qu'il s'agit d'imitations, et donc de capacités à exprimer les mêmes émotions, affects et pensées dès lors que leurs productions vocales, mots, phrases sont reproduits dans le(s) même(s) contexte(s). Mais on ignore le sens, la portée et la signification de la « capacité langagière » du perroquet. On ne sait quasiment rien de ses processus perceptifs et cognitifs, même quand le contexte de sa « production langagière » est le même que celui où ils l'ont entendu dire par une personne.

S'agissant des enfants, ils n'ont pas la même distance que les adultes par rapport aux réalités, en particulier lorsqu'ils ne sont pas écoutés, entendus ou reconnus par leur famille et les autres personnes, à l'école et ailleurs. Pour la plupart, « leur » perroquet parle et sait de quoi il parle puisqu'il reproduit les mêmes mots qu'eux-mêmes et leurs proches. En outre, il « dit » parfois des mots complexes et savants qui étonnent les adultes. C'est pourquoi, les enfants peuvent former l'idée, ou avoir la certitude, que le perroquet est un être sensible et intelligent, quasiment humain, qui peut décoder ou deviner leurs émotions, affects et pensées. Ils vivent leurs interactions comme si elles étaient accordées. Il n'est donc pas étonnant qu'un enfant confie à son perroquet ses joies, ses peurs, ses chagrins, ses espoirs, ses projets, surtout quand l'oiseau « imite » ses paroles. Mais, ça ne dure qu'un temps parce que le perroquet ne sait pas « tenir sa langue » et peut « divulguer » sans vergogne les paroles de l'enfant et ce que d'autres disent. Il dit n'importe quoi, n'importe quand et à n'importe qui. C'est pourquoi, la probabilité est faible qu'un attachement « secure » s'installe entre un enfant et un perroquet.

Les singes. – La capacité des singes à reproduire « spontanément » les comportements des humains est évidente et bien connue. Par exemple, des macaques peuvent se cacher les yeux derrière les lunettes qu'ils ont chapardées ou se coiffer avec le chapeau qu'ils ont emprunté. Ou encore, ouvrir un robinet, allumer la télévision, verser de l'eau dans un verre puis s'abreuver, placer un journal devant eux et faire semblant de lire... Les études d'Allen et Beatrix Gardner puis de leurs élèves (1969-1994) ont montré la formidable capacité des chimpanzés à reproduire leurs actes et à les « nommer » au moyen des signes du langage gestuel des sourds-muets américains. En tout cas, ceux qu'ils ont élevés depuis la « petite enfance » et qui ont partagé leur vie au quotidien. Sans entrer dans les détails (ce n'est pas l'objet de ce livre), les milliers d'heures d'observation, les nombreux films, les répétitions des mêmes situations et interactions avec des chercheurs différents pendant près de trente ans, montrent que, dans les conditions de l'étude, les jeunes chimpanzés ont réellement la capacité d'imiter les signes enseignés par des humains, c'est-à-dire leur donner le même sens et la même signification. En effet, ils peuvent reproduire plusieurs centaines de signes avec les mêmes gestes et dans les contextes appropriés, notamment en répondant à une question de leur « enseignant ». Ils reproduisent alors le signe qui colle à ce qu'il a demandé et qu'il attend. Le chimpanzé peut même « dire » le signe qui correspond à une conduite typiquement humaine, par exemple le brossage des dents, en dehors du lieu où il est habituellement pratiqué (la salle de bains) et en l'absence de l'outil pertinent (la brosse à dents). Comme les « dialogues gestuels » s'accompagnent d'élans à l'interaction (le jeune chimpanzé se réfugie auprès de son « enseignant », se blottit dans ses bras, initie et accepte les contacts digitaux, manuels et corporels...) et de comportements affiliatifs (contacts buccaux qui s'apparentent à des baisers, « caresses », demandes de chatouillements, offrandes, sollicitations, coopérations), on peut faire l'hypothèse forte que les interactions entre le jeune singe et l'humain sont accordées.

Mais, comme nous l'avons déjà souligné pour les comportements affiliatifs, les relations entre les chimpanzés ainsi élevés et leurs « enseignants », qui sont aussi leurs « parents adoptifs », deviennent difficiles à partir de la préadolescence. Les animaux développent alors des comportements agressifs de plus en plus marqués et fréquents qui faussent ou empêchent les interactions affiliatives avec leurs partenaires humains. Les processus d'imitation et la communication par signes se dégradent. Certains chimpanzés développent des conduites tellement agressives que les « enseignants » doivent s'en séparer. Par conséquent, c'est seulement au cours de leur enfance, et dans des conditions très particulières de confinement à un milieu humain, que les chimpanzés peuvent révéler et développer des processus d'imitation avec les personnes.

Dans les études créées par Allen et Beatrix Gardner, il n'y avait pas d'enfant. Les « enseignants » étaient tous des chercheurs ou des étudiants. On ne sait donc pas ce qui peut se passer entre un chimpanzé et un enfant, même s'ils sont élevés ensemble dans un milieu protégé. Dans quelles conditions et quels contextes un chimpanzé imite-t-il un enfant ? Quels sont les comportements imités ? Quelle peut être la capacité d'un enfant à « enseigner » le langage gestuel des sourds-muets américains ou autre langage ? Comment répond l'enfant aux signes du chimpanzé ? Parallèlement, quelles sont les capacités d'imitation du singe par l'enfant, notamment dans les situations d'interaction proximale ? Comment l'enfant perçoit-il son « interlocuteur » ? Peut-il s'ajuster à lui, et réciproquement ? Comment et dans quels contextes ?

Les données des études, les observations dans les milieux naturels et notre ignorance persistante de ce qui peut se passer entre un enfant et un singe sont des obstacles majeurs à tout projet de les faire vivre ensemble dans le même milieu, fût-il très sécurisé et sécurisant. Et même d'organiser entre eux des rencontres qui se prêtent à des interactions proximales. Les compétences-socles du petit de l'Homme ne peuvent être acceptées et reconnues par les singes, même les anthropoïdes, sauf quand ils sont jeunes. Son attention visuelle soutenue, son élan à l'interaction et ses *comportements affiliatifs ne peuvent déboucher sur des interactions accordées et un attachement « secure » avec un partenaire qui évite le regard et la proximité corporelle et dont les comportements prédominants sont la fuite, la menace et l'agression. Seule la capacité d'imitation du singe pourrait les rapprocher, mais il ne la rend clairement lisible dans un milieu ouvert qu'à une certaine distance, lorsque, par exemple, il s'est posté sur la branche d'un arbre, et déchire l'emballage d'une crème glacée ou d'un bonbon, se coiffe d'une casquette, met des lunettes, enfile une culotte. Il a alors des gestes humains. Même si les enfants rient, jubilent, offrent des cacahuètes, interpellent, pointent le doigt et applaudissent, l'approche du singe les rend moins affiliatifs et plus silencieux. Beaucoup ont alors des gestes et paroles de crainte, d'évitement, de fuite, se mettent parfois à pleurer. En outre, si certains enfants essaient d'imiter les singes, c'est essentiellement leurs grimaces, cris ou vocalisations, et non leurs gestes, ou alors c'est de façon tellement grossière qu'ils ne peuvent avoir de sens ou de signification pour l'animal, sauf peut-être quand ils se grattent. Il y a incompatibilité entre les deux registres. Il y a incommunicabilité entre le primate humain « pétri » de communication plurielle et le « primate-singe » adulte enfermé dans l'évitement, la peur ou l'agression des autres, à moins que celui-ci ne multiplie les actes d'apaisement et de réassurance par des épouillements (*grooming*), présentations de la zone ano-génitale ou simulations de la copulation.*

Cependant, il est possible que les humains soient à l'origine de certaines conduites de chimpanzés que l'on cite comme des exemples de capacités de transmission culturelle d'une génération à l'autre au sein du même groupe.

Par exemple, dans certaines régions d'Afrique centrale, les singes transmettent à leurs jeunes le comportement d'effeuillage d'un rameau avant de l'introduire dans un orifice de termitière et de le retirer avec des insectes dont ils sont friands. On peut penser que l'observation et l'imitation des humains pourraient être à l'origine de cette conduite relativement élaborée. Il s'agissait peut-être d'enfants. En effet, il est fréquent que ceux-ci explorent les trous dans le sol, les murs, les troncs d'arbres en y introduisant une brindille, baguette. C'est gratifiant ou amusant quand ils le font sur une termitière puisque la « pêche » des termites qui s'accrochent à l'« outil » par leurs mandibules, est souvent bonne. C'est ce qu'on peut voir au Congo.

En Afrique occidentale, une autre habitude est transmise entre les chimpanzés du même groupe : le cassage des noix au moyen d'un caillou. Là encore, il y a peut-être à l'origine de ce comportement l'observation et l'imitation des humains, en particulier des enfants dont l'une des conduites préférées est, banalement, l'utilisation de cailloux pour casser ou écraser toutes sortes d'objets, notamment des noix et noisettes.

Par ailleurs, au Japon, les macaques qui lavent les patates douces et trient les grains de céréales à la surface de la mer après avoir prélevé sur la plage des poignées de sable, ont peut-être appris ces comportements en observant puis imitant des humains, notamment des enfants.

Les autres animaux. – S'agissant des chevaux et des éléphants, leurs dimensions corporelles, leur morphologie et l'ampleur de leurs comportements sont des obstacles qui, malgré leurs élans à l'interaction et comportements affiliatifs, rendent vaine toute interprétation de leurs capacités à reproduire, et *a fortiori* imiter, les actes d'un humain, même dans les situations de conditionnement, et même s'il y a un attachement entre eux. Et réciproquement ! Comment un enfant pourrait-il s'identifier à ces grands mammifères en les imitant, même s'il essayait de reproduire les trots, galops, hennissements, piaffements, mouvements de la tête et des pattes du cheval ? Cependant, ces manifestations sont intéressantes car elles nourrissent aussi la pensée et l'imaginaire.

Les difficultés d'identification de l'enfant sont encore plus évidentes avec les gros animaux dont les élans à l'interaction et comportements affiliatifs sont limités. Par exemple, les chèvres, vaches, chameaux, lamas, rennes. Les seuls comportements qu'un enfant essaie de reproduire sont leurs vocalisations, ruminations et modes de déplacement.

C'est aussi le cas avec les petites espèces (lapins, hamsters, cobayes, souris, rats). En outre, leurs caractéristiques spécifiques et leurs limites cognitives ne peuvent évidemment leur permettre de reproduire des comportements humains, même si certaines se prêtent à de nombreux conditionnements, en particulier le rat.

9

L'organisation structurée et ciblée du geste

Les interactions initiales

Avant la fin du premier mois, le bébé a déjà la capacité de structurer et d'organiser ses gestes de façon précise vis-à-vis d'une cible qui a retenu son attention visuelle (Bower, 1974-1979 ; Bower *et al.*, 1979). Ce type de pattern est le socle obligé des actes de saisie et de préhension des objets, que ceux-ci soient découverts par le bébé au cours de l'exploration visuelle de son environnement ou présentés par un tiers (Grenier, 1981).

L'organisation structurée et ciblée du geste est évidemment indispensable pour qu'un enfant puisse modifier volontairement les objets, et en créer de nouveaux par assemblage, emboîtement, encastrement. Elle permet aussi à chacun d'explorer le visage du partenaire avec des gestes mesurés et ajustés qui sont alors souvent interprétés comme des actes de tendresse et d'attachement. Elle est donc non seulement un socle de fonctions cognitives essentielles, mais aussi de fonctions émotionnelles, affectives, sociales et relationnelles.

Comme précédemment, le faible développement de cette compétence-socle (la faible fréquence, non-« lisibilité » ou non-fonctionnalité), les formes étranges, le « parasitage » par des clonies ou des actes stéréotypés et la non-émergence (ou non-observation) de ce pattern s'accompagnent de difficultés dans les constructions enfantines. Par exemple, lorsque le geste de projection frontale du bras et de la main en pronation qui conduit à la fermeture des doigts sur un objet n'a pas encore été manifesté (ou observé) à la fin de la première année, et lorsque la présentation de l'objet induit un mouvement enveloppant de l'un des bras ou des deux, et seulement un mouvement enveloppant. Ou encore, à 3 ou 4 ans, lorsque la saisie des objets reste lâche et ne permet pas de les retenir au moment où ils tombent, et lorsque les doigts ne se referment pas « en pince » pour tenir les « outils » du gribouillage, de l'« écriture », du dessin ou de la peinture. Cependant, l'organisation structurée et ciblée du geste peut, elle aussi, se développer dès que les interactions sont structurantes et organisatrices.

Les interactions avec les animaux

À l'exception des singes, on ne peut évidemment évoquer pour les animaux terrestres une « organisation structurée et ciblée du geste »... « faute » de bras et de mains. Cependant, les espèces le plus souvent acceptées dans la mouvance et l'habitat de l'Homme ont une organisation corporelle qui remplit globalement des fonctions comparables à celles de cette compétence-socle humaine, à la fois dans les interactions avec l'environnement et les relations avec les humains. En effet, les animaux qui ont une attention visuelle soutenue, des élans à l'interaction massifs, des comportements affiliatifs diversifiés et des capacités supposées ou réelles d'imitation se caractérisent aussi par une apparence, une façon de se mouvoir et des habiletés motrices qui entraînent l'adhésion des humains. Surtout quand elles sont combinées à une efficacité qui compense ou supplée leurs insuffisances, une élégance et une esthétique qui les séduisent.

Les chiens. – Les chiens de la plupart des races sont capables de se dresser sur les pattes arrière, faire « le beau », se déplacer « debout », tourner sur eux-mêmes, « danser », faire des « sauts périlleux » et autres cabrioles « aériennes », et retomber sur les « deux » pattes. En conséquence, il n'est pas rare que, dans un spectacle de cirque, un « personnage-chienne bipède » soit habillé d'une culotte, un tutu, un soutien-gorge, un chapeau « pour » rencontrer ventro-ventralement un « partenaire-chien bipède » vêtu quant à lui d'un pantalon, un gilet, un nœud papillon, une casquette et l'entraîner dans des pas de danse. Les individus de certaines races peuvent aussi se dresser sur les pattes avant puis suivre leur maître, faire les équilibristes pour gravir les marches d'un escabeau. Les yeux écarquillés, les rires « aux larmes », les jubilations, la gestualité débordante et les cris libérés des enfants sont des merveilles devant un tel spectacle. Ils « fondent » devant ces chiens de cirque dont les capacités bipédiques et « chorégraphiques » caricaturent les habiletés motrices et théâtrales des humains. L'habillage de l'animal avec un gilet, chapeau, tutu « force la porte » de leurs émotions, phantasmes et processus d'identification, et de leur imaginaire. Rentrés à la maison, ils en parlent avec excitation et un regard illuminé.

Par ailleurs, nous avons vu précédemment que, dans la vie courante, les chiens peuvent mobiliser leurs habiletés motrices dans des actions typiquement humaines (ouvrir une porte, actionner un robinet). Mais ils sont uniques pour participer à certaines activités ludiques des enfants : courir après un ballon, le pousser avec les pattes, le prendre dans la gueule et le déposer dans un lieu « convenu » (le « but »), ou se ruer puis précipiter le ballon dans un but, comme s'ils jouaient au football ; « attraper » un ballon avec la gueule et le déposer dans un panier à 80 centimètres de haut comme s'ils jouaient au basket ; courir en tête ou dans le sillage des enfants, contourner des piquets, prendre une étoffe dans la gueule et la déposer ici ou là comme s'ils jouaient au jeu du foulard ; etc. *À tout moment, le chien est alors en quête d'informations, d'interactions et d'approbations, comme s'il avait conscience d'être un équipier du jeu collectif. Pourtant, personne n'est dupe : son comportement montre de toute évidence qu'il ne s'engage pas pour gagner ou faire gagner une compétition mais pour faire plaisir aux acteurs humains et induire leurs caresses, leurs rires, leurs encouragements. Il joue pour jouer comme « un chien dans un jeu de quilles » : il roule sur le ballon, dérape en changeant de direction, dépose la balle ou le foulard dans un lieu « hors jeu » (un seau, derrière un spectateur). Aucun autre animal n'a un tel engagement de « joueur ludique », non pas comme résultat d'un dressage, mais « tout simplement » comme implication « personnelle » dans une activité humaine.* Il n'est donc pas étonnant que le chien soit un partenaire de jeu qui s'adapte à toutes sortes d'activités humaines sans le moindre rapport avec ses besoins spécifiques. Il y est sans doute préparé par les comportements infantiles et juvéniles de son « enfance », et ceux qu'il induisait alors chez son ou ses maîtres, en particulier au cours de la « période » de prise d'empreinte supposée de l'Homme (il se roule sur le dos, sautille, gambade, dérape, mordille, court dans les jambes, jappe, gémit, poursuit en faisant des cabrioles, intercepte des objets, « fait le fou »).

Certains chiens ont des capacités physiques et physiologiques qui en font des acteurs sportifs de haut niveau, surtout lorsqu'elles sont combinées à un maintien et une allure qui les désignent aussi comme des champions d'élégance et d'esthétique. Par exemple, les lévriers dont la beauté en course et la vitesse n'ont d'« égales » que celles des guépards, léopards, tigres. Mais ils ont sur les fauves l'avantage d'avoir des compétences-socles qui rencontrent celles des humains, et de pouvoir ainsi s'ancrer dans leur affectivité. Sauf les cas particuliers d'animaux qui n'ont pas été élevés dans la « double empreinte » ou sont maltraités, soumis à la malnutrition et confinés, ces chiens ne sont donc pas menaçants ou insécurisants. Ils sont aussi des animaux très recherchés par les adultes qui en ont fait des « compagnons de luxe » dans les pays occidentaux. En revanche, dans leur pays d'origine, ils sont pour les enfants des chiens « ordinaires », fidèles et complices, qu'il s'agisse des lévriers arabes, persans, russes ou afghans. Contrairement aux fauves qui n'ont jamais pu être dressés dans cette perspective, ils sont aussi d'excellents chiens de chasse au bénéfice de l'Homme, et parfois des chiens de travail appréciés pour leur endurance (notamment en Afghanistan). Ils sont enfin des chiens de course inégalables qui suscitent beaucoup d'engouement dans certains pays et « génèrent » beaucoup d'argent.

Moins élégants, d'autres chiens sont des coéquipiers sportifs très recherchés par l'Homme quand ils ajoutent à leur aspect esthétique des qualités d'énergie, d'endurance, de force musculaire et d'adaptation à toutes sortes de terrains et de conditions, tout en déployant l'ensemble des compétences-socles qui en font des compagnons d'affectivité. C'est le cas, par exemple, des huskys canadiens ou sibériens pour les courses de traîneaux (ils sont particulièrement dociles et affectueux). Quand ils y sont conviés, les enfants y prennent beaucoup de plaisir, de confiance en soi et d'auto-estime. C'est une école d'endurance, d'équilibre, d'effort, de convivialité, de gratification (par les personnes et les animaux eux-mêmes) et de valorisation. Il est étonnant qu'on ne pense pas souvent à la participation à ces courses d'enfants, de pré-adolescents et d'adolescents qui cumulent les difficultés morales, scolaires et sociales. Serait-il impossible d'inviter des enfants et jeunes des banlieues urbaines aux courses de traîneaux dans le Jura ?

Les différentes races de chiens choisies ou sélectionnées pour la chasse, mais également les « corniauds » élevés dans cette perspective, ont eux aussi une organisation corporelle très structurée et ciblée, cette fois dans le cadre d'une activité humaine qui a besoin de leurs capacités spécifiques. Ils ont en effet des habiletés motrices et tactiques remarquables pour, selon les races et individus, rabattre le gibier vers les chasseurs, se mettre à l'affût ou se coordonner avec les congénères d'une meute dans une chase à courre. À la campagne ou la montagne, dans la forêt ou la steppe, en milieu insulaire, nombre d'enfants ont pu ainsi se réaliser comme coacteurs dans une activité ancestrale, se réaliser comme membres à part entière d'une communauté humaine, et parfois survivre s'ils étaient seuls (voir les premiers chapitres). Il ne s'agit pas de faire ici l'apologie de la chasse, mais d'examiner ce que cette activité a pu ou peut apporter aux enfants de certains milieux sociaux et culturels.

Seuls les chiens sauvages d'Afrique (les lycaons) ont des capacités de chasse plus organisées que le chien domestiqué. Mais, ils ne peuvent être des partenaires de l'Homme dans la chasse ou d'autres activités. En effet, s'ils ont entre eux une attention visuelle soutenue, des élans à l'interaction et des comportements affiliatifs développés, fondements d'une vie sociale élaborée, ils ne peuvent les mobiliser avec des humains. Ils n'ont pas franchi la barrière relationnelle interspécifique, peut-être parce qu'ils n'ont pas les particularités génétiques de leurs « cousins » domestiqués, n'ont pas subi les mutations indispensables ou n'ont pas partagé des conditions de vie nécessaires au développement d'interactions ajustées et accordées avec l'Homme (voir les premiers chapitres).

Enfin, l'organisation structurée et ciblée de la motricité du chien intéresse particulièrement les humains quand l'animal pallie leurs insuffisances physiologiques et entraîne leur reconnaissance. Par exemple, lorsqu'il se jette à l'eau pour sauver une personne de la noyade, recherche et trouve des humains ensevelis sous la neige ou les décombres d'un immeuble, chasse et rapporte de la nourriture à un blessé, contient et rameute un troupeau de moutons ou de vaches, etc. Par ses capacités olfactives, il « sait » aussi détecter de la drogue ou des « aliments cachés » (truffe, lapin dans un terrier). Par ses capacités auditives combinées à l'olfaction, il « sait » entendre et sentir la présence ou l'approche d'un intrus, distinguer les gibiers et autres sources de nourriture potentielles dans toutes sortes d'environnements (mammifères dans les fourrés, oiseaux dans les arbres). Par ses seules perceptions auditives, il peut déceler une circulation d'eau souterraine, une grotte invisible (les sons ne s'y propagent pas de la même façon selon les dimensions et configurations des boyaux et cavités), des manifestations volcaniques inaudibles par l'Homme (si les habitants de Pompéi avaient entendu leurs chiens, la catastrophe aurait pu être atténuée), des ultrasons.

La motricité organisée et ciblée du chien dans un environnement sécurisant constitue à la fois un modèle, une « béquille » et une incitation qui stimulent, organisent et réorganisent les habiletés motrices des enfants. C'est ce qu'on observe en particulier pour les pataudș, malhabiles, mal coordonnés dans leurs gestes, brouillons, impulsifs, instables, « compulsifs » ou indécis, et aussi ceux qui sont en cours de rééducation après un accident, une maladie ou une opération chirurgicale. J'ai vu des enfants « devenir compétents » pour construire avec leurs seuls moyens un arc fonctionnel, une fronde ou un « fusil » avec différents matériaux pour jouer au chasseur avec leur chien, ou le faire participer à des batailles imaginaires, alors qu'ils étaient étiquetés maladroits, non structurés, incapables de se servir de leurs mains ou encore « bons à rien ». Pour appeler « leur » chien, quelques-uns fabriquent des sifflets à partir de tiges de graminées, roseaux. Plus communément, au fil des courses conjointes avec « leur » animal, les franchissements d'obstacles et escalades, les enfants se découvrent des possibilités corporelles, qu'ils peuvent ensuite montrer et démontrer à autrui (parents, fratrie, voisins, éducateurs, enseignants). Ils développent leur « ossature » corporelle, leurs muscles, tendons et articulations. Les récepteurs sensibles à l'étirement (les propriocepteurs) sont sollicités comme ils ne le sont pas dans d'autres contextes. C'est à partir des informations qu'ils recueillent, et en combinaison avec celles qui proviennent de la sensibilité vestibulaire dont les récepteurs sont situés dans l'oreille interne, qu'ils structurent leurs équilibres corporels. *En accompagnant les enfants au cours de la conquête du milieu naturel dans ses dimensions terrestres, aériennes et aquatiques, le chien est un compagnon sans équivalent pour rendre lisibles ou faire émerger dans toutes les dimensions de l'espace des capacités cachées, enfouies, inhibées ou altérées. C'est en même temps le schéma corporel de l'enfant qui peut se structurer dans le cadre d'interactions ajustées et accordées, c'est-à-dire l'idée ou la représentation que l'enfant a de son corps.*

Les dauphins. – *Les dauphins ont peut-être encore plus d'élégance naturelle, d'apparence esthétique et de pouvoir d'activation des émotions humaines.* Dans l'eau, ils glissent comme des « torpilles », guident, accompagnent et frôlent les personnes et les bateaux, se faufilent entre les écueils. Ils surgissent hors de l'eau comme des geysers, puis effectuent des cabrioles ou rotations en toupie avec beaucoup de facilité et de « fluidité ». C'est un spectacle dont on ne se lasse pas. Il est d'ailleurs fréquent que les organisateurs de promenades en mer, ou les « tour operators », inscrivent dans leur programme un spectacle d'évolutions aériennes des dauphins. Nous avons vu qu'ils sont capables de « saisir » un objet à plusieurs mètres de haut dans la bouche ou la main d'une personne, ou d'en déposer un ou plusieurs « aux pieds d'une personne ». Ils fascinent l'enfant par leur beauté corporelle et comportementale, et le plaisir qu'ils paraissent éprouver pour faire plaisir. Ils ont l'air d'être éternellement de bonne humeur et de nourrir pour l'Homme une amitié spontanée et sans limite. Ils sont tellement à l'aise dans le passage du milieu aquatique au milieu aérien que, pour beaucoup d'humains, ils sont mythiques. Ils viennent « d'ailleurs ». De l'au-delà ! Les chrétiens de l'époque romaine ont d'ailleurs attribué au dauphin un rôle de transport des âmes errantes sur son dos. *On peut donc comprendre que la quasi-totalité des enfants soient subjugués par les évolutions du dauphin, et qu'ils en parlent comme d'un ami mythique. C'est ce que montrent aussi leurs écrits, dessins et peintures. Ils savent qu'il est forcément un ami, mais comment faire pour l'avoir comme compagnon familier puisqu'il n'évolue pas dans le même monde ? Il est relativement fréquent que des adolescents et jeunes adultes, surtout parmi les étudiants, soient candidats à un emploi ou même une activité non rémunérée dans un delphinarium ou un groupe de recherche qui étudie les dauphins. La plupart disent leur déception, frustration ou incompréhension en apprenant qu'en Europe un tel projet est difficile à réaliser, faute de possibilité réelle.*

Les chats. – *À l'exception du milieu aquatique, les chats peuvent et savent tout faire dans toutes les dimensions de l'espace avec une agilité et une maîtrise « gestuelle » déconcertantes.* Ils retombent toujours sur leurs pattes ! Ils sont également capables de développer une marche silencieuse et « invisible » sur tous les terrains terrestres, grimper aux arbres et aux murs à une vitesse fulgurante, franchir les obstacles avec aisance, se propulser sans élan du sol au sommet d'une armoire, sauter ou « tomber » sans dommage du deuxième étage d'un immeuble, se faufiler dans un « trou de souris ». Grâce à leur formidable capacité d'organiser à tout moment leurs actes en fonction des informations visuelles (même s'ils sont myopes), auditives, somesthésiques (sensibilité de la peau), vestibulaires et proprioceptives, ils sont des équilibristes « sans fil » qui laissent les enfants ébahis. Le chat est peut-être l'animal que rien ne peut surprendre dans l'ajustement et la gestion de son équilibre corporel. Ils n'ont que deux ennemis ingérables dans la conquête de l'espace : les prédateurs et les épines des plantes et arbustes !

L'organisation « gestuelle » des chats est peut-être la plus raffinée.

Elle allie la « grâce naturelle » des fauves et la « grâce culturelle » des humains. Qui n'a pas été séduit par l'allure ondulante d'un chat qui suit la piste odorante d'un rongeur puis se tasse comme un félin en s'approchant de sa proie ou de la galerie où il se terre ? Pour un enfant qui observe la scène, c'est la « piste des Sioux » ! Il n'est pas rare qu'il simule la progression de chasse de l'animal, soit « en direct », soit « en différé », avec des cris divers. La capture d'un rongeur par un chat est l'affaire d'un coup de griffe fulgurant parfaitement ajusté, et la mise à mort un étalage de « cruauté raffinée et ludique ». Chaque « geste » est remarquablement maîtrisé, qu'il s'agisse du premier coup qui estourbit la proie, des coups « ludiques » pour tester sa réactivité ou de l'estocade. Le tout avec des phases de désintérêt apparent dont profite le rongeur pour s'éloigner pendant quelques secondes avant d'être rattrapé par un coup encore ludique, ou fatal. Une sorte de « mise en scène » ou « corrida » qui fascine ou indigne, mais ne laisse jamais le spectateur indifférent. Les enfants la vivent de façon ambivalente. En présence de leurs parents, ils peuvent afficher de l'indignation, mêlée toutefois de crainte lorsque le chat gronde et crache pour défendre sa proie. Mais, ils ont aussi des rires ambigus et vocalisations qui ne sont pas vraiment des signes de désapprobation. Ils éclatent franchement de rire lorsque la « proie » est un bouchon, une ficelle, une feuille morte. Il est fréquent qu'ils fassent « vivre » l'objet et jouent « au chat et à la souris » avec leur chat, cette fois complice. *Dans ce contexte, l'animal révèle clairement l'importance de son « jeu de rôle » dans la libération des émotions enfantines.* Il déroule toute la gamme de ses habiletés motrices, comme s'il était en démonstration et voulait éveiller les élans à l'interaction et comportements affiliatifs des spectateurs. On peut alors les comparer à l'« organisation structurée et ciblée du geste » des humains, tellement elles sont maîtrisées et parfaitement ajustées à la cible (le bouchon, la ficelle).

S'agissant des interactions avec les congénères, les chats sont étonnants dans leurs parades (ou pariades) « gestuelles et vocales » :

— l'approche de la femelle par le mâle, puis les comportements de courtisée et « courtisan » accompagnés de feulements et frôlements et, pour finir, un accouplement quelque peu brutal, sont un mélange unique de « chanson de geste » (parade romantique nourrie par une tendresse apparente) et de sexualité sauvage qui trouble les humains. Si l'animal n'était pas exclu de la théorie et la pensée psychanalytiques, le chat fascinerait les psychologues et psychiatres par l'ambiguité et l'ambivalence de son comportement social et sexuel. Mais, est-ce un hasard si, pour manifester leur tendresse, beaucoup de mères disent « mon petit chat » à leur bébé ou jeune enfant, et aussi à l'enfant devenu adolescent ou au conjoint, et si le sexe de la femme est qualifié de « chatte » ?

— quand deux mâles s'affrontent pour la conquête d'une femelle en œstrus, ils se transforment en « statue de sel » après avoir adopté « en tête à tête » un positionnement corporel à angle droit. Leur immobilité et leur rigidité forment un contraste saisissant par rapport à leurs agilité et disponibilité habituelles. Les enfants témoins d'une telle scène sont particulièrement impressionnés par cette « partie de bras de fer » qu'ils ne comprennent pas. Ils ne reconnaissent plus leur chat, brusquement aveugle et sourd à leur égard.

Considérant les temps passés dans l'habitat des partenaires humains, le chat éveille particulièrement leurs émotions par sa beauté corporelle, posturale et gestuelle dans deux situations :

— au cours de son sommeil. Il adopte alors des postures d'abandon qui le rendent « touchant » par la vulnérabilité qu'elles évoquent. Par exemple : une patte couvrant les yeux, le chat expose son abdomen, zone corporelle très sensible qu'il est habituellement difficile de caresser sans provoquer des réactions de déplaisir, d'agressivité ou d'éloignement. On peut alors observer des enfants facétieux qui placent un pistolet, une brosse à dents entre ses pattes. C'est une mise en scène qui fait beaucoup rire ! Ou encore, le chat « fait la carpette » en s'étalant avec le museau aplati sur un coussin ;

— à la sortie d'un épisode de sommeil réel ou apparent. Les prémisses de sollicitation des caresses d'un humain, ou d'un corps à corps, sont un modèle d'enchaînement esthétique et de séduction : l'extension d'une patte sur « fond » de regard de « sphinx » avec les griffes en éventail, les bâillements majestueux, l'étirement du corps et des pattes qui s'apparente à un « *stretching* » gymnique, la démarche précautionneuse pour aborder le partenaire humain, la patte posée sur sa cuisse, les frottements du cou et de la tête sur son bras. Ce comportement du chat évoque une idée de séduction chez la plupart des humains. C'est particulièrement le cas pour les enfants qui serrent alors l'animal dans leurs bras, le caressent, l'embrassent et lui parlent comme à un bébé.

Les perroquets. – Chez les perroquets, on ne peut observer, bien évidemment, l'équivalent de la compétence-socle « organisation structurée et ciblée du geste ». Non seulement, ils « n'ont que des ailes » mais aussi ne les déploient pas pour parader, contrairement à certains oiseaux sauvages ou « utilitaires », par exemple les oies et dindons. *S'ils fascinent l'Homme par leur capacité de productions langagières, ils n'ont pas celle de le séduire par leur organisation corporelle et « gestuelle ». C'est un maillon faible au regard de la mobilisation des émotions humaines, même lorsque leurs couleurs sont chatoyantes.* Combinée au faible développement et à la faible lisibilité de leurs élans à l'interaction et comportements affiliatifs, la pauvreté de leur expression corporelle ne favorise pas chez l'Homme l'idée qu'ils puissent être des amis de la vie quotidienne, sauf dans les régions tropicales lorsqu'ils interpellent les passants depuis leur perchoir. S'agissant de l'enfant, leur capacité cognitive apparente ou réelle ne suffit pas à induire un attachement aussi lisible et réel que lorsque l'animal de la vie quotidienne est un « artiste de la motricité » (chien, chat ou encore cheval : voir ci-dessous), même si le partage de productions langagières les rapproche, et nourrit chez l'enfant le sentiment d'une certaine complicité.

Les chevaux. – *On peut faire l'hypothèse que, si les chevaux ont été parmi les animaux le plus souvent représentés aux temps préhistoriques sur les parois des grottes, c'était pour leur élégance ou leur allure, et aussi l'impression de puissance, d'énergie, de dynamisme et de liberté qu'ils dégageaient,* tout comme les fauves, rhinocéros et bisons, également très présents dans l'art pariétal. La « frise » de chevaux découverte dans la grotte Chauvet en Ardèche, est particulièrement évocatrice de ces qualités naturelles du cheval. Il n'est donc pas étonnant que, depuis l'Antiquité, il soit très présent dans l'art de toutes les civilisations indo-européennes. Il a été gravé, peint ou sculpté par les Égyptiens (les tombeaux de pharaons), Crétois (le sarcophage d'Hagia Triada, Hêraklion, qui date du XIVe siècle av. J.-C.), Grecs (la frise du Parthénon à Athènes), Perses (les reliefs des escaliers de Persépolis) et Romains (la statue équestre de Marc-Aurèle au Capitole de Rome). Au Moyen Âge, on les trouve sur la plupart des objets de la noblesse (miniatures, coffrets, vaisselle), et aussi les fresques et tapisseries consacrées aux tournois. Par opposition au lion qui incarne la force brutale, le cheval symbolise la noblesse. En conséquence, les chevaux ont été longtemps réservés à la caste aristocratique des chevaliers pour les guerres, joutes, cérémonies et parades. Au XIe siècle, ils sont même les co-acteurs d'une cérémonie sacrée dans laquelle l'Église intervient, l'adoubement. Les jeunes hommes issus de la classe sociale dominante (la noblesse) deviennent alors chevaliers, c'est-à-dire soumis à une règle de vie et des obligations morales. On attend d'eux qu'ils soient les défenseurs de l'idéal de perfection chrétienne. De la Renaissance au XIXe siècle, le cheval inspire les plus grands dessinateurs (Pisanello), peintres (Rubens, Velasquez, Stubbs, Géricault, Delacroix) et sculpteurs (Coustou : chevaux de Marly des Champs-Élysées à Paris).

Les enfants adorent les histoires, bandes dessinées, livres, magazines et films qui mettent les chevaux en scène, qu'il s'agisse des épopées des Grecs, Romains ou Mongols, aventures des mousquetaires et multiples héros des films de cape et d'épée, guerres napoléoniennes, combats entre Indiens et cow-boys ou contes féériques. Joly Jumper, le cheval de Lucky Luke, les ravit. En effet, il est capable de toutes les performances et sait tout faire. Structuré dans ses « gestes » et organisé dans ses « idées » et « projets », il est toujours disponible pour sauver un maître éternellement solitaire (*poor lomesome cowboy*), et l'aider dans sa vocation de redresseur de torts et de défenseur de la société. Il s'en sort toujours. Mieux, il relativise tout, fait de l'humour et ne prend pas son maître au sérieux. *Il illustre à merveille ce que les enfants attendent d'un cheval. Il est élégant, « racé » (même s'il est commun), réactif, rapide, dévoreur d'espace, endurant, fort, patient, disponible, plein de panache, généreux, intelligent, partageur d'émotions, fidèle et complice.*

Le cheval figure parmi les animaux que les enfants dessinent et peignent avec plaisir. Pour eux, il est souvent un symbole de grâce et de beauté. Ils ont souvent des discours dans lesquel sont mêlés des mots de tendresse et d'admiration. En présence de l'animal, ils sont partagés entre l'envie de le caresser et l'appréhension de s'approcher d'un être qui les fascine. Ils disent qu'il est beau, grand, gentil, doux, fort. Ils sont attirés et impressionnés par la morphologie générale, les « lignes« et rondeurs rassurantes, les zones corporelles dont la caresse procure une sensation agréable (muffle, croupe), la courbure du dos qui invite au chevauchement, le port altier de la tête, les sabots dont le bruit sur le sol rythme le trot et le galop, les secouements de la crinière et les balayages de la queue. *Cependant, ce sont surtout l'assurance et la capacité de conquête de l'espace du cheval qui stimulent leurs émotions, leurs envies de chevauchées et leur imaginaire, tout en les rassurant*. En effet, que le sol soit herbeux, rocailleux, boueux ou sableux, l'animal évolue avec aisance. Remarquablement campé sur ses pattes, il ne trébuche pas, sauf dans des situations et contextes artificiels qui lui sont imposés par des propriétaires ou systèmes « despotiques » (franchissement des haies, barrières, murs ou rivières des concours hippiques ou courses d'obstacles). « Chaussé » de sabots qui enveloppent les dernières phalanges des doigts uniques à l'extrémité des pattes, il peut évoluer dans tous les milieux terrestres (bocage, forêt, montagne, désert, steppe). Alliées à une remarquable capacité de conserver l'équilibre, ses excellentes coordinations visuo-oculo-motrices lui permettent d'éviter ou de franchir les obstacles ordinaires (cailloux, branches) et aussi les barrières naturelles (ruisseaux, buissons, ravines). Il est en outre persévérant et relativement facile à conditionner. Ils n'est donc pas étonnant que les chevaux aient été exploités par les humains, parfois jusqu'à la mort, dans les guerres, conquêtes dévastatrices, tournois, arènes, mines et travaux des champs. Plus « banalement » et actuellement, ils sont encore exploités, même si c'est de façon plus civilisée. Au cirque (parfois au music-hall), ils sont dressés pour évoluer sur les seules pattes arrière, danser, se mettre à la queue le leu les pattes avant posées sur la croupe du précédent, simuler une ruade sur un clown, prendre une direction contraire à celle qui est ordonnée. Lorsque l'objectif est de caricaturer leur beauté et leur élégance naturelles, on les déguise en « sapins de noël » : ils sont « ornés » de harnais, de panaches, de guirlandes, de verroterie clinquante. On peut ou doit regretter de telles mascarades qui nourrissent le sentiment qu'ils sont ridiculisés ou humiliés.

Les spectacles en plein air restituent plus clairement et complètement les qualités naturelles et potentialités des chevaux, en tout cas lorsqu'ils peuvent évoluer dans des espaces plus ouverts et moins exigus. Ils stimulent particulièrement les émotions et l'imaginaire des enfants quand la mise en scène repose sur les services mythiques qu'ils ont rendus au cours de l'Histoire. Par exemple, la fin de la guerre de cent ans entre la France et l'Angleterre célébrée en Gironde à Castillon-la-Bataille : des dizaines de figurants à cheval administrent une démonstration très convaincante de son rôle au Moyen Âge dans les conflits et la parade sociale. Ou encore, le divertissement constitué par la fantasia au Maroc avec des chevaux particulièrement « racés », vifs, nerveux et rapides : des cavaliers arabes exécutent au galop des « figures » variées en brandissant et déchargeant leurs fusils et en criant.

Mais, le spectacle corporel et moteur donné par les chevaux est encore plus captivant dans les grands espaces comme la pampa argentine, quand ils peuvent être observés libres de leurs mouvements, et donc dépouillés de tout artifice humain, mais aussi dans le cadre de leurs interactions quotidiennes entre eux et avec les gauchos. Tout petits, les enfants peuvent ainsi installer et développer un attachement de type « secure » avec un partenaire toujours disponible et amical. Plus communément pour la France, les enfants peuvent découvrir et admirer des chevaux en groupe dans les manades de Camargue.

De façon générale, lorsque le cheval est respecté dans ses qualités naturelles, il donne aux enfants un spectacle merveilleux d'élégance, de puissance et de bonheur tranquille. Ils sont à la fois béats d'amiration, éblouis par la grâce des animaux et éclatent de rire. Rentrés du spectacle, d'une observation organisée ou promenade au cours desquelles ils ont observé des chevaux « en liberté », c'est d'eux qu'ils parlent en priorité, et avec émotion.

Combinées aux compétences précédemment soulignées qui l'inscrivent dans les émotions et l'affectivité des humains, les qualités physiques et motrices du cheval en font un partenaire inégalable dans les raids en milieu hostile et les compétitions sportives (courses, sauts d'obstacles, polo). C'était aussi le cas dans l'Antiquité (courses de chars), et tout au long de l'histoire des sociétés humaines. Son élégance naturelle en fait aussi, tout « simplement », un partenaire recherché pour les promenades dans la nature, notamment à l'intention des enfants, préadolescents et adolescents. Ceux-ci éprouvent en effet beaucoup de plaisir à « communier corporellement » avec un partenaire sensible qui réagit à la pression des cuisses et jambes, à la main qui le caresse et le flatte, aux tractions sur les rênes, et qui donne d'eux une image positive. Ils sont le sentiment d'exister et d'être reconnus comme des personnes à part entière. *Les chevaux peuvent donc être, comme les chiens, des partenaires précieux pour donner ou redonner confiance et auto-estime aux enfants et jeunes des banlieues difficiles, notamment quand ils sont abandonnés à eux-mêmes, marginalisés ou délinquants.* Certains éducateurs l'ont d'ailleurs compris en organisant des raids et explorations à dos de cheval dans des environnements peu ou prou hostiles, en tout cas inconnus. Mais on ne saurait oublier les dimensions du plaisir de la chevauchée et des interactions accordées avec l'animal (la « communion affective » : voir les élans à l'interaction et les comportements affiliatifs), ou les faire passer après la volonté, l'effort même si ces valeurs sont, elles aussi, essentielles.

Les autres grands mammifères. – Les dromadaires et chameaux : *Les perceptions et attentes de l'Homme au sujet des capacités corporelles et motrices des dromadaires (une bosse) et chameaux (deux bosses), de leur endurance et disponibilité pour « dévorer » les espaces, sont peu ou prou comparables à celles qu'il nourrit vis-à-vis des chevaux, en tout cas dans les régions et pays d'où ces animaux sont originaires et où ils vivent habituellement.* Même si leur aspect et leurs caractéristiques morphologiques, anatomiques, physiologiques et comportementales sont très différentes (bosses, deux doigts). Ce sont, par exemple, les enfants des steppes asiatiques de la Russie et de la Chine (chameaux), du nord du Sahel ou d'Iran (dromadaires) qui leur attribuent les mêmes capacités physiques et motrices, malgré une apparence plus massive et rustique, surtout quand ils sont transportés au quotidien dans des régions ingrates (steppes, déserts). Leurs santé, sécurité, survie, bien-être, équilibre et régulation en dépendent. Pour eux, le chameau ou le dromadaire font partie de la famille, et sont aussi beaux, gentils, doux (en tout cas le dromadaire), forts et majestueux que les chevaux. Même quand ceux-ci sont également présents dans le groupe social. En outre, ils se montrent coopératifs et accessibles en s'agenouillant pour faciliter l'installation d'une ou de plusieurs personnes sur et entre leurs bosses. Les enfants sont très sensibles à ce « geste ». Toujours disponibles, le chameau et le dromadaire acceptent tout, ou presque : « ils ne « rechignent jamais à la besogne et ne se plaignent jamais ». Enfin, grâce à leurs réserves de graisse dans la ou les bosses et leur résistance à la soif et leurs « fournitures naturelles », en particulier le lait des chamelles, ils sont une « assurance tous risques » dans les environnement hostiles (désert, steppe, plateau rocailleux), surtout pour les enfants.

Il serait intéressant que, à l'instar des pratiques dites d'hippothérapie (voir précédemment les comportements affiliatifs partagés par les enfants et les chevaux), des enfants psychotiques ou autistes puissent vivre avec une personne familière des « chevauchées » à dos de dromadaire ou de chameau, à condition bien évidemment qu'ils se sentent en sécurité physique et affective. En effet, le cavalier vit alors des sensations de « tangage et de roulis », et pas seulement des impulsions « avant-arrière » comme c'est le cas à dos de cheval. Le squelette, les muscles, articulations, tendons, propriocepteurs et organes de l'équilibre ne sont pas sollicités de la même façon. On peut donc s'interroger sur la « nature » des interactions qui peuvent s'installer entre un enfant psychotique ou autiste et un éducateur ou un parent dans les corps à corps à dos de camélidé. Pourrait-on agir ainsi sur les mécanismes qui libèrent et structurent les émotions, l'affectivité et la vie relationnelle de ces enfants ? C'est ce que suggèrent les sourires, rires, caresses, gestes d'offrande et paroles amicales des enfants, préadolescents et adolescents « normaux » du Sahel et du Moyen-Orient dès lors qu'ils « chevauchent » un dromadaire, d'abord en corps à corps avec leur père, leur frère, leur oncle parfois leur mère quand ils sont petits, puis avec d'autres ou seuls quand ils tiennent les rênes. Sur le dos d'un animal élancé, puissant, rapide, impressionnant, au port de tête altier (le dromadaire), qui les reconnaît et leur fait confiance, la plupart se sentent plus forts, beaux, élégants, fiers, confiants et reconnus par autrui. Ils se sentent plus attirants. D'ailleurs, ils choisissent des voiles, keffiehs, burnous, gandouras, djellabas avec des broderies, couleurs et bijoux qui rehaussent la beauté du duo. Le cavalier et sa monture ont effectivement fière allure. C'est une source d'auto-estime.

Par ailleurs, comme avec le cheval, l'organisation de raids et explorations à dos de dromadaire ou de chameau pour les enfants et jeunes laissés à eux-mêmes, marginalisés, délinquants des zones urbaines difficiles, pourrait leur permettre de se restructurer dans leurs émotions et leur affectivité, trouver ou retrouver confiance en soi et auto-estime. Ces animaux sont en effet des modèles de sobriété et d'adaptabilité au milieu. Comme nous l'avons déjà souligné, ils peuvent se passer d'eau et de nourriture pendant plusieurs jours et ne manifestent alors aucune exigence, quelle que soit la rudesse des conditions climatiques et de l'environnement. Ils ne délivrent aucun signe qui puisse être interprété comme un apitoiement sur leur sort.

Autrement dit, ils ne vivent pas dans la « plainte » et la « revendication » permanentes.

Les éléphants : les enfants sont aussi impressionnés par l'apparence et l'allure majestueuse de l'éléphant. Dans les pays asiatiques où ils est domestiqué, la plupart disent qu'il est gentil, beau, fort et majestueux. Indiens, Thaïlandais, Malais, Cambodgiens ou Indonésiens, ils adorent être les cornacs de ces mastodontes qui se laissent conduire et manœuvrer. Avec leurs petites mains qui caressent et flattent la peau sensible du pachyderme, les pressions qu'ils exercent avec les jambes et les paroles familières, ils peuvent lui transmettre des signaux pour renverser ou transporter un arbre, déblayer une piste ou traverser une rivière. Ils ont un sentiment de puissance et de pouvoir. En outre, rassurante et gratifiante, la délicatesse de l'éléphant génère la confiance en soi, l'auto-estime, l'amitié et la complicité. Il a en effet des comportements qui évoquent la protection et la tendresse. Avec sa trompe, il effleure sans dommage le visage, la tête et le corps de l'enfant, le sollicite par des « bourrades » complices, le soulève et l'installe sur son dos avec précaution. Il l'évite s'il est sur son chemin et n'écrase pas les objets oubliés ou abandonnés, même quand ils sont difficiles à distinguer (chaussure, jouet). Comme peut-on dire d'un gaffeur qu'il est « comme un éléphant dans un magasin de porcelaine » ?

On comprend donc que des liens d'attachement puissent s'installer et se développer entre un enfant et un éléphant.

Les autres grands mammifères domestiqués : vaches, bœufs, buffles, lamas, rennes, chèvres, moutons n'ont évidemment pas une organisation corporelle et motrice peu ou prou comparable à celle des chevaux, dromadaires, chameaux et éléphants. Ils n'ont pas la ligne élancée des chevaux et dromadaires, leur port de tête altier ou l'image de puissance « détachée » des contraintes environnementales que donnent les chameaux et éléphants. En outre, à l'exception des lamas (qui sont des camélidés), ils ont des cornes, c'est-à-dire des excroissances dures susceptibles de causer des dommages corporels, et donc *a priori* non sécurisantes. Ils n'ont donc pas le même pouvoir de séduction sur les enfants.

Cependant, lorsque ces animaux ont des capacités corporelles et motrices qui rendent possibles les longs déplacements dans les environnements hostiles, la familiarité induite par le temps passé ensemble et les activités conjointes leur donnent aux yeux des enfants une image de partenaire élégant, beau, gentil, doux, fort et disponible. Des attachements peuvent alors se nouer. C'est le cas dans les Andes entre le lama et les petits Péruviens ou Boliviens. Cet animal a un port de tête proche de celui des autres camélidés, il est résistant et endurant, il peut évoluer sur des terrains montagneux d'accès difficile et il n'a pas aussi mauvais caractère que le prétend le capitaine Haddock dans *Tintin*, en tout cas vis-à-vis des personnes familières. Par ailleurs, c'est le cas dans les régions subarctiques d'Europe entre le renne et les petits Lapons, et du Canada entre le caribou et les Inuits : les capacités corporelles et motrices de ces animaux sont parfaitement adaptées à la steppe et au sol gelé de la toundra.

La chèvre peut aussi être attractive par son agilité corporelle et ses capacités motrices, non seulement quand elle saute ou escalade un terrain abrupt, mais aussi quand elle grimpe aux arbres.

Les singes. – Aux yeux des enfants qui visitent un zoo, un jardin zoologique ou une réserve naturelle, les singes ont, en plus de leur capacité d'imitation, deux « qualités » pour les séduire par rapport aux autres mammifères, même si cela n'est pas suffisant pour en faire des animaux familiers puisque, vis-à-vis des humains, ils n'ont pas d'attention visuelle soutenue les yeux dans les yeux, des élans à l'interaction clairs et des comportements affiliatifs partagés :

— *leurs capacité et facilité d'évolution dans la troisième dimension de l'espace, c'est-à-dire la hauteur et la profondeur, grâce à une organisation corporelle, gestuelle et manuelle jamais égalée ou même approchée par les humains*. Évoluant dans les arbres, ils se lancent en effet de branche en branche et enchaînent sans tomber les figures d'acrobatie les plus intrépides au moyen de coordinations gestuelles et manuelles bien maîtrisées, y compris les mères qui portent leur bébé sur le dos ou ventre à ventre. Pourvus de « quatre mains », ils se rattrapent toujours, même quand ils ratent une branche. Les enfants sont fascinés par ces habiletés corporelles, gestuelles et manuelles. Adorant grimper aux arbres et à toutes les superstructures qui se prêtent à l'escalade, ils s'identifient alors volontiers à leurs « cousins » primates. Ils plébiscitent Tarzan, l'« homme-singe » qui se déplace de liane en liane en libérant un cri de triomphe. Les fondements du mythe remontent à la petite enfance. En effet, les enfants investissent la hauteur et la profondeur dès qu'ils acquièrent l'autonomie locomotrice, c'est-à-dire quand ils commencent à progresser sur le sol avec leurs seuls moyens par reptation ou quadrupédie, ou encore sur les fesses. Lorsqu'ils évoluent avec des pairs dans un environnement sécurisé, ils sont capables avant 13 mois (certains avant 9 mois) d'escalader et de descendre sans chuter un escalier hélicoïdal de treize marches et une rampe inclinée à 45° qui conduisent à des plates-formes à 1,60 mètre de haut, soit sur le ventre ou par quadrupédie, soit sur les jambes avec les mains en appui sur les côtés (Montagner, 1993, 1996 ; Montagner *et al.*, 1994). Entre 13 et 16 mois, tous progressent debout dans les escalades et descentes, et font alors preuve d'une grande maîtrise corporelle. Ils se laissent tomber, sautent en avant ou en arrière dans des « piscines à balles » depuis une hauteur de 50 centimètres à 1 mètre. Avant 12 mois, ils escaladent les barreaux d'un espalier de 1,50 mètre de haut, et avant 20 mois une paroi percée d'orifices jusqu'à ce même niveau. Plus généralement, les enfants essaient de conquérir la troisième dimension de l'espace dès que l'environnement s'y prête. J'en ai vu qui grimpaient bien avant 20 mois sur une table, une commode, une armoire et même un portail. Certains parvenaient à descendre en mobilisant leurs seules ressources corporelles. Surpris par leur audace, d'autres appelaient leurs proches pour les aider à regagner le sol. Quand les enfants sont grimpeurs dans toutes les situations et tous les contextes, leur comportement casse-cou génère beaucoup de crainte et d'angoisse chez les parents. Mais l'image des singes les conforte dans leur conquête de la troisième dimension de l'espace. Beaucoup s'identifient à ces animaux dès lors qu'ils ont un projet d'escalade et d'évolution dans l'espace.

Tout se passe comme si la conquête de la troisième dimension de l'espace était ancrée dans le projet des enfants de tout âge. Entre 8 et 10 ans, ils peuvent même essayer de réaliser le rêve d'Icare en déployant un parapluie pour « s'envoler » du toit d'une cabane... avec parfois une fracture à la clé. Il n'est donc pas étonnant que les enfants soient fascinés par les capacités des singes à se mouvoir dans l'espace avec efficacité et fluidité. Bouche bée devant le spectacle, les enfants du cours préparoire qui visitent le zoo ou la réserve naturelle demandent à qui veut les entendre « pourquoi ils ont quatre mains ? ». Il leur est répondu « c'est pour jouer dans les arbres... pour se gratter ». D'autres encore questionnent l'enseignante : « Dis maîtresse, pourquoi nous on n'a pas quatre mains ? » C'est une opportunité pour leur montrer que, contrairement aux singes, l'orteil des êtres humains n'est pas opposable aux autres doigts de pied et qu'ils peuvent donc difficilement prendre un objet ou agripper une branche avec les pieds, même si c'est possible, comme on peut le voir dans certains spectacles. Les enfants sont particulièrement attirés par le spectacle que donnent les petits singes comme les saïmiris ou les ouistitis. Ils sont non seulement mignons, mais aussi très agiles, surtout ces derniers dont la longue queue et les touffes de poils à l'extrémité des oreilles sont amusantes. Les enfants sont séduits par les évolutions apparemment sereines des singes-araignées à la queue préhensile (atèles) et les gibbons (sans queue) qui déploient « tranquillement » leurs longs bras graciles et « décomposent » leurs gestes dans leurs ballets de funambules-voltigeurs. Ils suivent avec attention les évolutions des macaques querelleurs qui se déplacent avec une égale facilité dans les airs et sur le sol, tout en réglant leurs comptes avec leurs concurrents ou rivaux. Les babouins (cynocéphales : leur museau allongé leur donne une tête de chien) sont parmi les plus impressionnants car ils peuvent passer d'un déplacement à quatre pattes apparemment tranquille à une « explosion comportementale » (dans ce cas, ils bondissent sur un arbre, un rocher, une plate-forme... sautent d'un lieu à un autre et franchissent les obstacles avec aisance dès qu'un conflit ou une compétition éclate dans le groupe, c'est-à-dire souvent). L'attention des enfants est d'autant plus facilement mobilisable que certains individus (les femelles en œstrus) exhibent des callosités fessières dont les volumes et couleurs arc-en-ciel sont étonnants.

En revanche, les enfants peuvent rarement observer les évolutions aériennes des singes anthropoïdes (orangs-outans, chimpanzés et gorilles), et donc constater leur capacité de conquête des arbres car ils sont moins souvent représentés que les singes à queue dans les zoos et « parcs naturels ». En outre, ils sont peu visibles lorsqu'on leur donne la possibilité d'évoluer dans les arbres. Ils sont alors cachés, discrets ou timides, selon les espèces, et se tiennent à une certaine distance (j'ai connu dans la forêt du Mayombe, entre Brazzaville et Pointe-Noire, des enfants congolais âgés de 10-12 ans qui ne connaissaient que le cadavre du chimpanzé ou du gorille, rapporté par les chasseurs ; ils n'en avaient jamais vu dans la forêt, alors qu'ils vivaient parfois à quelques centaines de mètres du village). Le plus souvent, ces animaux sont maintenus dans des enclos ou des cages dont la configuration n'autorise pas la conquête libérée de la troisième dimension de l'espace. S'ils peuvent retenir l'attention d'un enfant, c'est par leurs capacités d'imitation et de manipulation des objets (voir ci-dessous), et non leur agilité dans les airs. Les enfants sont d'ailleurs surpris d'apprendre que les chimpanzés et les gorilles font des nids dans les arbres ;

— *leur capacité et facilité à manipuler les objets, et à en faire des outils*. Nous n'insisterons pas ici sur cette capacité car nous l'avons déjà examinée. Soulignons seulement que, dans le milieu naturel et pour certaines activités, les singes peuvent se servir d'objets bruts ou modifiés comme outils. Par exemple, les chimpanzés pratiquent la « pêche à la ligne » des termites en introduisant dans les orifices de la termitière des tiges de rameaux qu'ils ont effeuillées, ou le cassage des noix sur une « pierre-enclume » avec une « pierre-marteau ». On sait également qu'ils peuvent se servir d'une poignée de feuilles pour éponger l'eau résiduelle dans le creux constitué par deux branches d'arbre. Ils savent aussi se servir d'un bâton pour attraper un objet de l'autre côté d'un grillage, ouvrir une boîte, encastrer, emboîter et démonter des objets, « peindre », manger avec une cuillère, etc. Il est donc clair que les chimpanzés peuvent rendre lisibles et développer des capacités cognitives que n'ont pas les autres animaux grâce à une « organisation structurée et ciblée du geste » et une faculté d'« imitation » qu'ils « partagent » avec les êtres humains. Dès la deuxième année, mais surtout entre 3 et 4 ans, les enfants qui sont les témoins de leurs « habiletés intelligentes » dans un zoo ou une réserve se comportent comme s'ils s'identifiaient aux singes manipulateurs en essayant de reproduire leurs actes et constructions (ils enfilent, emboîtent et encastrent). Mais rien ne permet d'établir qu'ils les imitent, c'est-à-dire réalisent leur activité en pensant qu'elle a le même sens et la même signification que celle des animaux, pourtant analogue. En effet, les enfants se réfèrent rarement à la « démonstration » du chimpanzé quand ils expliquent ce qu'ils ont fait. C'est surtout une sorte de modèle qui active ou réactive des capacités d'assemblage déjà manifestées dans le milieu humain. Ils montrent ainsi que, faute de pouvoir mobiliser leurs émotions avec un partenaire qui ne se vit pas les yeux dans les yeux, dans l'élan à l'interaction et dans le partage de comportements affiliatifs, ils ne s'identifient pas à lui en tant que compagnon, ami ou copain, contrairement à ce qu'on observe avec un chien, un chat, un cheval ou un dauphin, ni avec un perroquet qui, lui, parle.

Les petits animaux. – Les petits animaux auxquels les enfants peuvent s'attacher pour leurs habiletés corporelles et « gestuelles » sont aussi le plus souvent ceux qui se laissent approcher et caresser, et qui s'approchent « spontanément » (en tout cas, c'est ainsi interprété). C'est le cas des hamsters, cobayes, souris et rats que l'on peut conditionner à appuyer sur un levier, tirer sur un cordon ou franchir un obstacle pour obtenir de la nourriture, délivrer une stimulation sonore ou éviter un choc électrique, ou encore maîtriser le parcours d'un labyrinthe. Ils peuvent aussi faire tourner une roue avec leurs seuls mouvements de pattes. Parallèlement, ils acceptent d'être enfermés dans une poche, un blouson ou un tee-shirt et d'« accompagner » ainsi un enfant dans ses activités. Les lapins sont une exception. En effet, leurs habiletés corporelles et « gestuelles » sont très limitées alors qu'ils acceptent d'être manipulés et « patouillés », et suivent l'enfant familier, en tout cas certaines espèces ou races. Nous verrons dans le chapitre suivant ce qu'ils peuvent apporter à certains enfants.

Troisième partie

QUELS ANIMAUX POUR QUELS ENFANTS ?

Le choix d'un animal pour un enfant dépend comme nous l'avons souligné de ce que les humains décident, c'est-à-dire d'abord les adultes qui ont le pouvoir de décider (parents, grands-parents, fratrie, éducateurs, médecins), des caractéristiques réelles ou imaginées de l'animal, et de la pression modelante du temps. Quand il s'agit d'un projet parental ou familial, l'avis de l'enfant est habituellement sollicité, mais pas forcément ou clairement. Lorsque le point de vue de l'enfant n'est pas réellement pris en compte dans l'acquisition ou l'adoption d'un animal, des difficultés relationnelles peuvent naître et se développer, au détriment de tous. Lorsque la rencontre entre le petit de l'Homme et l'animal se fait dans le cadre d'un projet vraiment partagé au sein de la famille ou en dehors, avec un objectif social, éducatif, pédagogique, de réhabilitation ou thérapeutique, les particularités et la « nature » des difficultés de l'enfant sont normalement prises en compte, et les conséquences évaluées, mais pas forcément. Le choix de l'animal reste souvent empirique ou égoïste. En particulier, quand l'enfant a des difficultés qui le situent sur le versant de l'inadaptation sociale, de l'échec scolaire, du handicap ou de la maladie mentale.

10

Les enfants de moins de 3 ans

L'objet transitionnel

Nous avons expliqué que, chez le bébé, un état de sécurité affective et un attachement « secure » pouvaient se développer dès lors que des interactions accordées se nouaient avec la mère, ou « à défaut » une autre personne familière et « accordante ». Cependant, il faut aussi qu'à tout moment l'enfant puisse s'ajuster et répondre sans inquiétude, anxiété, angoisse ou peur aux stimulations du monde extérieur, s'apaiser et être rassuré lorsqu'elles sont nouvelles ou déséquilibrent son état émotionnel, en particulier quand la mère a disparu, s'est éloignée ou absentée. L'objet transitionnel a alors un rôle évident et bien connu dans l'autoprotection « organisée » du bébé (c'est un « tiers » qui lui remet l'objet, c'est-à-dire la mère dans les conditions « ordinaires ») contre les « agressions extérieures » et les effets stressants qui en résultent. Selon Winnicott (1969-1987), c'est à travers l'objet transitionnel que l'enfant passerait d'une relation fusionnelle avec sa mère (les deux personnes formeraient une unité indissociable : « il n'y a pas de bébé sans mère ») à la perception de l'existence différenciée de l'objet séparé du « self » (du Soi). C'est-à-dire qu'il prendrait conscience que l'objet ne fait pas partie de son corps propre, mais appartient à la réalité extérieure. Les objets transitionnels auraient ainsi une valeur positive de substitut maternel sédatif (autrement dit, de calmant).

Les objets transitionnels qui permettent au tout-petit d'être apaisé et sécurisé sont habituellement des peluches (« nounours », chien dalmatien...), poupées ou étoffes familières qui le relient à la mère (mouchoir, écharpe, tee-shirt, chemise de nuit, soutien-gorge et même culotte). Ils sont d'autant plus « efficaces » qu'ils sont imprégnés d'odeurs maternelles ou véhiculent celles de l'enfant lui-même. Ceci est en relation avec l'« émergence » dès le deuxième ou troisième jour postnatal (peut-être plus tôt), de la capacité des bébés à discriminer et reconnaître au moins deux odeurs corporelles de leur mère : celles du sein et du cou (Schaal *et al.*, 1980, 1981 ; Schaal, 1988 ; Montagner, 1988). Rappelons que la voie olfactive est la voie sensorielle la plus courte pour transmettre les informations extérieures aux « régions » cérébrales fortement impliquées dans les émotions et la mémoire, c'est-à-dire les noyaux amygdaliens et le lobe de l'hippocampe. Les objets transitionnels sont particulièrement apaisants et sécurisants chez un enfant qui s'apprête à plonger dans le grand « trou noir » du sommeil et donc à vivre un temps « solitaire », quand il est malade ou fatigué, ou encore lorsqu'il est confié à une assistante maternelle, à une crèche ou halte-garderie, et doit se séparer de sa mère. Il n'est pas rare qu'il ait alors le nez enfoui dans une étoffe imprégnée d'odeurs personnelles ou maternelles, et qu'il la suce ou la tète.

Les animaux qui ont des effets apaisants et sécurisants

CEUX QUI NE NÉCESSITENT PAS DE CONTACTS CORPORELS

Divers phénomènes contribuent à l'apaisement, à la réassurance et à la sécurité affective des jeunes enfants, et plus généralement des humains de tous âges, sans que le contact corporel soit nécessaire. Ainsi, la seule contemplation de certains animaux est anxiolytique, même à une certaine distance. Par exemple, les évolutions de carassins (ou poissons rouges) dans un aquarium entraînent une diminution significative du rythme cardiaque et de la pression artérielle des spectateurs (Friedman *et al.*, 1983 ; Katcher *et al.*, 1983). C'est pourquoi, s'agissant des crèches, pouponnières, haltes-garderies et écoles maternelles, et aussi des écoles élémentaires, il paraît souhaitable d'installer des aquariums dans les lieux où les enfants sont accueillis et où ils doivent se séparer de leur mère (ou de toute autre personne d'accompagnement). Une expérience récente est constituée par l'aménagement intérieur de la halte-garderie « Les Collettes » de Draguignan. Un aquarium est encastré dans la cloison entre le hall d'accueil et l'espace où les enfants vont passer plus ou moins de temps avec des pairs et éducateurs. Accompagnés par leur mère puis, après son départ, par une personne d'accueil, les enfants peuvent s'apaiser, se rassurer et être sécurisés parce qu'ils peuvent prendre le temps d'observer les évolutions tranquilles des poissons. À travers les parois vitrées de l'aquarium, ils voient et entendent en même temps les pairs et adultes qui seront leurs compagnons dans quelques instants et pendant plusieurs heures. Ils déplacent leur regard et leur attention des poissons aux compagnons humains qui enchaînent de l'autre côté de la paroi les interactions affiliatives où prédominent les rires, jubilations, offrandes, sollicitations, appels, dialogues, échanges apparemment accordés et coopérations, sans agression ni exclusion. En particulier, lorsqu'ils se baignent et jouent dans la pataugeoire située à proximité de la porte de séparation avec le hall d'accueil et donc de l'aquarium. Le spectacle constitué par les évolutions apaisantes des poissons est un événement « transitionnel », en tout cas transitoire, entre les bras de la mère et ceux des puéricultrices, puis les retrouvailles avec les pairs. Il démine ou relativise l'anxiété ou l'angoisse de séparation chez l'enfant et sa mère, sans pleurs ou autres manifestations de détresse. Devant l'aquarium, beaucoup de mères prennent du plaisir à développer avec leur enfant une attention visuelle conjointe, des élans à l'interaction, des comportements affiliatifs et des imitations. Le spectacle de la vie aquatique dans une ambiance d'interactions accordées est un ferment de communication et de tendresse.

L'installation d'un aquarium dans le milieu familial apaise aussi les relations entre l'enfant et ses proches à la fois par les effets anxiolytiques générés par les évolutions des poissons, les interactions affiliatives et accordées qu'elles induisent, et la canalisation de l'agressivité nourrie par des conflits ou des frustrations.

Ce sont aussi les médecins généralistes, pédiatres, pédopsychiatres et psychologues qui peuvent installer un aquarium dans leur salle d'attente, avec pour effet, dans l'attente de la consultation, la réduction de l'inquiétude, l'anxiété ou l'angoisse générée chez les parents et l'enfant lui-même par l'attente et par les symptômes réels, supposés ou phantasmés de mal-être ou de santé dégradée qui ont motivé la consultation.

L'aquarium peut être peuplé avec des poissons rouges et des épinoches. Souvent présentes dans les ruisseaux de nos régions, celles-ci sont faciles à élever. En outre, elles sont parmi les rares espèces qui construisent un nid dans lequel le mâle au ventre rouge et aux yeux cerclés de bleu et de vert conduit la femelle avec une danse en zigzag très caractéristique, et où s'effectuent la ponte et la fécondation des œufs. En plus de l'effet anxiolytique dû à la contemplation, c'est une étonnante page de vie qui peut se dérouler sous les yeux de l'enfant. S'agissant d'espèces tropicales, également faciles à élever, certaines sont particulièrement attractives par leur apparence, leurs couleurs, leurs comportements et leurs étrangetés. L'observation de leurs évolutions favorise chez le jeune enfant le développement d'une attention visuelle soutenue et conjointe, les élans à l'interaction, les comportements affiliatifs, les gestes organisés et ciblés, et les imitations avec les partenaires disponibles, surtout après une séparation avec la mère et les autres personnes du cocon familial, notamment au retour de la crèche ou d'espaces extérieurs fatigants ou stressants. Parmi les espèces « intéressantes » à ce sujet : * les poissons-clowns ; * les ciclidés (comme le commun Tilapia, la plupart pratiquent l'incubation buccale des œufs : selon l'espèce, le mâle ou la femelle « recrachent » les petits à l'éclosion, ce qui constitue un spectacle étonnant pour tous) ; * les poissons-papillons ; * les poissons combattants dont les longs voiles qui « ornent » les nageoires ondulent en un ballet permanent (en outre, les géniteurs construisent un nid étonnant de bulles d'air enrobées de mucus), mais à la condition que le mâle n'ait pas un rival mâle de la même espèce (on évite ainsi les violents combats entre mâles... qui donnent lieu à des paris passionnés en Asie du Sud-Est). En plus des effets anxiolytiques induits par leurs évolutions, ces animaux ont l'avantage d'avoir une organisation comportementale simple, et donc *a priori* peu ambiguë et non déroutante.

CEUX QUI METTENT EN MOUVEMENT MAIS N'ENTRAÎNENT PAS DE RELATION CORPORELLE

Les jeunes enfants sont fascinés par l'évolution des oiseaux dans une volière. Les espèces qui retiennent leur attention sont surtout celles qui sont colorées (serins, perruches) ou qui ont des chants mélodieux (rossignols, merles). Et aussi, dans le milieu naturel, celles qui s'invitent dans l'habitat même des humains et deviennent familières (rouges-gorges, moineaux, merles, huppes, mainates), sauf quand elles peuvent être perçues comme insécurisantes, menaçantes ou agressives dans certains contextes, même lorsqu'elles sont familières (corneilles, pies, mouettes, rapaces, oies, dindons, cygnes). Les jeunes enfants sont particulièrement attirés et séduits par les pigeons et les tourterelles, surtout quans ils naissent dans une colombière, un nichoir aménagé ou un arbre inséré dans l'habitat humain, puis reviennent au gite. En effet, ces oiseaux sont perçus comme mignons et gracieux, et roucoulent : ils ont des comportements élégants et des chants mélodieux qui évoquent la tendresse (« Deux pigeons s'aimaient d'amour tendre », a écrit La Fontaine... sans compter les « toutereaux humains » qui s'aiment aussi d'amour tendre). Les modes de déplacement de ces oiseaux ne sont jamais perçus comme inquiétants ou menaçants, qu'il s'agisse de leurs envols et évolutions aériennes, ou de leur « allure » précautionneuse sur le sol, ce qui n'est pas le cas de la plupart des espèces évoquées plus haut (corneilles, pies...). Faciles à élever et à apprivoiser, les pigeons et tourterelles peuvent se percher sur l'épaule d'un enfant ou se poser tout près de lui sans l'inquiéter, surtout s'il est attablé et leur abandonne des miettes de pain ou de brioche. L'enfant peut recevoir l'un ou l'autre de ces oiseaux sur la main, le faire voleter et induire son envol.

Des lieux de promenade particulièrement appréciés des jeunes enfants sont les jardins publics, parcs, places publiques ou parvis d'église où ils rencontrent des pigeons auxquels ils distribuent des graines. Ils éclatent de rire lorsqu'ils provoquent leur envol par leurs courses. Ils reviennent ensuite au contact de la personne familière pour quêter son regard et son sourire, ses caresses et ses paroles. C'est un formidable contexte de communication et de médiation pour un enfant qui retrouve son père ou sa mère après une absence, une séparation ou un divorce, ou encore une hospitalisation.

CEUX QUI SE PRÊTENT AUX RELATIONS CORPORELLES

Deux animaux se prêtent particulièrement à des relations corporelles apaisées, à la maison et à l'extérieur, et induisent la recherche des contacts œil à œil, des élans à l'interaction et des comportements affiliatifs, car ils donnent l'impression d'être tranquilles et inoffensifs. Ils ne sont jamais agités, inquiétants ou menaçants. Placides et jamais protestataires, ils vont à leur rythme, et se laissent manipuler sans risque.

Les tortues. – Contrairement aux autres reptiles, ces animaux induisent la mise en mouvement, l'approche, le contact et le comportement explorateur des jeunes enfants, sans susciter l'appréhension ou la crainte, y compris les plus timides et les autocentrés. En outre, le rythme de déplacement de la tortue permet aux enfants âgés de 1 à 2 ans de la suivre sans difficulté, même lorsqu'ils ont encore une démarche hésitante. La recherche des tortues qui « se cachent » sous les plantes et dans les recoins est pour l'enfant un projet permanent qui génère beaucoup de complicité avec les parents, les frères et sœurs ou les copains/copines. Quand la tortue est « débusquée », elle a l'air de « faire la coquette » en rentrant et sortant la tête, et de se prêter ainsi à une sorte de jeu du « chat et de la souris ». L'enfant s'engage dans une mission impossible en recherchant le contact visuel avec la tête rentrée de la tortue, mais il découvre vite qu'il peut facilement la « séduire » en lui proposant une feuille de salade, la faisant ainsi « sortir de sa coquille ». Il peut la conditionner sans difficulté en répétant ce geste alimentaire. Autrement dit, la tortue donne aux enfants de 1 à 2 ans l'opportunité de découvrir le rôle de l'offrande dans une transaction avec un partenaire qui ne se cache plus dans sa carapace, c'est-à-dire qui n'a plus peur des contacts œil à œil. L'enfant devenant de plus en plus familier, elle peut même sortir de sa cachette et se déplacer en direction de l'enfant qui l'« appelle ». C'est sa tortue. Il lui parle comme à un animal familier. La tortue est un animal pratique car elle n'a pas beaucoup d'exigences alimentaires et territoriales, et ne nécessite aucun soin particulier. Elle ne présente aucun risque.

Les lapins. – Est-ce un hasard si beaucoup de mères appellent leur enfant « mon petit lapin », si dans un couple de tourtereaux les amants se disent « mon lapin », ou encore si un homme en quête permanente de partenaires sexuels est qualifié de « chaud lapin » ? Par ailleurs, et bien évidemment, ça n'est pas un hasard si de nombreuses peluches destinées aux jeunes enfants sont des lapins. Ils réunissent en effet un certain nombre de « qualités » physiques et comportementales qui symbolisent la douceur, la gentillesse, l'innocence, l'ingénuité, la câlinerie, l'affection, la tendresse, l'amitié, la confiance, en tout cas l'idée qu'on s'en fait. Parallèlement, même si le spectacle de leur accouplement n'est pas forcément rassurant et peut paraître étrange (la femelle peut mordre cruellement le mâle qui s'approche ; pour éviter la morsure, celui-ci doit se retourner et projeter un jet d'urine sur le museau de sa « partenaire », ce qui la calme et inhibe ses réactions agressives), les lapins de la plupart des races ne sont pas perçus comme menaçants ou agressifs vis-à-vis des humains. Même si certains individus enfermés dans une cage, mal nourris et maltraités peuvent mordre et griffer.

Leur apparence (de longues oreilles sur une tête ronde, un corps lui aussi rond, une fourrure souple et dense, une queue courte en houppette), leur mode de déplacement par petits bonds et leur disponibilité « pour » être caressés en font des partenaires acceptés et recherchés par tous les jeunes enfants, quelle que soit leur origine culturelle et ethnique.

Les éleveurs savent maintenant sélectionner les géniteurs de nombreuses races lapines et obtenir des « hybrides » dont les poils sont longs et soyeux et les griffes peu développées, et qu'on peut aisément se procurer. Plusieurs espèces et hybrides acceptent toutes les formes de contacts corporels sans la moindre menace ou réaction agressive, même lorsqu'ils sont malmenés. Non mordeurs et non griffeurs, ils sont faciles à élever dans l'habitat même des humains (ils ne prennent pas beaucoup de place, mangent tout ou presque, et acceptent d'être confinés dans un espace réduit sur une litière végétale ou synthétique). Ces lapins sont des compagnons incomparables, en particulier pour les enfants qui rampent ou se déplacent à quatre pattes ou ne marchent pas encore, et pour les 1-3 ans qui n'écoutent pas, ou que l'on dit agités, brusques, instables, toujours en mouvement (« hyperactifs »), évitants ou agresseurs-destructeurs dans leurs interactions avec autrui. Ils peuvent en effet être portés, bousculés, renversés, manipulés, patouillés, serrés corps à corps, repoussés du pied, transportés dans une poussette, une brouette ou un camion-jouet, « se faire enlever » des touffes de poils ou « se faire tirer » les oreilles ou la queue, même s'ils peuvent alors émettre des couinements. Ils peuvent ainsi être emportés pour une visite aux grands-parents ou aux amis, et une promenade au jardin public ou ailleurs. Ils acceptent les caresses, les blottissements au contact du corps et les baisers « museau à bouche ». Omnivores, ils mangent toutes les nourritures, ou presque, qui sont offertes par les enfants : ceux-ci adorent leur présenter des carottes, des feuilles de chou ou des gâteaux. Au fond, ils ne refusent rien et paraissent adhérer à tout. En conséquence, ils ont des effets calmants et rassurants sur le jeune enfant. Ils canalisent son « excès » de mouvement et assurent en permanence une présence sécurisante et quasi silencieuse, sans rien demander. Ils se laissent caresser par toute la famille et les visiteurs, et favorisent ainsi les sourires, rires et autres comportements affiliatifs. Ils font parler, canalisent l'agressivité et médiatisent les interactions.

Originaires d'Amérique du Sud, les cobayes remplissent auprès des jeunes enfants les mêmes fonctions que les lapins. Il est également facile de trouver l'une ou l'autre des seize espèces. En outre, ils cohabitent habituellement sans dommage avec les lapins.

CEUX QUI SE PRÊTENT AUX RELATIONS CORPORELLES, MAIS AVEC LA MÉDIATION D'UN ADULTE

Les jeunes enfants adorent « voyager » sur le dos d'un poney, à condition de le chevaucher avec une personne sécurisante qui maintient et soutient leur dos contre sa poitrine et les enlace. Ce qui est évidemment nécessaire pour qu'ils puissent conserver leur équilibre corporel à un âge (1 à 3 ans) où, dans une situation mouvante comme le chevauchement, il est encore instable, en tout cas non maîtrisé. En outre, cette condition est indispensable pour libérer les mains et bien tenir les rênes. La plupart des espèces de poneys peuvent porter un enfant et son accompagnateur. Ces animaux sont en effet vigoureux, courageux, rustiques et résistants. En outre, il sont calmes, attentifs, patients, mesurés et rarement rebelles. Selon les enfants, on peut choisir un petit poney de 0,60 mètre au garrot ou une espèce plus grande (1,20 à 1,47 mètre). Quelle que soit sa taille, on dit communément qu'il a bon caractère. En outre, son allure est modérée, et il est facile à guider. Il est donc rassurant. Les chevauchées avec un tiers familier (mère, père...) permettent au jeune enfant de bien prendre conscience de son corps dans une relation qui sollicite les émotions (voir précédemment les comportements affiliatifs). En effet, comme nous l'avons souligné, les enfants de tous âges vivent alors une situation qui leur permet de s'ajuster corporellement aux mouvements de l'animal, et de s'accorder émotionnellement par des contacts, caresses, pressions des jambes, vocalisations et paroles, tout en s'ajustant et s'accordant à l'autre cavalier. C'est en même temps celui-ci et le poney qui s'ajustent et s'accordent l'un à l'autre, et à l'enfant. Les tout-petits découvrent ainsi la communication corps à corps à trois. Ils vivent des sensations nouvelles générées par la stimulation des récepteurs sensibles à l'étirement situés dans les muscles, articulations et tendons (les propriocepteurs). Ils peuvent ainsi nourrir des systèmes qui leur seront utiles ou nécessaires pour assurer et conserver leur équilibre sur la terre ferme et dans la troisième dimension de l'espace, en même temps qu'ils libèrent leurs émotions et façonnent leur schéma corporel. C'est tout un univers qui s'ouvre dès la petite enfance.

Le chevauchement à dos de poney peut être vécu dans l'environnement familial, si les parents peuvent faire une telle acquisition. Mais aussi dans les centres équestres, les manèges, les manades ou les lieux organisés pour la promenade et la découverte de l'environnement. Il serait utile que les pouvoirs publics, les structures d'accueil et d'éducation pour la petite enfance, les institutions spécialisées dans l'accueil des enfants « qui ne sont pas comme les autres », les associations et les organisations humanitaires créent des réseaux de rencontre entre des poneys et les tout-petits, à des âges où se structurent de façon interactive les habiletés corporelles et gestuelles, l'intelligence sensori-motrice, les relations sociales, la communication et les émotions en groupe, le langage, les activités symboliques et les processus cognitifs de tous ordres. Les jeunes enfants repliés sur eux-mêmes, évitants, craintifs, « hyperactifs » ou agresseurs en raison de l'insécurité et des peurs qui les minent ont ainsi l'occasion de découvrir d'autres sensations, perceptions, modes relationnels, liens et perspectives que dans un environnement borné par la souffrance, la misère matérielle et morale et les « quatre murs » d'un appartement devenu un lieu d'enfermement.

Les rennes en Laponie et les lamas dans les Andes, peut-être les jeunes dromadaires et chameaux au Moyen-Orient pourraient remplir au moins partiellement les mêmes fonctions au bénéfice des jeunes enfants, même s'ils ne peuvent évidemment être chevauchés comme les poneys. Mais, pour que cela soit possible, il faudrait qu'ils ne soient pas enfermés dans un statut ou rôle d'animal « utilitaire ».

CEUX QUI SE PRÊTENT REMARQUABLEMENT AUX RELATIONS CORPORELLES AVEC LES AÎNÉS, MAIS PAS FORCÉMENT AVEC LES TOUT-PETITS

Alors que les chiens et les chats sont, nous l'avons vu, des compagnons et/ou amis remarquables au quotidien, il convient d'être prudent dès lors qu'ils partagent un habitat avec des jeunes enfants, quelles que soient la race de l'animal et la qualité de ses relations avec les personnes.

S'agissant des chiens, ils peuvent être déroutés et se sentir menacés lorsqu'un tout-petit pleure et paraît inconsolable, surtout si la garde de l'enfant leur a été « confiée » par les parents, le temps d'aller chercher du pain ou de faire quelques emplettes, de procéder à leur toilette ou de vaquer à une occupation qui les tient éloignés du bébé, même si leur absence ne dure que quelques minutes. Lorsque l'enfant a été installé dans un couffin, un landau ou une poussette, il peut arriver qu'un chien affolé (il ne comprend pas les signaux qu'il reçoit et n'a pas auprès de lui un humain familier pour le rassurer) renverse ce réceptacle et fasse tomber le bébé. Enfoui sous la literie et incapable de s'en sortir par ses propres moyens, celui-ci peut être étouffé. Il peut également être piétiné et mordu par un animal qui vit une situation inhabituelle et n'a donc plus de repères (cela peut aussi se produire lorsque l'enfant est dans son lit). Enfin, des enquêtes ont établi que le chien s'était s'allongé et avait pesé de tout son poids sur le tout-petit comme si, ne sachant quoi faire, il avait eu pour objectif d'arrêter la situation insupportable générée par les pleurs. En outre, en combinaison avec les particularités sonores et ultrasonores des cris, un bébé qui pleure pourrait avoir une odeur corporelle ressentie comme aversive ou menaçante, en tout cas non sécurisante, et donc inductrice de réactions incontrôlées. Des bébés ont été étouffés dans cette situation par un chien jusque-là « sans histoires » qui faisait partie de la famille, alors que les parents avaient « tourné le dos » juste un instant, rassurés par la présence de l'animal de confiance auprès de l'enfant.

Un ensemble de précautions pourraient être prises pour que ce type d'événement dramatique ait une probabilité très faible ou nulle de se produire :

— lorsqu'une famille a le double projet d'avoir un bébé et d'adopter un chien comme animal de compagnie ou familier, il est souhaitable qu'elle acquière celui-ci avant la naissance de l'enfant. Elle donne ainsi au chien le temps de se familiariser avec sa « niche humano-écologique », de prendre des repères et habitudes, d'établir des liens avec les personnes, d'être sécurisé, et d'induire la sécurité chez ses partenaires quotidiens ;

— il est nécessaire d'élever le chiot pour qu'il puisse installer et développer le phénomène dit de la double empreinte, en tout cas les processus précoces qui fondent la familiarité et l'attachement avec les personnes. Ou, s'il y a adoption ou achat auprès d'un éleveur ou d'une société protectrice des animaux, de s'assurer qu'il a bien construit les compétences-socles nécessaires à une rencontre sécurisée et sécurisante avec le nouveau-né, et qu'il soit ainsi « sociable » vis-à-vis des humains. Est-il nécessaire d'ajouter que le jeune chien ne doit être ni maltraité, ni privé de nourriture, ni attaché en permanence, ni enfermé dans un conditionnement fondé sur la punition ?

— il est nécessaire de présenter le bébé à l'animal dès les jours qui suivent la naissance pour que celui-ci accepte, connaisse et reconnaisse les rythmes et comportements particuliers d'un nouveau partenaire avec lequel il va falloir partager les interactions de la mère, du père et de la fratrie. Le chien apprend en même temps à tolérer, connaître et reconnaître les pleurs et les odeurs corporelles du bébé, y compris celles qui sont liées à son état physiologique, ses vomissements et ses défécations, ainsi que leurs modifications lorsque le bébé appelle, crie ou pleure. Parallèlement, il faut qu'il soit présenté à l'enfant et introduit dans le « jeu » des interactions triangulaires, quadrangulaires et autres avec les différentes personnes de la famille ;

— il faut créer des situations qui autorisent le blottissement du bébé et du chien avec les autres personnes du milieu familial, en interdisant à l'animal de s'allonger sur l'enfant et même de poser la tête ou la patte sur son corps.

Considérant le chat, un coup de griffe est vite donné, même lorsqu'il a été élevé dans des conditions qui installent la double empreinte et un attachement mutuel avec un adulte. Il suffit en effet que le jeune enfant le « dérange » quand il dort, mange ou dépèce une souris pour qu'il crache et détende une patte avec les griffes sorties. Pour qu'une familiarité s'installe, il faut non seulement respecter les conditions qui viennent d'être rapportées pour les chiens, mais aussi expliquer à l'enfant qu'il ne doit pas « déranger » le chat qui dort, mange et vit sa nature de prédateur. En outre, il convient d'aménager l'environnement pour donner des habitudes au chat et limiter ainsi ces possibilités : installation d'un « piédestal » de sommeil (lorsqu'ils n'ont pas leur propre couffin, les chats choisissent le plus souvent de s'installer en hauteur, c'est-à-dire sur une fenêtre, chaise, armoire... comme s'ils voulaient surveiller l'environnement), lieu(x) de nourrissage et interdiction que l'animal apporte sa proie à l'intérieur de l'habitat. Mais, plus « simplement » et plutôt que de courir un risque de griffure, et donc une blessure douloureuse qui pourrait s'infecter et serait évidemment ressentie comme une agression, il vaut mieux éviter d'élever un bébé en même temps qu'un chat. D'autant plus que les sécrétions ano-génitales que celui-ci dépose sur sa fourrure en se léchant peuvent contenir des allergènes et être responsables d'eczémas, de réactions allergiques et d'asthmes. Les parents et la fratrie auront toujours le temps d'élever ou d'adoper un chat lorsque le jeune enfant aura au moins 3 ou 4 ans, en tout cas s'il ne développe pas de réactions allergiques à son contact.

CEUX QU'IL FAUT ÉVITER DE METTRE EN PRÉSENCE DES JEUNES ENFANTS

Il faut éviter de mettre certaines espèces animales en présence des jeunes enfants : bien évidemment ceux qui peuvent être dangereux, mais aussi ceux qui sont trop grands ou trop petits.

Parmi les espèces potentiellement dangereuses, le cochon. Nous avons déjà souligné qu'il pouvait dévorer les enfants, en tout cas les mutiler, comme cela a pu survenir au Moyen Âge dans des conditions particulières. Mais cela arrive encore, même si c'est rare, dans des habitats tropicaux où l'animal évolue en toute liberté et entre dans les cases.

Il faut également éviter de laisser les jeunes enfants en présence d'un chevreau, pourtant mignon de toute évidence, car la mère peut les repousser d'un coup de corne, ou encore d'un agneau adorable dont la mère peut aussi intervenir. En outre, au cours des cabrioles et contacts corporels, ces petits de mammifère peuvent donner des coups de patte intempestifs, occasionner des contusions ou blessures, et induire les pleurs et la crainte. Il en est de même *a fortiori* pour les veaux et des poulains, les petits chameaux, dromadaires, rennes et lamas, là où ils vivent habituellement.

Les grands animaux (chevaux, ânes, mulets, chameaux, dromadaires, rennes, lamas, éléphants, selon les pays) sont trop impressionnants pour être approchés par les jeunes enfants sans appréhension ou peur. Leur regard est trop lointain pour autoriser des interactions les yeux dans les yeux, donc confiantes, et leur approche n'est pas rassurante. À moins d'avoir été chevauchés par et avec une personne sécurisante. Mais ils restent impressionnants comme le montrent les réactions de la plupart des enfants (évitements du regard, absence d'élan à l'interaction, comportements autocentrés, pleurs, gestes de crainte, tremblements et fuites). Il est préférable de privilégier les poneys (voir précédemment).

Les petits animaux ne se prêtent pas davantage à des interactions accordées, sécurisantes et confiantes, parce qu'ils n'ont pas les compétences-socles suffisantes et nécessaires, et parce qu'ils activent chez les tout-petits une mobilisation excessive d'élans à l'interaction et de comportements affiliatifs massifs, mal contrôlés et littéralement « étouffants ». En effet, on a vu des jeunes enfants serrer tellement fort un hamster, une souris, un poussin ou un caneton qu'ils l'ont étouffé ou étranglé. Arrivé trop tard pour essayer d'éviter une telle issue, j'en ai été moi-même le témoin. Il est donc préférable de ne pas offrir l'un de ces petits animaux à des jeunes enfants, à la fois pour éviter la culpabilité qu'un tel comportement peut générer chez l'enfant (et peut-être des troubles du sommeil ou autres), et aussi, les sentiments de gêne, honte ou culpabilité qu'il induit chez les proches, surtout s'il y a des témoins, quelle que soit l'image de bonheur rayonnant que peut donner un enfant de 1 à 3 ans ans avec un poussin, un caneton, un hamster ou une souris dans le creux de ses mains.

11

Les enfants de tous âges, de l'école maternelle à l'adolescence

Nous n'aborderons ici que les deux ensembles d'enfants dont les comportements préoccupent le plus souvent les parents, les éducateurs et les enseignants : d'abord les autocentrés, timides, introvertis et mutiques, et ensuite les agités, instables, « hyperactifs » et agresseurs-destructeurs. Pour les autres enfants, on se reportera au chapitre sur les compétences-socles. Les élèves dits en échec scolaire seront examinés séparément.

Les enfants autocentrés, timides, introvertis, mutiques

À l'école primaire (école maternelle et école élémentaire), certains enfants donnent une image de repli sur eux-mêmes. À l'écart des autres dans la cour de l'école, ou « sur leur chemin » au cours des poursuites, jeux et interactions, ils sucent leur pouce enveloppé ou non dans un mouchoir ou un « coin » de vêtement, les plus jeunes se triturant l'oreille ou une mèche de cheveux avec l'autre main. En classe, il est fréquent qu'ils ne répondent pas lorsqu'on les nomme, ou fixent l'« interlocuteur » (enseignant, autre adulte, pair) avec un regard apparemment « vide », « provocateur » ou « ailleurs ». Ils sont « dans leur bulle ou sur leur nuage », dit-on souvent. D'autres hésitent avant de se mêler aux activités des pairs et n'osent s'exprimer ni par le corps et les gestes ni par la parole (c'est aussi ce qu'on peut observer au collège). S'ils se mettent en mouvement, entraînés par les autres, une bousculade, un mouvement brusque, une parole malheureuse ou un événement extérieur suffisent à les stopper dans leur marche ou leur course, et les faire pleurer. Ils interrompent leur activité de peinture ou de construction dès qu'ils sont dérangés ou se sentent inquiétés. Ils prennent peu d'initiatives et paraissent subir ce que les autres décident. Quelques-uns ne parlent pas dans leur classe, y compris lorsqu'ils sont sollicités par une institutrice affiliative, affective et accordante. Ils sont mutiques. Pourtant, ils s'expriment verbalement à la maison.

Il est très utile, et peut-être indispensable, d'installer dans les classes de l'école primaire des animaux qui puissent rassurer et sécuriser ces enfants que l'on dit autocentrés, repliés sur eux-mêmes, à l'écart, solitaires, timides, introvertis, mutiques, tout en les mettant en mouvement et en les installant dans la communication avec les pairs et l'enseignant. On considère souvent qu'ils expriment ainsi leur caractère ou tempérament, c'est-à-dire que c'est inné ou d'origine génétique, les deux termes étant d'ailleurs souvent confondus. Autrement dit, « c'est comme ça ». On ne saurait admettre cette idée de déterminisme et de fatalité, même si bien évidemment il faut respecter chacun dans ses particularités. On peut les aider à les assumer et à les dépasser pour mieux se réaliser dans leurs dimensions d'enfant, d'élève, d'être social et de « citoyen ». D'autres enfants peuvent présenter les mêmes particularités, mais, occasionnellement, « en réaction » à des événements personnels (maladie, accident) ou familiaux (divorce, déménagement).

Les comportements et échanges affiliatifs qui se créent avec certains animaux, et autour d'eux, sont incomparables pour donner à ces enfants l'impulsion et l'envie de montrer leur savoir être, leur joie de vivre et leur capacité de séduction, leur savoir-faire, leur intelligence et leur créativité. Soulignons d'emblée qu'il n'y a pas de texte ministériel qui interdise la présence animale au sein de la classe ou de l'école. Et, même s'il peut y avoir des interdictions ou oukases de la hiérarchie départementale ou nationale, le plus souvent sans véritable rationalité (la peur de l'animalité dans l'Homme ?), il est temps qu'elle s'en explique clairement, et surtout qu'elle prenne conscience du rôle que peut avoir un animal pour activer la vigilance et les capacités d'attention des enfants autocentrés et les mettre en mouvement. Et en même temps pour faciliter la lisibilité et la fonctionnalité de leurs compétences-socles restées jusqu'alors brouillées ou cachées, et pour révéler des processus cognitifs enfouis ou inhibés, « débloquer » leur imaginaire et leur créativité avec autrui. En effet, nombre d'enfants « coincés », bloqués ou inhibés ne dévoilent certaines de leurs compétences et constructions essentielles que dans la relation avec ce partenaire qui ne parle pas, ne trahit pas, ne juge pas et ne renvoie pas aux difficultés personnelles ou familiales. La position de la hiérarchie du système éducatif à ce sujet est dogmatique et idéologique, même quand elle s'abrite derrière les risques de zoonose, c'est-à-dire de maladie transmise par l'animal à l'Homme. L'état de santé des animaux, notamment au plan bactériologique, et les conditions hygiéniques de leur installation étant évidemment contrôlés par un vétérinaire ou un service spécialisé, il n'y a pas plus de risque de zoonose à l'école qu'ailleurs. Seul le chat peut poser problème, et encore (voir plus loin) !

Aux âges de 3-4 ans, comme cela est bien connu et contrairement aux tout-petits, les interactions avec des poussins, canetons, hamsters et souris peuvent réveiller, stimuler et révéler, mieux et plus complètement que tout autre contexte relationnel, la gamme réelle des compétences, comportements, savoir être, savoir-faire, capacités de communication, constructions cognitives, richesses imaginaires et créatives de l'enfant « coincé », bloqué ou inhibé, sans dommage physique pour l'animal et sans dommage affectif et moral pour les enfants. En effet, à l'exception de ceux qui ont des troubles du comportement (voir plus loin), ils ont des habiletés gestuelles et manuelles suffisamment structurées et maîtrisées pour contenir leurs débordements émotionnels. C'est aussi le cas lorsque le partenaire animal est un lapin (voir précédemment), un cobaye ou un rat, en tout cas, lorsqu'ils appartiennent à certaines espèces ou races.

S'agissant des rats, il faudrait qu'on arrête de les mettre tous « dans le même sac » de dégoût, de phantasmes glauques et de mémoire collective affolée. En effet, toutes les espèces, races et hybrides ne sont pas aussi répugnants, dangereux et dommageables que, par exemple, les surmulots (rats gris ou rats d'égoût) et les rats noirs, ceux-ci étant les vecteurs bien connus de germes qui ont provoqué et provoquent encore des maladies infectieuses graves pour l'Homme. On se souvient des épidémies de peste dévastatrices qu'ils ont apportées et répandues à certaines époques, notamment au Moyen Âge. Au cours des périodes de famine, ils ont envahi les maisons et dévoré les enfants, les vieillards, les adultes sans défense, malades ou affaiblis, et aussi les habitants valides qui « leur tombaient sous la dent ». Les prisonniers que les rats ont attaqués dans les cachots insalubres ou les fonds de cale des bateaux, en tout cas les histoires sur les mains, pieds, oreilles, nez qu'ils auraient entamés ou dévorés, et leur comportement de charognards sur les cadavres laissés par les famines et les guerres ont renforcé leur réputation glauque de grignoteurs d'hommes, et d'ambassadeurs de la misère, de la maladie et de la souffrance. En outre, très prolifiques, la plupart des espèces de rats ont ravagé, et ravagent encore, les réserves et cultures de céréales et autres plantes vivrières. Rappelons que les Pharaons de l'Égypte antique ont introduit les chats dans leur environnement pour les débarrasser des rats et autres rongeurs qui dévoraient leurs céréales. Ils les ont déifiés.

Les rats ont ainsi acquis une mauvaise réputation. Ils suscitent encore la répulsion, la peur et le rejet. Ils évoquent le malheur. Leur présence est jugée *a priori* dangereuse et leur prolifération redoutée. Nombreux sont les ouvrages, films et feuilletons de télévision dans lesquels les personnages jetés dans une geole ou prisonniers d'une grotte sont harcelés par des hordes de rats qui sortent des profondeurs de la terre (de l'enfer ?), et guettent leur moindre signe de somnolence pour circuler sur leur corps et leur visage et les grignoter sans vergogne.

Couramment proférée à l'époque de la flibuste, l'injure « face de rat » traduit bien le dégoût des humains pour cet animal.

Cependant, dans les sociétés modernes, les rats sont sélectionnés et des hybrides créés dans des centres agréés et contrôlés de zootechnie, pour satisfaire les besoins des laboratoires de la recherche scientifique et médicale. Ils ne présentent *a priori* aucun danger pour la santé des enfants dès lors que des contrôles sanitaires, notamment bactériologiques, sont effectués, que les animaux sont élevés dans le respect des conditions sanitaires et hygiéniques requises (litière nettoyée et désinfectée quotidiennement, alimentation contrôlée et suffisante avec des granulés lyophilisés – et bon marché), et que la reproduction est strictement maîtrisée pour éviter tout risque de débordement créé par la « surpopulation » et les « fuites ». Lorsque ces conditions sont remplies, la plupart des espèces et races de rats sont inoffensives pour les enfants. Cette hypothèque levée, ces animaux sont très intéressants et précieux pour aider les enfants à dépasser leurs difficultés, en particulier ceux qui sont autocentrés, repliés sur eux-mêmes, à l'écart, solitaires, timides, introvertis, mutiques. Sélectionnés pour l'absence de comportements agressifs (ils ne manifestent ni menace, ni morsures, ni griffures), ils sont doux au toucher et se laissent caresser. Ils acceptent sans protester d'être manipulés, patouillés, tripotés, serrés dans les bras, mis dans la poche du tablier, le tee-shirt ou le pull-over. Ils sont agiles dans toutes les dimensions de l'espace :

— ils trouvent vite les solutions pour se faufiler dans un labyrinthe et le conquérir, même quand il est compliqué, révélant alors les facettes étonnantes de leur « intelligence » ;

— ils escaladent les échelles et autres structures verticales, et « exhibent » leurs talents de funambule et d'équilibriste sur des passerelles et fils tendus ;

— ils plongent dans un trou d'eau et nagent jusqu'à une plate-forme émergée d'où ils rapportent de la nourriture.

De l'école maternelle au collège, les enfants autocentrés, habituellement défensifs, à l'écart, solitaires, timides et ayant des difficultés à s'exprimer peuvent introduire ou déplacer des objets dans l'enceinte de vie de ces animaux, « créer » ainsi de nouveaux comportements et nouvelles « habiletés motrices » chez des explorateurs infatigables, acteurs et « inventeurs » d'activités surprenantes. Sans compter le spectacle que donnent les rats en enchaînant les comportements et interactions qui s'apparentent à des jeux et activités ludiques. En effet, les jeunes et les adolescents qui se poursuivent, se chevauchent et s'étreignent, paraissent jouer pour jouer, sans autre objectif ou finalité. Dans son livre *Jeux de velus*, publié en 2000, Bensch fait une remarquable analyse des études scientifiques réalisées sur les structures nerveuses et processus chimiques qui pourraient être impliqués dans l'induction et la régulation des activités ludiques chez les animaux : c'est chez les rats qu'elles sont les plus nombreuses et sophistiquées. Mais la recherche n'apporte pas de réponse claire sur les fondements et significations biologiques de ces comportements... qui, apparemment, ne servent à rien ! Observateurs attentifs, et acteurs eux aussi, s'ils le souhaitent, les enfants peuvent parler aux rats, les caresser, renouveler leur litière, changer l'eau de leur abreuvoir et les nourrir avec des granulés, bouts de carotte, biscuits. Quand ils sont plusieurs à observer le spectacle et à s'impliquer, ceux qui étaient auparavant « juxtaposés » communiquent entre eux et partagent des perceptions, émotions, représentations, constructions imaginaires et phantasmatiques. En général patients et contemplatifs, ils dépassent alors leur « centration » sur eux-mêmes, timidité, réserve, « caractère » introverti et appréhension d'être sous le regard d'autrui, leurs craintes et inhibitions. Ils s'expriment sans retenue avec l'enseignant et devant la classe, seuls ou en interaction avec ceux qui ont partagé les observations. L'observation en continu montre que la plupart « rebondissent » face aux messages éducatifs et pédagogiques de l'enseignant, mais aussi face aux questionnements que suscite la reconnaissance de leur talent d'« apprivoiseur » de rats. Que dire des dessins, peintures, écrits, exercices de langage et ballets de chorégraphie (de petit rat chez les plus jeunes) qui peuvent en résulter, en tant que prolongements pédagogiques ou expressions spontanées ? Au fond, avec la « médiation des rats », les enfants « coincés », bloqués, inhibés montrent et démontrent qu'ils existent, et qu'ils ont des talents inattendus. C'est aussi ce qu'on peut observer avec les préadolescents du collège auxquels on donne cette possibilité.

À la maison, même si cela peut paraître saugrenu, les parents peuvent également installer des rats d'« origine contrôlée » dans un terrarium, un enclos, une cabane, cave ou grenier aménagés. Ou, en cas de répulsion phobique, des hamsters, souris ou cobayes. Pour permettre aux enfants de mieux suivre les rongeurs, ils peuvent réaliser des galeries en plâtre avec des « chambres » pour la mise bas et l'élevage des petits. Recouvertes de volets transparents et amovibles, elles permettent à chacun d'observer les animaux dans leurs activités quotidiennes, et d'assurer une limitation des naissances en prélevant des petits. Plusieurs entrées-sorties assurent une circulation libre des animaux entre les galeries souterraines et la partie aérienne du terrarium. L'enfant et sa famille, et aussi ses copains/copines peuvent alors mobiliser et partager leur attention visuelle, leurs élans à l'interaction, comportements affiliatifs, imitations, observations, émotions, interprétations, etc. C'est une forme de médiation qui contribue à « décoincer », débloquer ou déverrouiller les enfants de tous âges, et à les libérer.

C'est aussi dans les centres aérés, parcs de loisirs, structures d'accueil pour les enfants orphelins, abandonnés ou maltraités que des terrariums pourraient être aménagés, à condition, bien évidemment, que les conditions sanitaires et hygiéniques précédemment énoncées soient respectées. Il est facile de se procurer à un prix raisonnable des petits mammifères sélectionnés dans un centre de zootechnie agréé, puis de les nourrir au moyen de granulés et biscuits appropriés. En outre, la réalisation d'un terrarium n'est pas coûteuse et peut bénéficier des conseils d'un zoologiste, surtout si elle se double de l'aménagement d'un autre terrarium pour l'accueil d'une espèce sauvage (campagnol, musaraigne, lérot). Les comparaisons sont toujours intéressantes pour bien comprendre le sens et la signification des mécanismes et processus de la vie.

S'agissant des enfants examinés dans cette partie, les enseignants peuvent aussi inviter dans leur classe un chat ou un chien familier dont les caractéristiques individuelles et raciales sont la douceur, le calme, la docilité, l'acceptation et la sollicitation des caresses, les élans à l'interaction non invasifs qui évoquent l'amitié et la tendresse, la clarté (en tout cas la non-ambiguïté) et la diversité des démonstrations affiliatives, l'absence d'agressivité et d'agitation, la patience, la capacité de réponse vocale et comportementale, la capacité de s'ajuster et s'accorder « sans histoire ». Ces particularités doivent aussi prévaloir dans le choix d'un chien ou d'un chat à la maison.

Parmi les chiens possibles, le labrador, le pékinois, le dalmatien et le berger de Brie (ou briard) sont des « candidats » *a priori* intéressants. Mais, beaucoup d'autres le sont aussi, y compris les corniauds, à condition d'avoir été familiarisés aux humains dans leur « petite enfance », en particulier pendant la « période » dite de la double empreinte (voir précédemment), d'avoir bien construit leurs compétences-socles, de ne pas avoir été privés de nourriture, maltraités, privés de liberté ou enfermés dans un condionnement tyrannique. Il faut éviter pour ces enfants les chiens rugueux, évitants, agités, « hyperactifs », étranges, défensifs, et aussi ceux qui débordent d'élans à l'interaction et sont invasifs, les ambigus et ceux qui sont facilement perturbés par les événements extérieurs. Ils peuvent en effet dérouter les enfants autocentrés, défensifs, timides... leur faire peur ou les angoisser par leur trop-plein de vie, leur « engagement » sans retenue dans des activités extérieures qui focalisent leur attention (chiens de chasse ou de garde) et leurs réactions imprévues, étranges ou agressives, souvent dues à la « nature » ancienne et actuelle de leurs interactions avec les humains combinée à des facteurs raciaux (cocker, caniche, pitt-bull). C'est en particulier le cas des chiens de compagnie rendus « égoïstes » par l'égocentrisme et le narcissisme de parents en mal de reconnaissance sociale, ou fortement insécurisés par le monde extérieur et la vie sociale.

Quant aux chats, toutes les races peuvent être admises auprès des enfants autocentrés, défensifs, timides... à condition que les animaux réunissent les « qualités » que nous avons énumérées pour le chien, et qu'un attachement exlusif et « fusionnel » ne « ligote » pas l'animal à une autre personne (à l'école : l'instituteur, le directeur ; à la maison : la mère, le père, la fratrie), surtout s'il est inféodé à son maître pour cause d'insécurité permanente par rapport à la vie sociale, de méfiance « maladive » vis-à-vis d'autrui ou de narcissisme sans partage. Le chat est moins partageur que le chien.

À la campagne et dans les milieux plus ou moins isolés de la vie trépidante, dans les lieux d'accueil des enfants orphelins, maltraités, abandonnés, dans les centres aérés et les parcs de loisirs, dans les institutions qui accueillent des enfants « pas comme les autres » (voir plus loin), plusieurs animaux peuvent également sortir les enfants de leurs comportements autocentrés, de leur solitude, timidité, mutisme... révéler leurs compétences et faciliter leurs interactions sociales, dès lors qu'ils ont les « qualités » de douceur, calme, docilité... que nous avons définies pour les chiens. Outre les lapins, certaines races de chèvres et leur chevreau (la chèvre de Monsieur Seguin et les enfants marocains qui accompagnent les chèvres dans les arbres nous renvoient au compagnonnage et à la « sociabilité » de ces animaux avec les humains), les poneys (voir précédemment), certaines races de chevaux (et leur poulain lorsque la jument est permissive : voir les comportements affiliatifs) et les ânes (ceux-ci ne sont pas aussi têtus qu'on veut bien le dire) peuvent être des partenaires tout à fait indiqués.

Les enfants agités, instables, « hyperactifs », agresseurs-destructeurs

À l'école maternelle, à l'école élémentaire et au collège, certains enfants sont agités et ne tiennent pas en place. Ils paraissent enfermés dans un trop-plein de débordements moteurs. Sans cesse engagés dans le « mouvement pour le mouvement », ils se lèvent et s'assoient, se déplacent à tout moment, font tomber des objets de leur bureau, renversent les meubles, bousculent les pairs et prennent leurs outils et jouets. Ils dérangent les activités de la classe et les jeux dans la cour. Ils sont souvent perçus comme des perturbateurs et des agresseurs-destructeurs difficiles à canaliser et contrôler. Les parents et la fratrie se plaignent aussi de ces enfants que l'on dit « hyperactifs ». C'est un souci majeur, surtout si l'instabilité comportementale s'accompagne de difficultés dans les apprentissages et d'un faible niveau des performances scolaires. Peu attentif et concentré sur les tâches en classe, l'enfant est souvent dit en échec scolaire. L'« hyperactivité » est l'un des motifs les plus fréquents et récurrents des demandes de consultation des parents auprès des pédopsychiatres, pédiatres, psychologues et médecins généralistes (Bouvard, 2002).

Certains animaux peuvent jouer un rôle non négligeable, parfois essentiel, dans la canalisation, l'atténuation et l'extinction de l'« hyperactivité », considérée selon les cliniciens et le degré d'« agitation » de l'enfant comme une perturbation, un trouble, une anomalie ou une pathologie du comportement. Mais il faut qu'ils réunissent un certain nombre de caractéristiques et capacités au premier abord contradictoires, et que soient créées des alliances entre l'enfant « hyperactif », l'animal, les parents, les enseignants et les éducateurs, selon les lieux et les personnes concernées. S'agissant des caractéristiques et capacités des animaux, elles doivent permettre de sortir l'enfant de son enfermement dans le « mouvement pour le mouvement », l'« agir pour agir », le « nez dans le guidon de l'action », lui donner la possibilité de prendre du recul et des repères par rapport aux êtres et aux choses, et ainsi de s'inclure dans ce qui se passe autour de lui, à l'école, à la maison et ailleurs. En permettant à l'enfant de ne plus être prisonnier de son instabilité comportementale, les animaux doivent le libérer du carcan du temps présent et « ménager » des moments de « respiration » qui lui donnent du temps pour se projeter dans des lendemains plus souriants, imaginer un projet, et ainsi la « sortie du tunnel » de l'« action pour l'action ». Concrètement, le partenaire animal le plus complet et le moins contradictoire, et donc le plus efficace, doit avoir la possibilité ou capacité :

— de ne pas manifester des comportements et vocalisations qui puissent être interprétés par les enfants « hyperactifs » comme des menaces, punitions, rejets, exclusions ou agressions, en réponse à leurs gestes maladroits, bousculants et rugueux, ni aux chocs corporels, ni aux tirages de poils, de queue, d'oreilles.

De ces enfants qui induisent l'évitement, les pleurs, l'insécurité, la fuite et l'agression des frères et sœurs et des pairs, et en même temps la punition, la maltraitance, la mise à l'écart, l'isolement et le rejet par la famille et/ou les enseignants, l'animal doit pouvoir accepter les contacts corporels sans réaction négative et insécurisante, mais avec « fermeté et autorité ». C'est-à-dire qu'il doit laisser ouverte la « porte d'accès » à son « corps-refuge », rassurer par son « armature » et sa force musculaire, et faire comprendre qu'il n'est pas une « carpette à piétiner » mais un partenaire disponible pour des interactions tranquilles. Il s'écarte ou s'éloigne sans fuir, ne se laisse pas déplacer ou chasser, repousse l'enfant sans animosité avec la tête, le museau, les pattes, les cornes, le flan selon l'espèce. C'est ce qu'on observe chez la plupart des chiens vis-à-vis des jeunes enfants familiers (Filiatre *et al.*, 1986, 1988). Il faut en même temps que, malgré les bousculades et comportements rugueux qu'il subit, l'animal puisse libérer ses élans à l'interaction et ses comportements affiliatifs, et solliciter les interactions les yeux dans les yeux, dès que l'enfant « hyperactif » marque une pause dans ses déplacements « erratiques », atténue ses gesticulations et modère son agressivité comportementale ;

— d'accepter les chutes, affalements et chevauchements de l'enfant, en tout cas lorsque ses caractéristiques morphologiques, anatomiques et physiologiques « s'y prêtent » ;

— de déployer des comportements ritualisés qui permettent à l'enfant « hyperactif » de découvrir et vivre des actes et interactions symboliques, et donc d'accéder à des univers de signes qui lui échappent lorsqu'il s'engage sans pause dans le « mouvement pour le mouvement », et lorsqu'il ne « peut » ainsi prendre du recul et développer une écoute et une observation attentives, dégagées de la globalité, du superficiel et de l'immédiat ;

— d'avoir une organisation temporelle et comportementale fondée sur des épisodes de pauses, de retour au calme, de tranquillité comportementale et d'apaisement, et des épisodes d'entraînement tranquille mais actif de l'enfant dans des activités qui canalisent son trop-plein de mouvements et d'agressivité, tout en donnant un sens et une signification aux déplacements et aux actes.

Au fond, il faut que les enfants « hyperactifs » rencontrent un partenaire qui dégage une impression de force tranquille, apaisante et rassurante, qui ne les effraie pas et qu'ils n'effraient pas, qui ne les rejette pas et qui les accompagne, encadre et canalise dans leurs déplacements « erratiques ». En outre, par son attention visuelle soutenue les yeux dans les yeux, ses élans à l'interaction, son organisation corporelle et gestuelle structurée, ses comportements affiliatifs, ses « imitations » réelles ou supposées (voir précédemment), et son absence de crainte et d'agressivité, l'animal doit avoir la capacité de « défocaliser » l'enfant de l'insécurité et des peurs qui le minent. C'est-à-dire de le détourner de ses difficultés personnelles ou familiales, et de les « oublier », en tout cas de les relativiser, et de lui proposer des perspectives qui l'engagent dans une coaction affiliative et organisée.

C'est essentiellement parmi les chiens, les chevaux et les ânes que l'on peut trouver des partenaires qui réunissent plus ou moins ces particularités.

Chez les chiens, les saint-bernard, dobermans, labradors et huskis peuvent remplir ces rôles et fonctions difficiles. Ils sont en effet doux, dociles et résistants. Ils encaissent sans menace ni agression les gestes maladroits et les contacts rugueux, et dégagent une impression de force tranquille et rassurante. Ils sont toujours prêts, ou presque, à accompagner et encadrer les déplacements des personnes. Ils débordent de compétences-socles lisibles et fonctionnelles. Ils sont des coacteurs structurés, toujours disponibles pour rendre service aux humains. Ne voulant pas entrer dans une « querelle raciale », nous ajoutons que ces « qualités » se trouvent aussi chez des chiens d'autres races ou des corniauds, dès lors que les conditions précédemment énumérées sont remplies. Mais il faut être particulièrement vigilant dans le choix d'un chien pour un enfant « hyperactif » et solliciter l'avis d'un vétérinaire comportementaliste. Le droit à l'erreur est limité.

Le chevauchement régulier de poneys et chevaux, et dans certains pays de chameaux et dromadaires, avec une personne familière et sécurisante, peut aussi jouer un rôle important dans la canalisation de la motricité et de l'agressivité des enfants

« hyperactifs ». Comme nous l'avons expliqué (voir les comportements affiliatifs), le corps à corps entre les trois partenaires crée les conditions d'un « dialogue tonico-postural » qui libère et accorde les émotions, les affects (entre les deux personnes) et les rythmes. Il révèle, structure ou restructure les perceptions, comportements, compétences-socles, émotions et relations sociales. Les chevaux de labour, de bât et de transport tranquille et non coercitif des personnes dans un cadre de détente et de loisir (chevaux de promenade et de manège), hors courses, concours hippiques, parades, cérémonies et autres obligations encadrées (armée, police) au service de l'Homme, sont des canaliseurs, des médiateurs et des agents structurants. Ils peuvent avoir des effets significatifs, voire spectaculaires, dans l'atténuation et la réduction des comportements « hyperactifs », et jouer ainsi un rôle non négligeable dans la socialisation des enfants-élèves, et leur sortie de l'échec scolaire. En tout cas, lorsque les propriétaires et cavaliers habituels ne les soumettent pas à des conditionnements et exigences tyranniques, mais leur laissent beaucoup de degrés de liberté pour qu'ils puissent s'ajuster aux enfants, en particulier ceux qui « ne sont pas comme les autres ».

Plus rustiques, les ânes sont également des partenaires doux, calmes, dociles et résistants. Ils dégagent une force tranquille et encaissent les contacts rugueux sans menace ni agression. Ils sont des coacteurs structurés et « toujours » disponibles pour rendre service. Infatigables, endurants, tenaces et résistants, ils peuvent aussi aider les enfants « hyperactifs » à s'apaiser, se structurer ou se restructurer, en tout cas lorsque les premières rencontres ont été médiatisées et bien « négociées » par le maître. Ce qui évite l'installation de leur entêtement proverbial et parfois de ruades.

Mais, pour que des évolutions significatives soient possibles, il faut une alliance entre l'enfant, l'animal, la famille, les enseignants et les éducateurs.

S'agissant du chien, la mère, le père, le frère ou la sœur, le grand-père ou la grand-mère doivent consacrer du temps à l'accompagnement de l'enfant « hyperactif » et de « son » chien (qui est aussi « leur » chien) dans les interactions ludiques et dans les activités où les deux partenaires se sont engagés. Il faut, si c'est nécessaire, qu'ils puissent être des recours qui médiatisent leur relation.

Dans tous les cas, l'enfant et le chien doivent se sentir sécurisés. Parallèlement, et dans le cadre d'un dialogue permanent avec les parents, l'enseignant peut valoriser leur relation en la racontant aux élèves de la classe et en la mettant en scène, à partir des informations transmises par la famille, si possible en invitant le chien (dont les caractéristiques, il faut de nouveau le souligner, ne font évidemment courir aucun risque à l'ensemble des personnes). Cependant, il est également possible, parfois souhaitable, notamment lorsque les difficultés de l'enfant ont leur origine dans la famille, que ce soit le chien de l'enseignant, du directeur de l'école ou d'un collègue qui remplisse pour les enfants « hyperactifs » les fonctions de canalisateur, de médiateur et d'agent structurant. C'est alors le maître qui peut transmettre aux parents des informations rassurantes, encourageantes et valorisantes. Enfin, ces enfants qui dérangent et gênent leurs différents partenaires doivent pouvoir rencontrer des chiens canaliseurs, médiateurs et agents structurants en dehors du milieu familial et de l'école, en particulier lorsque la présence animale n'y est pas possible ou souhaitée. Par exemple, dans des centres aérés, parcs de loisirs et structures spécialisées dans l'accueil des enfants orphelins, abandonnés, délaissés, maltraités, retirés à leur famille. Les rencontres entre les enfants « hyperactifs » et les chiens peuvent aussi être organisées en partenariat avec l'école et les décideurs politiques, dans des lieux sélectionnés où sont élevés et dressés sans tyrannie les chiens-guides pour aveugles, sourds ou handicapés moteurs, les chiens de sauvetage en mer, de recherche des humains sous les décombres et les coulées de neige et dans les structures souterraines, les chiens de traîneau, les chiens truffiers, les chiens de chasse non asservis, les chiens de garde des troupeaux, les chiens policiers, les chiens de spectacle, etc. Choisis à la fois pour leurs compétences professionnelles et leurs conduites accueillantes, rassurantes, accordantes et *a priori* valorisantes, les éleveurs et les dresseurs peuvent être englobés dans les alliances entre les enfants, parents, enseignants et éducateurs. Ils peuvent ainsi être reconnus et agréés comme des partenaires qui contribuent à l'éducation et la socialisation des enfants en difficulté, au développement de savoirs et connaissances inédits et enseignés nulle part ailleurs, à la stimulation de l'imagination, à l'émergence d'un projet de vie ou d'un projet professionnel, à l'accès à la citoyenneté par les services rendus à autrui.

Il en est de même pour les chevaux et les ânes que les enfants « hyperactifs » (et les autres) rencontrent dans des fermes pour enfants, centres aérés, parcs de loisirs et structures spécialisées pour accueillir les enfants en difficulté, et aussi les manèges, centres équestres, fermes avec une manade, etc. Le chevauchement de ces équidés avec une participation de l'enfant aux labours, à la traction des billes de bois, chariots et engins divers, à l'inspection des forêts, à la surveillance des troupeaux, à des spectacles, etc. a aussi des effets positifs sur l'éducation, la socialisation, la construction des connaissances et savoirs, l'imaginaire, le projet personnel et professionnel, et l'accès à la citoyenneté.

On peut enfin penser que l'accueil des enfants « hyperactifs » (et des autres) dans des delphinariums, « marine-lands » et autres lieux aquatiques pourait avoir des effets comparables, peut-être même plus efficaces et spectaculaires. Mais, ces endroits sont rares, et leur accès limité au personnel, aux visiteurs payants et aux chercheurs, rarement aux enfants des écoles. En outre, le milieu aquatique impose bien évidemment des contraintes et règles draconiennes ainsi que des aménagements qui limitent les possibilités d'interaction avec les dauphins (on ne saurait oublier que la noyade est la cause de mortalité la plus fréquente chez l'ensemble des enfants, et que le risque est *a priori* plus élevé pour ceux qui ne tiennent pas en place).

En revanche, on ne voit pas comment, parmi les animaux les plus familiers de l'Homme, les chats et les perroquets pourraient remplir ces fonctions. Tout d'abord, il est souhaitable d'éviter l'acquisition d'un chat pour ne pas courir le risque de perturber, d'insécuriser et de dévaloriser encore davantage les enfants « hyperactifs » en leur imposant un partenaire qui a une forte probabilité de réagir à son instabilité comportementale par des menaces (l'animal crache et gronde), évitements, fuites ou coups de griffe. Ou alors, il faut qu'une familiarité et un attachement aient pu s'installer entre ces enfants et leur chat au cours de la « petite enfance » de l'animal (voir précédemment), et avant que se développe l'« hyperactivité ». Quant aux perroquets, il est difficile d'émettre un avis, car on les rencontre rarement dans l'environnement des enfants dits hyperactifs.

12

Les enfants dits en échec scolaire

Il est fréquent que les enfants dits en échec scolaire nouent des liens d'attachement avec un ou plusieurs animaux, en tout cas lorsque leur environnement et les personnes leur en donnent l'opportunité et la possibilité. Non reconnus dans leur dimension d'enfant-élève et leurs compétences, ignorés, moqués, punis, dévalorisés, marginalisés, rejetés, parfois maltraités, ils peuvent être reconnus dans leur dimension de personne par un partenaire fidèle qui les attend, accueille, accompagne, soutient et considère, et auquel ils peuvent se confier sans être jugés et sans être renvoyés à leurs difficultés.

Tous les animaux peuvent être des ferments qui activent, réactivent et lient les émotions, l'affectivité, les relations, les processus cognitifs et les apprentissages d'un enfant, du moment qu'il a « élu » son partenaire animal. Les constructions ainsi façonnées peuvent être ensuite mobilisées et investies dans d'autres contextes et avec d'autres partenaires, notamment ceux du milieu familial et de l'école. C'est ce qu'on a souvent et banalement observé dans des écoles rurales et dans des classes de perfectionnement qui accueillaient des animaux et des enfants en difficulté scolaire (Duboscq, 1995). La présence animale a en effet aidé certains à se réaliser comme élèves et à construire nombre d'apprentissages requis. C'est encore ce qu'on peut constater à la campagne, à la montagne et à la mer, ainsi que dans des classes spécialisées dans la scolarisation des enfants mal voyants, mal entendants, handicapés moteurs ou handicapés mentaux (les CLIS).

Dans une classe ordinaire, la présence animale donne aux enseignants la possibilité de confier des responsabilités aux enfants en mal de reconnaissance scolaire, et aussi le plus souvent en mal de reconnaissance personnelle, familiale et sociale, et ainsi de les gratifier et valoriser à travers leur savoir être et leur savoir-faire, de leur donner ou redonner confiance en soi et auto-estime. C'est à ces enfants que reviennent les tâches de veiller à l'alimentation appropriée et régulière des animaux, au nettoyage de leur enceinte de vie, au changement de leur litière, à l'amélioration de leurs conditions de vie par un meilleur confort, à l'observation des signes corporels et comportements qui pourraient indiquer un mal-être ou une dégradation de leur état de santé, aux changements liés au cycle de reproduction, etc. C'est ce qui peut être facilement réalisé avec des petits mammifères permanents (voir précédemment), mais aussi avec des visiteurs occasionnels (chiens ou chats familiers des enseignants, chats et chiens « perdus sans collier » et adoptés, chiens ou chats « mis en pension » par la société protectrice des animaux dans le cadre d'une convention et d'un projet). Et encore, avec des animaux plus grands, élevés ou gardés dans un enclos, une annexe de l'école, une pâture ou un bâtiment à proximité immédiate (poneys, chevaux, ânes, chèvres), sous la responsabilité de la municipalité ou d'une association, dans le cadre, là encore, d'une convention et d'un projet. Accompagnés par une personne reconnue et agréée à la fois pour ses qualités et compétences relationnelles, éducatives, pédagogiques et animalières, les enfants peuvent y accomplir les responsabilités qui leur ont été confiées, et aussi en découvrir de nouvelles. Enfin, c'est en dehors de l'environnement scolaire que, dans les lieux précédemment évoqués pour les « hyperactifs », les enfants pourraient se rendre et nouer avec les animaux des relations gratifiantes et valorisantes qui les narcissisent, structurent ou restructurent, et qui leur donnent confiance en soi et auto-estime.

La classe à la campagne, à la montagne, à la mer ou ailleurs pourrait être organisée à certains moments de l'année pour l'ensemble des enfants en difficulté scolaire, mais avec des pairs, éducateurs et pédagogues qui ne les connaissent pas et n'ont donc pas *a priori* un regard négatif sur l'un ou l'autre, mais qui ont la possibilité de communiquer avec leurs enseignants et éducateurs institutionnels si cela s'avère nécessaire. L'objectif est de faire vivre en milieu naturel un projet élaboré de façon interactive avec les éducateurs et enseignants habituels, en alliance avec les familles, et centré sur les animaux et la vie animale. Le projet commun est fondé sur la responsabilisation de chacun vis-à-vis des animaux, les constructions affectives, relationnelles, intellectuelles et imaginaires que ceux-ci permettent et stimulent, les apprentissages, créations et innovations qui en résultent, leur valorisation au retour à la maison et à l'école « ordinaire » et, en même temps, l'envie d'une continuité dans l'engagement animalier, et la perspective pour les enfants-élèves de se réaliser dans un projet de vie personnel, social et professionnel. Il ne s'agit pas d'ajouter une classe de découverte, une classe verte, une classe de neige ou une classe de mer à d'autres, ni de concurrencer les fermes pour enfants (toujours intéressantes : Dugarin, 1995), mais de faire bouger par les émotions les ressorts fondamentaux de la vie intellectuelle, de l'imaginaire et de la créativité que tout être humain a en lui, y compris celui que l'on dit nul, crétin, débile, déficient intellectuel, irrécupérable. Cette ambition de refondation des enfants-élèves et de l'école pour tous, et pas seulement des bons élèves et de ceux qui ne dérangent pas, devrait s'inscrire dans le cadre de conventions avec les acteurs associatifs, économiques et politiques, les paysans, les éleveurs, les pêcheurs, les responsables des fermes pour enfants, les artisans, avec pour souci la valorisation de tous. Les animaux nous ramèneraient ainsi à une citoyenneté et une humanité trop souvent en déshérance.

Sans faire bien évidemment le moindre amalgame avec les élèves dits en échec scolaire, les enfants, préadolescents et adolescents qui « s'inscrivent » dans la délinquance, et qui ont été sanctionnés pour différents délits ou en instance de l'être, pourraient aussi bénéficier de cette refondation et avoir une nouvelle chance de se reconstruire (Einis, 1997). Les résultats obtenus à Green Chimneys, une sorte de grande ferme pédagogique créée à Newark (USA) par l'éducateur Sam Ross à l'intention des jeunes du Bronx et d'autres secteurs socialement sensibles de New York, sont une référence et ouvrent la voie à des innovations réussies pour la réhabilitation des enfants, préadolescents et adolescents non construits ou « déconstruits » (Senter, 2002).

13

Les enfants handicapés, psychotiques ou autres

Les handicapés

LES PETITS MAMMIFÈRES

Au plan des régulations émotionnelles et affectives qui autorisent les interactions accordées (voir précédemment le sens que nous leur avons donné) et peuvent conduire à un attachement, certains petits mammifères (hamsters, cobayes, souris, rats, lapins) sont des partenaires « inconditionnels » qui apportent beaucoup de sécurité affective et un grand bonheur aux jeunes enfants handicapés, quelle que soit la nature de leur handicap. Disponibles en permanence, ils acceptent sans évitement, fuite, menace ou agression les longs corps à corps dans desquels ils sont manipulés, patouillés, triturés, serrés dans les bras, « mis au chaud » dans le tee-shirt, la chemise ou le pull-over. Les enfants adorent exhiber la tête de l'animal qui dépasse du vêtement, et organiser sa mise en scène en le disposant sur leur bras, leur épaule ou leur tête, à moins qu'ils n'aient facilité cette « sortie ». Ces petits mammifères sont à la fois des animaux familiers et des animaux de compagnie « potiches-miroirs ». En effet, ils sont en même temps des amis, confidents et complices, et des agents qui narcissisent et renarcissisent. Plus complètement, ils ont les effets et fonctions que nous avons détaillés précédemment pour les enfants valides. On peut ajouter que :

— pour les enfants aveugles, les caresses prolongées d'une fourrure douce, les couinements discrets et les « vibrations » de ces petits animaux renforcent le sentiment d'une intimité qui leur est réservée, et que personne d'autre ne peut vraiment connaître ;

— pour les enfants sourds, les informations, interactions et modes de relation sont quasiment les mêmes que ceux décrits avec les enfants entendants, car le répertoire vocal des animaux est limité à des couinements peu fréquents ou non entendus, parfois des cris, en tout cas dans la « communication » avec les humains (leur registre vocal retient peu l'attention des entendants) ;

— pour les enfants handicapés moteurs, il est possible d'habituer ou de conditionner un lapin, un cobaye ou un rat à s'approcher pour recevoir le biscuit ou la carotte qu'ils tiennent à la main, ou disposé à proximité, de sorte que les contacts corporels, notamment les caresses enveloppantes ou du « bout des doigts », soient possibles, à condition bien évidemment que l'enfant en manifeste le désir, et si le handicap n'est pas empêchant. Le plaisir et la motivation de l'enfant sont tellement forts qu'il peut parfois dépasser son handicap en améliorant les gestes stimulés par ailleurs dans le cadre de programmes de kinésithérapie et de psychomotricité, ou en les remplaçant peu ou prou par d'autres patterns.

Les animaux « familiers types » (chiens, chats, chevaux, dauphins, perroquets)

Le choix de l'animal qui va accompagner et assister un enfant handicapé moteur dépend, comme précédemment, de ce que les humains décident (il faut bien évidemment que l'enfant ait son mot à dire), des caractéristiques des animaux et de la pression modelante du temps, mais aussi de la nature, de l'histoire et de la gravité du handicap.

Lorsque le handicap moteur est temporaire, relativement léger et causé par un accident récent, par exemple un accident de la route ou une chute au cours de l'escalade d'un arbre, les enfants ont besoin d'un animal libéré qui les fait rire et entraîne déjà leur imaginaire dans la reconquête du monde extérieur. J'en ai vu qui « couraient » avec leurs béquilles et « fatiguaient » leur fauteuil roulant pour suivre leur chien ou leur poney. Le désir de retrouver l'usage des jambes ou des bras est le plus fort. C'est plus simple avec le chat qui, en dehors de ses besoins alimentaires et de sa « vie de chat », accepte de vivre de longs épisodes en corps à corps. Le perroquet est intéressant par sa capacité permanente à subir le discours de l'enfant, à lui répondre « verbalement », et « à soutenir une conversation », même si c'est « à côté de la plaque ». Quant au dauphin, on ne sait pas grand-chose, faute d'informations disponibles.

Lorsque le handicap moteur est profond, ancien et présumé ou pronostiqué définitif (incapacité de se déplacer autrement qu'en fauteuil, et impossibilités ou difficultés gestuelles et manuelles, en relation avec une hémiplégie, tétraplégie ou infirmité motrice d'origine cérébrale), le chien est probablement l'animal souhaitable pour l'enfant handicapé. Mais pas n'importe quel chien. Le choix n'est pas simple si la priorité est d'abord et essentiellement de compenser le handicap, mais également de rassurer, protéger, sécuriser et narcissiser (donner confiance en soi et auto-estime) ou encore d'établir des liens d'amitié, de complicité et de confident. C'est-à-dire si le statut du chien doit être celui d'un animal « utilitaire », d'un animal de compagnie ou d'un animal familier. Ou tout cela en même temps ou à des moments différents avec des animaux ayant un statut différent. Le chat peut également être un animal intéressant grâce à toutes les compétences et particularités que nous avons soulignées. Mais, un mouvement mal maîtrisé, brusque, inhabituel ou « étrange » peut entraîner un évitement, une fuite, une menace (il crache) ou un coup de griffe. Il vaut donc mieux éviter le chat comme animal de compagnie ou familier d'un enfant dont le handicap moteur est lourd, sauf lorsqu'ils ont construit une familiarité au cours de la « petite enfance » du chat et s'ils sont liés par un attachement ancien (voir précédemment), et lorsque, exceptionnellement, le chat accepte tout.

Les enfants psychotiques ou autistes

Dans son livre *L'Animal, compagnon de l'enfant* publié en 1973, Condoret nous fait part d'observations stimulantes sur l'illumination induite par les évolutions de tourterelles dans le regard et sur le visage d'une enfant autiste. Plus généralement, le psychiatre Levinson (1969, 1985) montre que des enfants souffrant de différents troubles du comportement, en particulier les psychotiques ou autistes, sont capables de manifester des émotions et de participer à des interactions avec un lapin, un chien ou un cheval, alors qu'ils évitent le contact et la communication avec les personnes. On peut regretter qu'il ait été peu suivi, et que les pédopsychiatres soient peu nombreux à inclure la relation enfant-animal dans leurs analyses, diagnostics et thérapies. S'agit-il d'une position dogmatique ou idéologique, d'une hérésie par rapport à la psychanalyse ou aux théories cognitivistes, de la peur de l'animalité dans l'Homme ?

Le choix d'un animal pour un enfant psychotique ou autiste doit, comme pour les autres enfants, tenir compte des caractéristiques de l'enfant, c'est-à-dire :

— *Son mode de déplacement et l'évitements des « obstacles » et de la troisième dimension de l'espace, c'est-à-dire la hauteur et la profondeur*

Lorsque les enfants autistes ne se déplacent pas d'un secteur à l'autre de l'espace sous forme de mouvements « pendulaires », « circulaires », ou selon d'autres modes stéréotypés (ils sont alors comparables à certains « hyperactifs » dont il a été question), ils longent les cloisons, meubles et autres « structures » verticales, s'adossent ou se laissent glisser le long de celles-ci, et « s'enferment » dans des comportements autocentrés. Debouts ou assis, le dos calé contre la paroi ou tout ce qui « assure les arrières », parfois avec la ou les mains qui masquent les yeux, ils paraissent s'installer dans une situation défensive par rapport à l'arrivée possible d'un « intrus » ou à tout autre événement inattendu, *a priori* insécurisant, tout en étant observateurs. Ils ne s'éloignent pas, sauf pour éviter ou fuir une rencontre possible. Tout se passe comme si leur « monde intérieur » était cadenassé par l'insécurité et la peur d'autrui, même si le verrou peut être ouvert par un être familier (parent, grand-parent, fratrie ou éducateur). Ils paraissent rechercher un besoin permanent, mais brouillé et introuvable, de protection et de sécurité.

Pendant leurs déplacements, et aux âges de l'école primaire (2 à 11 ans), il est rare qu'ils enjambent les obstacles. Ils les évitent ou les contournent, alors qu'un enfant « ordinaire » les franchit avant la fin de sa première année ou au début de la deuxième (Montagner, 1993 ; Montagner *et al.*, 1993, 1994). Ils n'essayent pas de se hisser sur une table, une plate-forme ou un muret, même bas et accessibles, et de quitter ainsi le contact avec le sol. Là aussi, un jeune enfant « ordinaire » essaie et réussit à maîtriser l'obstacle. Ils ne tentent pas d'escalader les « structures » habituellement présentes dans l'environnement humain, par exemple un escalier ou un escabeau, sauf parfois pour l'escalier lorsqu'ils sont tenus par la main. Pourtant, une réalité forte des enfants « ordinaires » est que, à tous les âges, ils sont « candidats » à l'escalade de « tout ce qui se prête à la conquête de la hauteur ». Les psychotiques et autistes ne se « risquent » pas à « traverser » une paroi en se faufilant par l'un ou l'autre des orifices qui la jalonnent, alors que certains trous sont tout près du sol, et que leur diamètre est largement suffisant pour le passage d'un corps. Les enfants âgés de 1 à 2 ans ne s'en privent pas. Par ailleurs, les enfants psychotiques ou autistes n'empruntent jamais un tunnel, fût-il très court, alors qu'il est activement traversé et colonisé par les enfants « ordinaires ».

— *L'évitement du regard et des interactions avec les personnes* inconnues, insécurisantes... et même avec les proches (parents, éducateurs), parfois en permanence, parfois par moments ou certains jours. On ne peut observer d'élans vers autrui ni d'interactions qui puissent être interprétées comme accordées, ni d'attachement « secure », même si des liens plus ou moins distendus et une certaine forme d'attachement plus ou moins labile peuvent les « réunir » à une personne, et une seule, ou en tout cas à un petit nombre de personnes.

— *L'absence, la rareté ou le caractère seulement ébauché ou ambigu des comportements affiliatifs.* Ils ne rient pas, n'offrent pas, ne sollicitent pas, etc. (voir les comportements affiliatifs). Cependant, les autistes légers peuvent présenter des actes de désignation avec le doigt pointé.

— *L'absence apparente de toute capacité de communication ou, en tout cas, une faible capacité à communiquer, en particulier par l'utilisation du langage.*

— *Les seuils de sensorialité apparemment inférieurs à ceux des autres humains : les enfants psychotiques ou autistes réagissent plus rapidement ou de façon plus marquée que les autres personnes à des stimulations discrètes ou de faible « intensité », surtout quand elles sont nouvelles et soudaines.* C'est en tout cas ce qui ressort des observations et de quelques études cliniques sur les réponses des autistes à des stimulations auditives ou olfactives.

— *Les gestes souvent « parasités » par les actes ébauchés ou apparemment non fonctionnels, les clonies ou les stéréotypies* qui modifient, perturbent ou empêchent l'expression des compétences réelles, mais enfouies ou inhibées, en particulier la capacité à combiner les objets entre eux. Leurs enchaînements moteurs paraissent segmentés, c'est-à-dire qu'ils se présentent comme des successions d'actes sans liens ou liants qui puissent en faire des « phrases » de comportements qui aient un sens et une signification pour autrui, c'est-à-dire des conduites. On peut les comparer à des lignes brisées dont les segments vont dans tous les sens, et ne sont donc pas articulés de façon cohérente ou rationnelle (ce qui ne veut pas dire que cela corresponde à ce que vit l'enfant psychotique ou autiste).

C'est donc l'ensemble de ces particularités qu'il convient de prendre en compte pour essayer de créer des conditions qui, « malgré tout », fassent « émerger » ou rendent lisibles et fonctionnelles des compétences masquées, cachées ou non exprimées.

Il faut aussi admettre la réalité que, avant d'être psychotiques ou autistes, les enfants psychotiques ou autistes sont des enfants, et donc *a priori* des personnes qui ont des potentialités et capacités, mais dont le « monde intérieur » est tellement brouillé et segmenté qu'ils ne peuvent les révéler, ou qu'ils n'en ont pas envie. Ils peuvent en montrer peu ou prou et à certains moments dès lors qu'ils évoluent en toute sécurité dans certaines conditions d'environnement humain et physique (Montagner, 1993, 1995, 1996) :

— ils peuvent organiser leur regard, développer une attention visuelle relativement durable et explorer visuellement l'environnement, quand ils se trouvent derrière une paroi percée d'orifices qui permet d'observer l'autre côté sans être vu, « à l'abri » du regard d'autrui ;

— ils peuvent explorer et structurer leurs capacités gestuelles, par exemple faire disparaître de façon organisée des balles ou des cubes par ces orifices, réaliser partiellement un puzzle et, plus généralement, ajuster des comportements à des informations visuelles, auditives, olfactives, gustatives, tactiles et/ou proprioceptives ;

— dans certains contextes ou certaines situations, ils peuvent montrer plus ou moins partiellement les éléments « basiques » qui structurent les « compétences-socles » que nous avons détaillées ;

— ils peuvent révéler certaines capacités à établir des relations spatiales entre les objets, entre ceux-ci et les personnes et entre les personnes elles-mêmes ;

— ils peuvent maîtriser peu ou prou certaines opérations logiques, par exemple dans la manipulation d'un ordinateur, même si, le plus souvent, elles apparaissent, là aussi, segmentées et sans lien entre elles. Mais, quelques-uns peuvent manifester, au moins partiellement, des actions logiques ou d'une certaine logique.

Deux étapes préliminaires doivent être respectées pour que les enfants psychotiques ou autistes puissent se révéler à eux-mêmes et à autrui.

LA PREMIÈRE ÉTAPE

La première étape à gagner pour que les enfants psychotiques ou autistes s'ouvrent sur le monde extérieur, et puissent y trouver une place, est de les sortir de leur verrouillage émotionnel, affectif et relationnel.

Quelle peut-être la contribution des animaux dans ce processus ? Quelles espèces et races peuvent être des alliées objectives pour une telle ambition, *a priori* utopique ou hors de propos ?

La contemplation des poissons dans un aquarium et des oiseaux dans une volière ou dans l'environnement naturel est un premier type de situation qui peut être proposé à un enfant psychotique ou autiste, avec un faible risque d'augmenter ses difficultés ou d'en créer d'autres. À condition que les évolutions des poissons dans l'eau ou des oiseaux dans l'air soient tranquilles et apaisantes, et ne soient pas interrompues par des conflits territoriaux ou des compétitions intraspécifiques. Nous ne reviendrons pas sur les espèces de poissons possibles ou souhaitables. S'agissant des oiseaux, leurs cris et vocalisations ne doivent pas être inducteurs d'anxiété, d'angoisse ou de peurs.

Les tourterelles (voir précédemment) et les pigeons paraissent particulièrement indiqués pour ouvrir le regard et les émotions de certains enfants, grâce à leur apparence gracile et inoffensive, le froufroutement de leur envol et leurs roucoulements, *a priori* non insécurisants. Ce qui n'est pas le cas d'autres oiseaux, également faciles à apprivoiser, mais qui peuvent insécuriser les enfants et adultes « ordinaires », par exemple les pies, choucas, corneilles, geais et mouettes. Le film *Les Oiseaux* de Hitchcock a porté cette réalité à son paroxisme. Les perroquets ne sont pas davantage des partenaires sécurisants pour les enfants psychotiques ou autistes (la plupart ne parlent pas, et les paroles les renvoient souvent à leur difficulté d'expression et de communication, à ce qu'ils ont vécu ou vivent). Le spectacle des oiseaux de basse-cour, par exemple la poule et ses poussins, la cane et ses canetons, les oies et les paons, peut aussi être une clé qui déverrouille, à condition que les enfants soient à une distance suffisante pour ne pas susciter les réactions menaçantes ou agressives des oiseaux, et ne pas en avoir peur. En revanche, il est souhaitable de ne pas confier un oisillon à ces enfants, car ils peuvent l'étouffer ou l'étrangler.

Parmi les petits mammifères, il est souhaitable de choisir ceux qui s'approchent tranquillement, sans brusquerie et attitude menaçante, sans cris ou vocalisations inquiétantes, et qui peuvent être touchés, caressés, patouillés, tripotés et pris dans les bras sans protester. Les lapins et les cobayes sont des partenaires possibles, mais il faut qu'ils soient robustes, non mordeurs et non griffeurs. Il faut éviter les espèces et races petites et fragiles, par exemple les souris et les hamsters car, là encore, les animaux peuvent être étouffés ou étranglés. Les rats sont « trop » actifs, explorateurs, fureteurs et générateurs d'aversion chez les adultes pour être rassurants, en tout cas dans un premier temps de la relation avec l'enfant.

Les chiens qui ne sont pas agités, brusques, invasifs ou aboyeurs, mais calmes, tranquilles et rassurants (voir ceux que nous avons proposés pour les enfants agités, instables, « hyperactifs », agresseurs-destructeurs), peuvent aussi être des partenaires de déverrouillage émotionnel, affectif et relationnel des enfants psychotiques ou autistes. Nous n'y reviendrons pas (voir précédemment). Ainsi que les chèvres et les dauphins, mais nous manquons d'informations suffisamment précises et vérifiées pour nous attarder utilement. En revanche, il est préférable d'éviter les chats pour les raisons précédemment avancées. Ainsi que les poneys, chevaux, dromadaires et chameaux, trop impressionnants ou étranges pour une première relation.

LA SECONDE ÉTAPE

La seconde étape est celle de la mise en mouvement organisé de l'enfant psychotique ou autiste par l'animal.

Les races de chiens que nous avons citées sont épatantes pour aborder cette étape délicate, mais si importante pour aller vers autrui et à la conquête de l'environnement. Cependant, d'autres races et des corniauds peuvent également remplir ces rôles et fonctions s'ils remplissent les conditions requises (voir précédemment). En tout cas, les chiens doivent pouvoir ne pas être distraits par l'environnement, en particulier leurs congénères, mais rester à proximité de l'enfant, aller et venir sans évitement ni refus du contact même s'il est brusque et rugueux, et évidemment sans comportement qui puisse être perçu comme une menace ou une agression. Il faut qu'ils l'accompagnent dans la découverte de l'environnement, d'abord à l'intérieur de l'habitat, puis dehors dans un espace sécurisé et sécurisant pour l'aménagement des espaces, voir Montagner (1993-2002). Il est évidemment souhaitable, voire nécessaire selon l'enfant, qu'une personne familière de celui-ci et de l'animal soit présente en permanence pour apaiser et rassurer, éviter une rencontre inattendue avec un autre humain ou un autre animal, intervenir et faciliter la conquête du milieu, et s'impliquer dans une médiation éventuelle.

Le chat n'est pas un coacteur qui puisse remplir ces rôles et fonctions. En revanche, dans cette seconde étape, les poneys, les chevaux et les ânes peuvent être des agents incomparables qui révèlent et structurent les compétences, les émotions et les possibilités relationnelles d'un enfant psychotique ou autiste. En effet, comme nous l'avons expliqué, les chevauchements partagés avec une personne de sécurité affective (parent ou éducateur) créent objectivement des situations renouvelées d'un « dialogue tonico-postural » à trois (voir précédemment). Il est aussi possible que des dromadaires et chameaux puissent remplir ce rôle et cette fonction, mais nous manquons d'informations sur cette éventualité. Enfin, en se fondant sur des faits plus ou moins réels ou romancés en mer, ou des observations plus ou moins établies dans des delphinariums ou bassins privés, certaines personnes sont convaincues que les dauphins peuvent être des partenaires également efficients pour révéler et structurer les compétences, émotions et possibilités relationnelles des enfants psychotiques ou autistes. C'est, par exemple, ce que suggère l'histoire du petit pêcheur sourd, et muet depuis l'âge de 5 ans, qui aurait réappris à parler grâce aux liens d'amitié qu'il aurait noués avec une dauphine au quotidien dans la mer Rouge (*Oline, le dauphin du miracle* de Pascale Noa Bercovitch, 1999).

14

Les enfants accueillis dans les hopitaux et les autres établissements de soins

L'accueil, les soins, les grands équilibres psychiques et psychophysiologiques, les acquisitions et progrès des enfants hospitalisés pourraient être facilités et optimisés par l'influence médiatrice d'animaux qui sont reconnus pour leurs effets sécurisants et anxiolytiques, pour être structurants dans les régulations émotionnelles, affectives, relationnelles et cognitives, et pour jouer un rôle de médiateur et de substitut (notamment en cas de deuil).

Quels animaux et dans quelles conditions ?

Trois possibilités peuvent exister :

a. Les animaux sont des « résidents », c'est-à-dire qu'ils sont élevés dans l'établissement de soins et donc « disponibles » à tout moment. Ils sont *a priori* sans risques pour la santé et l'intégrité des humains, en particulier celles des enfants hospitalisés : le risque de zoonose et d'allergie est écarté ; l'état sanitaire et hygiénique des animaux est régulièrement contrôlé par un service vétérinaire ; les examens bactériologiques sont organisés.

b. Des animaux élevés, soignés et suivis par un service vétérinaire dans des structures agréées, c'est-à-dire des refuges spécialisés dans l'accueil et la protection des animaux, des parcs animaliers, etc., sont mis à la disposition des établissements de soins. *A priori*, ils sont aussi sans risque et soumis aux mêmes exigences que les résidents.

c. Il peut s'agir d'animaux « visiteurs », eux aussi *a priori* sans risques et régulièrement contrôlés par un service vétérinaire, avec lesquels les enfants ont établi des liens d'attachement dans le milieu familial ou ailleurs.

Dans tous les cas, les animaux sont choisis pour leur sociabilité vis-à-vis de l'Homme, en tout cas leur capacité à accepter les interactions avec des enfants et adultes de tout âge. Les choix sont évidemment limités. Là encore, le chien est le partenaire qui peut réunir toutes les conditions requises. Les espèces et races sont celles que nous avons proposées pour les « hyperactifs », les psychotiques ou les autistes. Mais, d'autres peuvent être envisagées. Il faudrait en débattre sereinement.

Mais, comme précédemment, on peut avoir besoin d'« un plus petit que soi », plus facile à élever, nourrir et soigner. Par exemple, les poissons qui évoluent dans un aquarium, les tortues en liberté dans un espace extérieur, les oiseaux qui reviennent au gîte (pigeons et tourterelles), les oiseaux de volière (serins, canaris), les poulets et canetons qui ont pris l'empreinte de l'Homme et acceptent d'être manipulés, les petits rongeurs bien ancrés dans l'imaginaire positif des humains (lapins, cobayes, hamsters). Mais d'autres espèces moins communes peuvent aussi être acceptées, par exemple la genette, facile à apprivoiser, et les perroquets qui « font la conversation ».

Dans quels lieux ?

Il est souhaitable que les rencontres entre les enfants et les animaux « résidents », « prêtés » ou « visiteurs » se déroulent dans des lieux dont l'aménagement est conçu à la fois pour les différents enfants, leur famille et les animaux. Ils sont conçus à partir des données de la recherche (Montagner *et al.*, 1993 ; Montagner, 1996, 1998).

LES STRUCTURES D'APAISEMENT, DE RÉASSURANCE ET ANXIOLYTIQUES

Des nids, niches, alvéoles, « matelas-nid » (matelas creux avec un ou plusieurs alvéoles qui autorisent le blottissement), hamacs, paniers suspendus, « piscine » remplie de blocs de mousse... permettent aux enfants de se blottir avec un animal (chien, lapin, cobaye, hamster). Des balancelles, ponts suspendus, chevaux à bascule et autres « mobiliers de balancement » leur permettent de se balancer avec un animal dans les bras tout en étant spectateurs, lorsque cela est possible, des évolution de poissons dans un aquarium ou d'oiseaux dans une volière. Et aussi de l'eau circulante (ruissellement d'eau sur une pyramide ou un mur) ou de « globules » colorés qui se forment et se déforment sur le plafond et les parois du local de rencontre (ils sont donnés par un faisceau lumineux qui traverse une double lame transparente et enfermant des liquides aqueux et huileux de couleurs et densités différentes) (Montagner, 2002).

LES STRUCTURES DE DÉAMBULATION INTERACTIVE

Accompagnés ou non par l'une ou l'autre des personnes qui leur rendent visite (mère, père, fratrie, etc.), les enfants peuvent, à l'intérieur ou l'extérieur (selon les possibilités), déambuler avec un animal familier, un animal « résident » ou un animal « prêté » sur des poutres à des hauteurs variables, des plates-formes ceintes de balustrades conçues pour prévenir toute chute éventuelle, des ponts de singes, des plans inclinés, des labyrinthes constitués de parois percées d'orifices dont certains n'autorisent que le passage de l'animal (chien, lapin, hamster, cobaye...), alors que d'autres peuvent être « traversés » par les enfants, et d'autres encore par les visiteurs adolescents ou adultes. Ainsi peuvent se développer des poursuites ludiques, des jeux de cache-cache, etc. (voir précédemment). À l'intérieur ou à l'extérieur, un terrarium peut accueillir des petits rongeurs. Il comprend une enceinte bordée d'une balustrade suffisamment haute pour ne pas être franchie par les animaux et un labyrinthe de couloirs dont les parois sont percées d'orifices de différentes dimensions. Les enfants peuvent y installer un ou plusieurs lapins, hamsters ou cobayes familiers, « résidents » ou « prêtés ». Des structures miniatures (pyramides, plates-formes, plans inclinés, monticules, souches d'arbre, espaliers, escaliers, etc.) autorisent des interactions centrées sur l'activité de chaque animal. Des leurres mécaniques ou électro-mécaniques qui roulent, sautent, se faufilent, bondissent, volent, émettent des bruits, etc. induisent des interactions inattendues dans lesquelles les élans à l'interaction et les comportements affiliatifs se développent.

À l'extérieur, un réseau de pistes ou de sentiers, une pelouse avec des « montagnes russes » (ensemble de bosses qui autorisent l'escalade puis la descente dans la continuité des courses et poursuites) et des structures pour observer et se cacher (plates-formes avec des « meurtrières », tours de guet, etc), permettent à chaque enfant de vivre avec son chien, son lapin... de multiples formes d'interaction ludique, et de montrer sa joie de vivre à ses visiteurs humains. Des « trous de fouissement » (creux simulant l'entrée d'un terrier), des « tunnels et « terriers » recouverts d'une protection transparente permettent aux enfants de suivre les comportements d'exploration, de creusement, d'accouplement, etc. des animaux fouisseurs.

L'espace disponible est divisé en secteurs évolutifs par des clôtures doubles, légères et faciles à déplacer, pour éviter, lorsque cela est nécessaire, la rencontre entre plusieurs animaux.

Des lieux d'alimentation appropriés sont conçus pour chaque espèce admise dans les lieux de rencontre et de déambulation.

Structurant, médiateur, « réceptacle d'émotions et d'affects », substitut, agent de transferts et de projections, l'animal est alors un acteur qui autorise entre l'enfant et ses visiteurs une communication et une relation dégagées de la maladie, de l'angoisse de séparation, de l'insécurité et des peurs.

De tels aménagements d'espace peuvent aussi être réalisés dans les fermes pédagogiques, les fermes pour enfants, les centres aérés, les refuges de la société protectrice des animaux, les lieux communaux de rencontre entre les animaux et les enfants, etc.

Conclusion

Nous avons essayé de montrer dans ce livre que la relation entre l'enfant et l'animal n'est pas simplement un phénomène gentillet, amusant ou émouvant, mais qu'elle permet de mieux comprendre des constructions fondamentales de l'être humain, et d'éclairer des domaines essentiels qui concernent la recherche scientifique et clinique, les pratiques thérapeutiques, la famille, l'éducation, la pédagogie, le milieu associatif et les politiques sociales. Ceci de l'histoire de l'Homme et de la phylogenèse aux ressorts du psychisme de l'espèce la plus accomplie qui a le privilège de se soustraire à toutes les contingences. Grâce évidemment à cet organe à nul autre pareil dont le fonctionnement reste encore mystérieux à bien des égards : le cerveau. Constitutionnellement « immergé » dans le langage et la parole, et programmé pour tout comprendre et apprendre, il est néanmoins ancré dans l'animalité par ses origines phylogénétiques et son fonctionnement basique, nécessaire à la satisfaction de ses besoins vitaux de mammifère, tant biologiques que bio-psychologiques. En conséquence, l'Homme-animal « sort plus souvent qu'à son tour », et de façon irrépressible, des processus logiques et rationnels, des concepts et de la pensée abstraite qui sont « par essence » des fondamentaux de l'Homme. Ses débordements animaux le rendent encore plus humain... terriblement humain, surtout quand il « surfe » sur l'irrationalité, le délire et les phantasmes. L'enfant, lui, ne se pose pas de questions. Il sait qu'il est à la fois humain et animal. Et qu'il n'y a aucune raison que les animaux ne soient pas comme lui. D'ailleurs, tout lui prouve le contraire. Revisitons leurs relations en essayant d'en retirer des réalités, idées et propositions qui puissent propulser les enfants vers des lendemains qui chantent (les *booster*, dit-on), et les aider à se réaliser comme des êtres sociaux à part entière, capables de s'ajuster à tous les milieux, partenaires, circonstances et contextes, en tout cas de ne pas être exclus, ou en avoir le sentiment. Et en même temps comme des enfants-élèves : les relations avec les animaux déverrouillent en effet le monde intérieur de l'enfant, dévoilent et structurent ses compétences, stimulent ses processus cognitifs, son imaginaire et ses projets, et peuvent ainsi activer la faim de comprendre et d'apprendre, en particulier à l'école. Enfin, elles lui donnent des clés pour mieux comprendre la diversité des formes de vie et des ressorts qui régissent les conduites des individus, et ainsi pour reconnaître et respecter l'ensemble des êtres vivants, qu'ils soient animaux ou humains. Parallèlement, c'est au fil des temps et des interactions partagés avec les animaux qu'un enfant peut prendre clairement conscience de ses différences par rapport aux partenaires familiaux, aux pairs et aux autres interlocuteurs, ainsi que des règles sociales à respecter pour s'insérer dans les groupes humains, sans oublier pour autant son ou ses compagnons à poils, plumes ou écailles.

Stimulés et structurés par l'animalité de son compagnon et ami, les émotions, les compétences, les interactions, la communication, l'imaginaire et les processus cognitifs de l'enfant libèrent son intelligence et sa pensée.

Plusieurs niveaux doivent être considérés dans les constructions enfantines qui peuvent être révélées, organisées, consolidées ou « réparées » à partir et à travers la relation avec des animaux, en tout cas certaines espèces, races ou individus.

L'animal peut déverrouiller le monde intérieur de l'enfant par ses effets anxiolytiques et la sécurité affective qu'il installe

La relation avec l'animal permet d'abord aux enfants de tous âges de lever bien des peurs, blocages et inhibitions qui ne leur permettent pas de libérer leurs émotions, affects, phantasmes et constructions imaginaires. Et ainsi de s'exprimer avec leurs particularités et de communiquer avec le monde extérieur. Sortis des brumes qui les noient dans l'insécurité affective et les rendent aveugles, sourds et insensibles au réel, ils peuvent en effet libérer des comportements et discours révélateurs de constructions psychiques intimes, variées et complexes jusqu'alors enfouies, refoulées, inhibées ou ignorées, et aussi de constructions intellectuelles originales, « hors normes », élaborées mais parfois inavouables (idées, modes de pensée, stratégies, projets). Les raisons sont multiples. Certains n'ont pas pu, su ou voulu les rendre lisibles et audibles sous le regard des personnes familières (mère, père), parce qu'elles sont taboues, interdites, impensables, culpabilisantes, et peuvent mettre celles-ci en difficulté. S'agissant d'autres enfants, les proches ne savent pas comment y répondre, ne veulent pas ou ne peuvent pas les admettre ou les reconnaître. Par exemple, si les comportements et paroles de l'enfant en interaction avec « son » animal ou « ses » animaux, dévoilent sa sexualité, ses peurs, les racines ou sources de son mal-être, son manque de tendresse et d'amour, ses jalousies, ses culpabilités, ses désirs de meurtre (« je vais le (la) tuer », dit l'enfant à l'animal). C'est ce qu'on peut observer notamment lorsque la mère, le père ou les deux parents sont dépressifs, anxieux, angoissés ou maltraitants, quand ils sont malades ou souffrent de troubles de la personnalité, ou encore si la famille vit une crise matérielle, relationnelle, morale ou sociale.

« Muets comme une tombe », les animaux ne dévoilent jamais les joies, chagrins, peurs, aversions, jalousies, inquiétudes et frustrations qui leur ont été confiés. La confidence et le secret sont inviolables. L'animal familier est un « réceptacle-tabernacle », c'est-à-dire des yeux qui peuvent tout voir et des oreilles qui peuvent tout entendre et, au contraire des humains, il ne trahit jamais (à l'exception notable des perroquets dans certains contextes). En faisant ce qu'ils font et en disant ce qu'ils disent, les enfants se révèlent à eux-mêmes leurs ressorts intimes tout en ayant la possibilité d'évacuer un vécu relationnel, des images et des pensées qui les minent : leur « confesseur » animal ne garde pas en mémoire ce qui lui est dit et n'inflige jamais la moindre pénitence. Il ne forme « même pas » l'idée du pardon. Parallèlement, à l'écart du regard et des « oreilles » des adultes, les enfants qui disent et transfèrent leurs émotions, affects et phantasmes au cours des interactions avec un animal ne culpabilisent personne, surtout pas maman, papa ou toute autre personne d'attachement.

En interaction avec un partenaire muet qui ne les renvoie pas à leurs difficultés, les enfants orphelins, abandonnés, maltraités, déprimés, anxieux, angoissés, handicapés, qui souffrent de troubles du développement, du comportement ou de l'attachement, ou traversent plus « banalement » un moment de malêtre ou de souffrance, peuvent s'apaiser, se rassurer, dépasser, déminer ou relativiser les frustrations et la « souffrance intérieure » qui les minent. Surtout, quand l'animal répond par des comportements que les enfants interprètent comme une adhésion à leurs conduites et paroles, et paraît même les partager. C'est la confiance en soi qui peut naître ou renaître. C'est la confiance dans autrui qui peut éclore ou revenir. C'est l'autoestime qui peut s'installer.

Ces fonctions anxiolytiques, de confiance installée, confortée ou retrouvée, et de « réceptacle-tabernacle » des animaux familiers sont uniques. Aucun parent ne peut en effet rester neutre devant les comportements et paroles librement et spontanément exprimés par ses enfants. Comme tout être humain, les parents projettent et transfèrent en permanence, s'identifient et culpabilisent, quelles que soient leurs capacités à tout voir et à tout entendre, et à accepter que l'enfant soit une personne ayant le droit d'avoir ses représentations, émotions, affects, modes de pensée, raisonnements et projets, distincts de leurs propres constructions psychiques et intellectuelles. Il est donc important que les enfants aient la possibilité de développer librement des interactions en tête à tête avec un animal, sans témoin. Il en est ainsi, également et forcément, dans leurs autres lieux de vie, notamment dans les structures d'éducation et d'enseignement.

Les fonctions anxiolytiques, de confiance installée, confortée ou retrouvée et de « réceptacle-tabernacle » des animaux sont particulièrement précieuses à certains âges :

— entre 2 et 4 ans quand les enfants entrent à l'école maternelle et doivent s'adapter à un grand groupe de pairs (quinze, vingt, trente ou plus selon les classes), et à un partage des interactions avec seulement deux adultes de recours pour tous (l'instituteur et l'aide maternelle) ;

— au cours préparatoire, lorsque les contraintes et exigences de l'école, brusquement augmentées, sont inductrices de fatigue et de stress ;

— entre 10 et 13 ans, moment charnière triplement important : le développement de la pensée abstraite ; le passage d'un système avec un seul enseignant au cours de la journée (l'école élémentaire) à un système « éclaté » avec autant de professeurs que de disciplines, ou presque (le collège) ; les transformations corporelles, physiologiques, comportementales et psychiques qui précèdent et accompagnent la puberté, en association avec le poids des règles imposées par le groupe de pairs et les premières amours déçues.

Ces fonctions des animaux familiers sont également importantes lorsque les enfants, préadolescents et adolescents doivent faire face à des événements particulièrement éprouvants, anxiogènes, angoissants, culpabilisants, dévalorisants ou invalidants, surtout quand ils se sentent seuls, abandonnés, désemparés ou impuissants (maladies ; hospitalisations ; ruptures ou cassures au sein du couple parental ; culpabilité générée par la maladie, le chômage, la perspective du chômage ou les conditions de travail stressantes pour l'un ou l'autre des parents ; maltraitance ; deuil ; punition ; mauvais résultat scolaire ; échec scolaire, sportif ou social ; harcèlement par les pairs ou exclusion du groupe).

Ainsi peut naître ou renaître le désir d'aller de l'avant... « malgré tout ». Et ainsi, combinée à d'autres, une voie possible de la résilience (Werner et Smith, 1982 ; Goodyer, 1995).

L'animal qui structure et rend les compétences-socles de l'enfant lisibles et fonctionnelles

En même temps que les relations avec l'animal déverrouillent le monde intérieur des enfants, préadolescents et adolescents, elles rendent lisibles et fonctionnelles des compétences fondamentales dites socles qui sous-tendent le développement et la régulation des émotions, affects, systèmes de communication, conduites sociales et constructions intellectuelles.

L'ATTENTION VISUELLE SOUTENUE

L'enfant peut installer, conforter ou retrouver une attention visuelle soutenue et conjointe à travers les relations durables les yeux dans les yeux avec un animal qui les initie, les recherche et les facilite par sa quête permanente ou fréquente du regard et ses élans à l'interaction. Il s'ouvre ainsi le livre des émotions et du monde intérieur de ce compagnon-ami, toujours prêt à s'engager sans réticence. En tête à tête, il peut en effet lui prêter les six grandes émotions humaines (joie, peur, colère, tristesse, dégoût et surprise), des affects (déprime, jalousie, angoisse, honte, etc.) et des pensées, y compris manipulatoires, retorses ou perverses (« il – elle – a une idée derrière la tête », « il ment »). Lorsque les enfants, préadolescents et adolescents se vivent quotidiennement ou souvent les yeux dans les yeux avec un animal, ils vivent objectivement une communication multicanaux. Pour comprendre le sens et la signification des messages qu'il délivre, ils doivent combiner des informations visuelles, auditives, tactiles (plus largement, somesthésiques), proprioceptives et olfactives. Ils découvrent et apprennent qu'il faut tout prendre en compte s'ils veulent s'ajuster et s'accorder à leur partenaire, et donc être attentifs. Ainsi peuvent être stimulées des attitudes d'observation et d'écoute, notamment chez des enfants et des jeunes dont on dit qu'« ils n'écoutent pas ». L'engagement à la maison ou à l'école d'une personne adulte dans les interactions avec l'animal peut donner lieu à un jeu de rôle qui développe encore davantage l'observation et l'écoute. Il peut déboucher sur une communication symbolique qu'il est possible d'élargir à des jeux de mime, des situations de narration et de lecture, des comédies théâtrales, etc.

Les relations entre les enfants et « leur » animal se prêtent particulièrement bien au développement des processus d'attention visuelle conjointe, c'est-à-dire focalisée chez les deux partenaires sur les mêmes objets, personnes, autres êtres vivants ou « éléments du paysage ». Chacun donne ou ajoute alors du sens et des significations aux informations transmises par l'autre. L'enfant peut ensuite accepter de mobiliser son attention visuelle de façon conjointe avec l'un ou l'autre de ses partenaires humains vis-à-vis d'une bande dessinée, d'un texte, d'une iconographie, d'une musique, etc., et ainsi mieux traiter l'information, à la maison, en classe et ailleurs. Ces processus participent au développement des capacités à comprendre et apprendre.

Les animaux sont particulièrement utiles pour les enfants dont le regard est tellement mobile et dispersé qu'ils ne peuvent s'installer dans l'attention visuelle soutenue et conjointe, et dont les prises d'information sont ainsi parcellaires ou morcelées. Ils ne peuvent donc bien les combiner en des ensembles cohérents qui donnent sens et signification à ce qui est vu, entendu ou senti. Ils ont des difficultés d'apprentissage et, souvent, l'échec scolaire s'installe. La relation avec l'animal est également importante pour développer l'attention visuelle chez ceux qui évitent le regard et développent des troubles du comportement.

L'ÉLAN À L'INTERACTION

Les enfants de tous âges peuvent aussi, à travers la relation avec l'animal, installer, conforter ou retrouver les élans à l'interaction nécessaires à l'installation de relations proximales avec les partenaires humains. Ainsi peuvent s'établir et se développer des interactions accordées, c'est-à-dire, il faut de nouveau le souligner, des ajustements de comportements, d'émotions, d'affects et de rythmes. Elles sont nécessaires à la continuité, à la construction ou reconstruction, et au renforcement d'un attachement « secure » entre le bébé puis le jeune enfant et la mère. Au fil des âges, et tout au long de leur développement, les enfants peuvent alors découvrir et accepter, sans en avoir peur, les différences des personnes qu'ils rencontrent, et avec lesquelles ils doivent apprendre à communiquer, vivre ou travailler.

Les relations avec les animaux sont particulièrement utiles, voire nécessaires, pour que des élans à l'interaction se développent chez les enfants qui évitent les rencontres et les relations proximales avec autrui, et qui s'installent dans leur monde intérieur et les conduites autocentrées. Y compris ceux qui paraissent vivre en permanence dans leur forteresse intérieure (les autistes). En effet, les animaux admis par l'Homme dans sa mouvance et son habitat, et devenus familiers, initient et acceptent facilement les rapprochements corporels et les interactions proximales. Beaucoup débordent d'élans à l'interaction.

LES COMPORTEMENTS AFFILIATIFS

Les comportements affiliatifs, c'est-à-dire, il faut de nouveau le souligner, ceux que l'enfant interprète comme des adhésions à ce qu'il fait, dit et pense, constituent une autre compétence-socle que les animaux stimulent, rendent lisible, réactivent, structurent et rendent fonctionnelle. En effet, nombreuses sont les espèces dont les comportements et vocalisations sont ainsi perçus par l'enfant, d'autant mieux et plus complètement qu'elles ont aussi des comportements affiliatifs lisibles, non ambigus et diversifiés. L'enfant peut ainsi nourrir l'idée ou la certitude qu'il est sur la même « longueur d'onde » émotionnelle, affective, relationnelle, communicationnelle et cognitive que l'animal. Il peut alors mieux accepter et initier au fil des jours des interactions elles aussi affiliatives avec les personnes dans un nombre croissant de situations et de contextes. Les comportements affiliatifs partagés et les interactions affiliatives qu'ils induisent sont des fondements indispensables au développement des systèmes de communication, des processus dits de socialisation et des conduites sociales. Lorsqu'elles sont prédominantes, les conduites autocentrées, d'évitement, de crainte, de fuite, d'hyperactivité et d'agression-destruction sont atténuées ou évitées, moins durables et moins fréquentes. Les interactions au quotidien avec certains animaux peuvent être tellement affiliatives et accordées qu'elles diminuent ou empêchent l'enfermement des enfants, pré-adolescents et adolescents dans l'engrenage du repli sur soi, de l'évitement, de la crainte, de la fuite, de l'hyperactivité et de l'agression-destruction. C'est ce qu'on peut observer chez ceux qui présentent des troubles du développement, du comportement ou de l'attachement, en particulier les psychotiques ou autistes, et aussi ceux que l'on considère comme violents ou asociaux.

L'ORGANISATION STRUCTURÉE ET CIBLÉE DU GESTE

Au cours de leurs interactions et de leurs échanges avec les animaux, la plupart des enfants révèlent des habiletés motrices, des équilibres corporels et des capacités de conquête de l'espace insoupçonnés ou inattendus. Ils se montrent capables de franchir les obstacles en enchaînant des actes ajustés aux contournements, escalades, sauts. Ils structurent et organisent leurs gestes et manipulations en s'ajustant à la fois aux comportements de l'animal et aux cibles. Ils sont d'autant plus et mieux stimulés que l'animal est lui aussi structuré et organisé dans ses modes de déplacement et ses comportements. La plupart des enfants investissent ensuite leurs acquisitions motrices dans des activités de construction, des aménagements d'espace, des activités ludiques et sportives, seuls ou avec différents partenaires humains, à la maison, en classe et ailleurs. Les enfants pataudS, non coordonnés, maladroits et « brise-fer » ou handicapés moteurs tirent beaucoup de profit de leurs évolutions avec des animaux interactifs, notamment dans la conquête de la troisième dimension (hauteur et profondeur). C'est en même temps leur schéma corporel qui peut se structurer dans les trois dimensions de l'espace, c'est-à-dire l'image ou les représentations qu'ils ont de leur corps.

L'IMITATION

Autre compétence-socle, l'imitation joue aussi un rôle important dans le développement, les processus d'attachement et les conduites de l'enfant. Imitateur, il intègre des éléments du répertoire des partenaires dans son propre répertoire. Il peut ainsi non seulement reproduire un nombre croissant d'actes, vocalisations et paroles, mais aussi et surtout, en fonction de la situation et du contexte, leur donner un sens et une signification. Imité à son tour par les partenaires, il constate que ses manifestations sont prises en compte et qu'il est donc reconnu comme une personne qui compte. Une sorte de dialogue corporel, gestuel, vocal et verbal peut ainsi se développer lorsque, venant d'imiter un partenaire, il répond par d'autres actes, vocalisations et paroles qui sont reproduits par l'autre, puis inversement. Ces imitations réciproques jouent notamment un rôle dans le développement des interactions accordées, des systèmes relationnels et sociaux, et des processus cognitifs.

Les enfants adorent imiter les animaux et s'identifier à eux. Ils aiment aussi l'idée d'être imités par eux et d'être ainsi reconnus dans ce qu'ils font et ce qu'ils pensent.

À travers les processus d'imitation réels ou imaginés, les animaux peuvent être, là encore, très utiles pour les enfants, préadolescents et adolescents en manque et en quête de reconnaissance et de valorisation.

L'animal qui stimule l'imaginaire, les processus cognitifs et la créativité

C'est à tout moment que les enfants « inscrivent » et « transcrivent » leurs interactions avec les animaux, ou celles qu'ils ont imaginées, dans leurs discours, leurs dessins et peintures, et leurs écrits. Il est clair qu'ils transposent ou transfèrent en même temps des émotions, affects, fantasmes et pensées, en relation avec ce qu'ils ont vécu et vivent avec leurs partenaires humains (mère, père, fratrie, copains/copines, enseignants). Cependant, les relations avec les animaux créent aussi des situations et contextes qui alimentent, stimulent et structurent de nombreux processus cognitifs et intellectuels, notamment ceux qui fondent les apprentissages. Par exemple : la découverte par l'enfant des capacités sensorielles, corporelles et comportementales de l'animal, ainsi que ses particularités physiologiques et cognitives, puis la recherche d'explications pour savoir comment « ça fonctionne » ; la découverte et l'analyse des tactiques et stratégies que l'animal invente et maîtrise, ainsi que celles des relations temporelles et spatiales qu'il établit entre les personnes, avec les autres animaux et par rapport aux différents éléments de l'environnement ; la découverte des propriétés des objets qui médiatisent la relation avec l'animal ; la conception et la réalisation d'outils et de jouets, ainsi que l'aménagement d'espaces, qui facilitent, diversifient et compliquent les interactions avec celui-ci.

Ce sont des compétences fondamentales, des formes d'intelligence vivante, des talents de création et d'innovation sans retenue ni limite qui peuvent se libérer et se structurer dans des bains d'interactions et d'émotions libérées.

Et l'animal à l'école ?

Quand l'école comprendra-t-elle cette imbrication fondamentale, déjà conceptualisée, mais d'une autre façon et selon d'autres voies, et mise en pratique par l'admirable Célestin Freinet ? Beaucoup de pédagogues l'ont évidemment compris et créent les conditions pour que les enfants-élèves vivent des bains d'interactions et d'émotions dans de multiples domaines. Il est fréquent qu'ils utilisent en particulier la vie animale sous des formes diverses, mais essentiellement ou exclusivement « académiques » (lecture de livres et de bandes dessinées, narration, exercices de lecture et d'écriture, dessins, peintures, poteries, etc.). En revanche, pour que les enfants-élèves rencontrent des animaux, il faut le plus souvent organiser leur déplacement dans les forêts, prés, fermes, parcs, réserves naturelles, zoos, cirques, delphinariums, etc. C'est évidemment une possibilité intéressante. Mais, les compétences-socles, les émotions, les interactions accordées, les relations socialisantes, les constructions cognitives, l'imaginaire, la créativité et l'innovation ne peuvent bien et tout à fait se débrider, se structurer, prendre tout leur sens et **toute** leur signification, que dans les rencontres régulières et durables en milieu familier et sécurisé entre les enfants-élèves et les animaux.

Ceci conduit à suggérer que deux possibilités soient offertes en toute clarté aux équipes éducatives et pédagogiques :

1. L'accueil ou l'élevage de certains animaux en classe, dans l'école ou à proximité immédiate. Ils proviennent de structures agréées par les services sanitaires et vétérinaires et gérées par des éleveurs reconnus ou des centres de zootechnie, après avoir été soumis aux contrôles bactériologiques, sanitaires et autres qui sont requis. Ils peuvent aussi être les compagnons-amis d'un enseignant, ou être adoptés. Rien ne remplace en effet une présence vivante au quotidien. Étant donné les enjeux qu'elle représente pour les enfants en difficulté personnelle, scolaire, familiale, culturelle ou sociale, il serait important que, de façon

concertée et interactive, et dans le cadre de conventions, l'Éducation nationale, les municipalités et les associations élaborent des projets d'installation de certains animaux dans les classes, dans l'école ou à proximité immédiate. En combinaison avec d'autres mesures (Montagner, 2002), on créerait ainsi des conditions basiques et efficaces (ça marche !) pour apaiser, rassurer et sécuriser les enfants-élèves, et en même temps pour les stimuler, canaliser et structurer, leur donner envie de comprendre et d'apprendre, mettre en route les rouages de la motivation et de la confiance. En particulier lorsque les enfants sont en échec scolaire, rejetés ou maltraités par leur(s) milieu(x) de vie, agresseurs, destructeurs ou violents. En effet, autour des animaux, les regards et les relations entre les enfants-élèves et le maître ne sont plus les mêmes que dans les activités, tâches et apprentissages explicites « ordinaires » des temps pédagogiques. Chacun peut alors libérer et révéler ses comportements, paroles, émotions, affects, idées, modes de pensée, raisonnements, formes d'humour, etc. et changer ainsi les représentations des autres. Des savoir-être et des savoir-faire inattendus sont dévoilés par les enfants-élèves, notamment ceux qui sont en difficulté ou en échec scolaire, à travers ce qu'ils écrivent, dessinent et peignent, séparément ou dans une réalisation collective. Et aussi dans les compétences qu'ils révèlent pour nourrir et abreuver les animaux, renouveler et oxygéner l'eau de l'aquarium, nettoyer et aménager la volière, y créer des « sites » de nidification, désinfecter et changer la litière des mammifères, organiser le terrarium, créer des espaces et des objets qui induisent des comportements, contrôler la température et la lumière ambiantes, etc. Ils voient, entendent, sentent et décryptent des informations qui n'ont pas été perçues par les autres. Dans ce contexte, ils apparaissent habiles, organisés, observateurs, intelligents, créatifs, soucieux et responsables du bien-être et de la santé des animaux. Valorisés et reconnus, ils acquièrent un autre rôle et un autre statut à la fois aux yeux du maître et des pairs. Parallèlement, le maître peut dévoiler lui aussi un savoir être et un savoir-faire jusqu'alors ignorés ou méconnus qui changent les représentations des différents élèves. Ses modes d'interaction, ses manifestations émotionnelles, son humour, ses expériences et son vécu, ses connaissances animalières, son talent de conteur, etc. ne diminuent pas son autorité. Au contraire ! Les temps de respiration et d'émotion partagée autour des animaux créent ou renforcent la confiance au sein la classe. Certains enfants doivent en effet se reconstruire dans la confiance vis-à-vis d'eux-mêmes et avec autrui. Les animaux sont alors des intermédiaires, des médiateurs et des « donneurs de souffle » incomparables.

2. L'organisation d'interactions et de collaborations suivies, et non plus occasionnelles, avec des parcs animaliers, réserves, zoos, centres aérés qui accueillent des animaux, fermes pour enfants, clubs, cirques, éleveurs, paysans et autres acteurs de la vie économique, dans le cadre de conventions et de projets communs. On peut même imaginer que des séjours (d'une durée à définir) soient organisés dans ces lieux autour d'un projet collectif délibérément centré sur les animaux et la vie animale, et qui se prolonge ensuite dans le cadre « ordinaire » de la classe ou ailleurs, tout en stimulant chez les enfants l'élaboration d'un projet singulier dans une perspective de réussite personnelle, familiale, sociale et, pourquoi pas, professionnelle. Il y a en effet beaucoup de métiers centrés sur les animaux et la vie animale : éleveur, éducateur d'animaux au service de l'Homme, organisateur de parcours de découverte, guide, animateur de spectacles, dessinateur pour enfants, photographe animalier, réalisateur de films documentaires, créateur d'aquariums, de volières, de terrariums ou de delphinariums, aménageur d'environnement, etc. Là aussi, les animaux sont évidemment contrôlés par des services sanitaires et vétérinaires.

C'est en agissant sur de tels leviers émotionnels, affectifs et relationnels qu'on peut lever les peurs, frustrations, blocages et inhibitions qui empêchent les enfants de libérer, structurer et mobiliser les processus cognitifs et ressources intellectuelles nécessaires à l'acquisition de la connaissance et du savoir. C'est ce que montrent les innovations et réalisations qui marchent. Il serait temps de les porter à la connaissance de tous. Parallèlement, les psychologues, pédiatres, pédopsychiatres et autres cliniciens ne peuvent plus ignorer ou mépriser les rôles et fonctions des animaux dans la stabilisation, l'atténuation, la maîtrise ou la disparition des troubles du développement, du comportement et de l'attachement. Il y a en effet, et malheureusement, un nombre croissant d'enfants « dans leur bulle », évitants, « hyperactifs », « agresseurs-destructeurs », étranges, « à côté de leurs pompes », et d'autres dont le « tableau psychologique » ne s'améliore pas, quelle que soit la qualité des soins. Mais on pense trop rarement aux animaux anxiolytiques, structurants, médiateurs, canaliseurs, compensateurs, substituts qui peuvent équilibrer, rétablir la confiance en soi et l'auto-estime.

Quels animaux ?

Les relations entre les humains et les animaux qu'ils admettent dans leur mouvance et leur habitat reposent à tout moment sur trois groupes de facteurs : les décisions des personnes en fonction de leurs besoins, de leurs représentations et de leurs attentes ; les caractéristiques morphologiques, anatomiques, physiologiques, comportementales et cognitives des animaux ; la pression modelante des temps partagés qui change l'un et l'autre.

Trois ensembles d'animaux ont été définis : les animaux « utilitaires » qui sont enfermés, et enferment leurs possesseurs, dans une logique de dépendance économique ou de service ; les animaux de compagnie dont le « propriétaire » attend qu'ils assurent sa sécurité physique et affective, ou valorise son image personnelle (rôle et fonction narcissiques) et sociale (rôle et fonction de « potiche-miroir ») ; les animaux familiers dont le partenaire humain attend qu'ils soient des êtres « quasi humains », c'est-à-dire des amis libérés, des confidents et des complices qui peuvent « s'exprimer » dans leurs différences et auxquels on puisse prêter une intelligence et une pensée, ce qui autorise les ajustements émotionnels, affectifs et rythmiques.

C'est, logiquement, avec des animaux familiers que les enfants peuvent libérer pleinement et rendre tout à fait fonctionnelles leurs compétences-socles, comportements, modes de communication, expressions émotionnelles, relations affectives, ressources cognitives et intellectuelles. C'est l'imaginaire et la créativité qui sont alors pleinement stimulés, et qui peuvent donner lieu à des réalisations originales (écrits, dessins, peintures, mimes, jeux, constructions avec des pièces du type Lego, etc.). Mais, si certaines conditions sont remplies, ces processus et constructions peuvent aussi s'installer et se développer avec un animal « utilitaire » ou un animal de compagnie (ainsi considéré par l'adulte qui en a fait l'acquisition : mère, père, grand-mère...). C'est le cas lorsque l'enfant a tissé avec lui des liens étroits et anciens et le « traite » comme un animal familier, et si l'animal a pu s'installer dans la double empreinte spécifique et humaine, en tout cas dans une familiarité précoce et sécurisée avec les personnes, et enfin s'il n'est pas soumis à un conditionnement coercitif.

Des compétences-socles tout à fait fonctionnelles, des interactions accordées et un attachement de type « secure » peuvent s'installer et se développer de façon optimale entre un enfant et un animal qui appartient à l'une ou l'autre des espèces le plus souvent admises dans l'habitat de l'Homme. Elles ont emprunté deux voies principales pour le séduire et être séduites par lui, même si c'est de façon inégale : l'amplification émotionnelle et la coaction. C'est-à-dire les chiens, les chats, les chevaux, les perroquets et les dauphins. Si on décide d'avoir une présence animale à la maison, ou à proximité, et si on en a la possibilité, c'est donc surtout parmi ces espèces qu'il faut choisir un animal compagnon et ami de l'enfant pour des effets optimaux, même si cela paraît utopique ou impossible pour le dauphin. Certaines races paraissent plus souhaitables que d'autres en raison de leurs particularités morphologiques (un chien labrador « affiche » une docilité, une force tranquille et rassurante que, de toute évidence, un cocker ou un teckel n'évoquent pas), anatomiques (un chat avec de longs poils soyeux n'« offre » pas la même qualité de contact corporel qu'un chat à poils ras ou raides), physiologiques (un cheval arabe et un percheron n'ont pas les mêmes « qualités » de vitesse, d'endurance et d'adaptation aux conditions climatiques) et/ou comportementales (toutes les races de perroquets n'ont pas la même « capacité langagière »). Il y a aussi, et bien évidemment, des différences entre individus de la même race. Comme chez l'ensemble des oiseaux et mammifères, elles sont la traduction et le résultat d'influences génétiques et environnementales imbriquées, indissociables et combinées à des expériences personnelles. On se reportera au texte pour plus de précision. L'important est de lever trois hypothèques majeures, c'est-à-dire avoir la certitude que :

— l'animal a été familiarisé à des humains au cours de sa « petite enfance », tout en prenant pleinement l'empreinte de son espèce à travers une relation maternelle sécurisée, en tout cas pour les trois mammifères terrestres (au cours de leurs premiers mois, il pourrait y avoir une double prise d'empreinte chez les chiots, chatons et poulains, mais les avis sont discordants : selon certains chercheurs, cliniciens ou autres spécialistes, elle est possible, mais, pour d'autres, elle est probable ou certaine). On ne peut rien avancer à ce sujet pour les perroquets et les dauphins, faute d'informations fiables et confirmées ;

— l'animal n'a pas été privé de nourriture, maltraité, attaché en permanence et soumis à un conditionnement coercitif et « invalidant » ;

— les contrôles sanitaires et bactériens ont été effectués.

Cependant, d'autres espèces peuvent convenir, essentiellement quand elles ont des capacités qui s'apparentent aux compétences-socles précédemment définies, c'est-à-dire, pour l'enfant et ses proches, qui remplissent les mêmes fonctions, même si elles ne sont pas aussi lisibles et accomplies.

C'est le cas des gros mammifères domestiqués, mais leurs caractéristiques morphologiques et anatomiques sont empêchantes ou dissuasives. En outre, leurs lieux de vie sont éloignés ou d'accès limité ou impossible, de sorte que la probabilité de rencontre avec des enfants est réduite ou nulle. Mais, lorsque cela est possible, les ânes, les vaches, les chèvres, les rennes, les chameaux, les dromadaires, les lamas, les éléphants, et surtout leurs petits (ânons, veaux, chevreaux, etc.) peuvent être des partenaires de « substitution » aux animaux des cinq « groupes majeurs ».

En revanche, les petits animaux sont des partenaires intéressants quand ils sont sélectionnés pour la facilité de leur détention et de leur élevage, la flexibilité de leur alimentation, leur adaptabilité à la captivité, leur « sociabilité » (en particulier, l'acceptation du contact corporel et de la proximité sans manifestation agressive) et, bien évidemment, là aussi, leur innocuité sanitaire. Aucun dommage physique ou psychologique ne doit être possible. Les espèces de mammifères qui répondent à ces critères sont essentiellement des lapins, genettes, cobayes, hamsters, souris et rats (pour ceux-ci, voir le texte). Les oiseaux sont surtout les espèces habituellement accueillies en volière (serins, canaris, perruches), celles qui reviennent au gîte (pigeons, tourterelles) et, dans la basse-cour, celles dont les petits se laissent « enfermer » dans les mains (poussins, canetons). Chez les reptiles, Il y a les tortues. Parmi les espèces exotiques, et pour les enfants de leur environnement naturel, on peut citer les fennecs et certaines civettes. Mais il y en a d'autres.

Les petits animaux présentent l'avantage de pouvoir être détenus et élevés dans une crèche, une classe, une école, un hôpital, un centre de loisirs et tout autre lieu d'accueil, à un moindre coût et sans investissement important.

Comme cela est expliqué dans la troisième partie de l'ouvrage, le choix d'un animal doit tenir compte de l'âge des enfants, de leurs particularités et troubles du comportement, de leurs déficits sensoriels, de leurs anomalies, étrangetés et pathologies du développement ou du comportement, et de leurs difficultés scolaires.

La place de l'enfant dans l'histoire de la rencontre entre l'Homme et les animaux qu'il a admis dans sa mouvance et son habitat

Aux temps de la préhistoire, les enfants ont pu jouer un rôle important et peut-être décisif dans le tri, le choix, la détention et la sélection des animaux auxquels les humains ont décidé d'attribuer un statut d'animal « utilitaire », d'animal de compagnie ou d'animal familier.

Les animaux « utilitaires » ont permis d'« avoir sous la main » des réserves alimentaires (viande, lait, œufs), des

« enveloppes » protectrices contre les agressions extérieures (peaux, fourrures, crins, plumes), des outils (os, cornes, dents, viscères) pour la défense (pointes de flèche, armes de poing), la facilitation des tâches quotidiennes (dépeçage, récipients), l'expression artisanale et artistique (gravure, peinture, poterie). Certains ont aussi ou plutôt fourni une « assurance à la maison » contre les agressions potentielles ou réelles de l'environnement. Pour plus de détails, voir le texte.

Il est clair que les bébés ont pu être ainsi nourris au moyen d'un lait de substitution lorsque l'allaitement par la mère ou une autre « femelle humaine » n'était pas possible et que les enfants de tous âges ont pu bénéficier d'une alimentation suffisante pour survivre et se développer au moins *a minima*, en tout cas en dehors des épidémies, des guerres, des catastrophes climatiques ou autres. Combinées à une meilleure protection contre les dangers environnementaux et les agressions de tout ordre, ces conditions nouvelles ont forcément introduit des changements essentiels à la pérennité de l'espèce humaine (ou, pendant un temps, des espèces humanoïdes, si on fait l'hypothèse que l'Homme de Néanderthal, et pourquoi pas *Homo erectus*, *Homo abilis*, certains Australopithèques ont apprivoisé, détenu et domestiqué des animaux), à l'émergence et au façonnement d'une autre vie familiale, à l'évolution de l'organisation tribale ou clanique et, au fond, au passage de l'hominisation à l'humanisation.

L'évolution des groupes humains avec l'entrée des animaux dans la famille, dans le clan ou la tribu

Deux conséquences majeures ont pu se développer :

1. la préservation et la dissémination favorisées du capital génétique des humains (ou préhominiens) qui ont pu, su ou voulu « adopter » les espèces animales les plus utiles et efficaces, peut-être grâce à des mutations, au détriment des humains (ou préhominiens) qui ne l'ont pas fait, ou qui ont

effectué les « mauvais » choix. Il serait intéressant, autant qu'on puisse le faire, d'étudier l'expansion ou l'extinction des groupes humains selon qu'ils ont détenu et/ou élevé telle(s) ou telle(s) espèce(s) animale(s), ou non. Avec l'augmentation des populations humaines qui ont augmenté la représentation de leurs gènes dans le milieu grâce aux apports vitaux des animaux, c'est-à-dire les mieux adaptées aux conditions de l'environnement, ce sont peut-être des particularités culturelles et langagières qui se sont imposées et se sont répandues, en supplantant les autres.

2. avec les animaux à la maison, les bébés et les enfants de tous âges ont eu la possibilité de bénéficier à tout moment d'une « chaleur corporelle » protectrice et sécurisante, mais aussi d'une « chaleur affective » qui pouvait se substituer à une « chaleur humaine » déficiente que n'apportaient pas forcément la ou les personnes nourricières, notamment une mère « circulante », abandonnante et généralement non accordante, engagée dans de multiples obligations vis-à-vis du ou des mâles, chargée de tâches multiples (par exemple la cueillette et l'approvisionnement en eau), et soumise à la loi du groupe tribal ou clanique. Quand les compétences-socles de l'enfant et de l'animal ont pu se rencontrer, leurs interactions ont pu s'accorder et un attachement singulier de type « secure » a pu s'installer. Par leurs fonctions de substituts, de médiateur, d'amplificateurs des émotions et de coacteurs, découvertes aux yeux de tous au fil des temps partagés, les animaux devenus familiers ont forcément créé une nouvelle dynamique des regards et des interactions des uns vis-à-vis des autres, générer de nouvelles représentations chez les humains, transformer les êtres en personnes avec des façons d'être, des façons de faire, des rôles et des statuts de plus en plus soucieux d'autrui. Cela, sans se poser en rivaux ou compétiteurs des dominants, et sans contester leur pouvoir et leur omnipotence. Avec un nouveau partenaire intégré de fait dans le groupe familial, et dont il fallait tenir compte, c'est une nouvelle entité familiale qui a pu se structurer avec une nouvelle répartition des rôles et responsabilités, de nouveaux équilibres, et qui a pu se soustraire aux contraintes du clan ou de la tribu. Ce sont de nouvelles formes d'intelligence familiale et sociale qui ont pu émerger et se développer.

Bibliographie

AINSWORTH M. D. S., *The Secure Base*, New York, John Hopkins Univ., 1974.

AINSWORTH M. D. S., « Infant-mother attachment », *American Psychologist*, 1979, 34 : 932-937.

AINSWORTH M. D. S., BLEHAR M. C., WATERS E., WALL S., *Patterns of Attachment*, Hillsdale, Erlbaum, 1978.

BENSCH C., *Jeux de velus*, Paris, Odile Jacob, 2000.

BOUVARD M., « Troubles du comportement et difficultés scolaires chez l'enfant », *in* H. MONTAGNER (éd.), *L'Enfant : la vraie question de l'école*, Paris, Odile Jacob, 2002.

BOWER T. G. R., *Development in Infancy*, San Francisco, W. H. Freeman, 1974.

BOWER T. G. R., *Human Development*, San Francisco, W. H. Freeman, 1979.

BOWER T. G. R., DUNKELD J., WISHART J. G., « Infant perception of visually presented objects », *Science*, 1979, 203 : 1137-1138.

BOWLBY J., « The nature of the child's tie to his mother », *Int. J. Psychoanal.*, 1958, 39 : 350-373.

BOWLBY J., « Separation anxiety », *Int. J. Psychoanal.*, 1960, 41 : 89-113.

BOWLBY J., *Attachment and Loss. I : Attachment*, London, The Hogarth Press and Institute of Psychoanalysis, 1969.

BOWLBY J., *Attachment and Loss. II : Separation, Anxiety and Anger*, London, Tavistock, 1973.

BOWLBY J., *Attachment and Loss. III : Loss, Sadness and Depression*, New York, Basic Books, 1980.

BRAZELTON T. B., « Neonatal behavioral assessment scale », *Clinics in Developmental Medicine*, n° 50, London, William Heinemann Medical Books ; Philadelphia, Lippincott, 1973.

BRAZELTON T. B., *Early Mother-Infant Reciprocity in Parent-Infant Interaction*, Amsterdam, Elsevier, 1975.

BRAZELTON T. B., « Comportement et compétence du nouveau-né », *Psychiatrie de l'enfant*, 1981, 24, 375-395.

BRAZELTON T. B., « Joint regulation of neonate-parent behavior », *in*

E. Z. TRONICK (ed.), *Social Interchange in Infancy*, Baltimore, University Park Press, 1982, 7-22.

BRAZELTON T. B., *Touchpoints*, New York, Addison-Wesley, 1992. Trad. fr. *Points forts*, Paris, Stock/Pernoud, 1993.

BUSNEL M. C., « Is there prenatal culture ? », *in* R. A. GARDNER, B. T. GARDNER, B. CHIARELLI, F. X. PLOOIJ (eds), *The Ethological Roots of Culture*, NATO ASI SERIES, Series D *: Behavioural and Social Sciences*, Dordrecht (The Netherlands), Kluwer Academic Press, 1994, 285-313.

BUSNEL M. C., GRANIER-DEFERRE C., « And what of fetal audition ? », *in* A. OLIVEIRO and M. ZAPPELLA (eds), *The Behaviour of Human Infants*, New York, Plenum Press, 1983, 93-126.

BUSNEL M.-C., LECANUET J.-P., GRANIER-DEFERRE C., DE CASPER A.-J., « Perception et acquisition auditives prénatales », *in* H. BONNET (éd.), *Les Compétences sensorielles du nouveau-né*, Paris, Arnette, 1986, 37-46.

BUSNEL M.-C., GRANIER-DEFERRE C., LECANUET J.-P., « Fetal audition », *in* G. TURKEWITZ (ed.), *Developmental Psychology*, Annals New York Acad. Sci., 1992, 662 : 118-136.

CHANCE M.R.A. *Social Fabrics of the Mind*, Hove, London, New York, 1988.

CONDORET A., *L'Animal, compagnon de l'enfant*, Paris, Fleurus, 1973.

DARWIN C., *The Origin of Species*, New York, Mentor, 1859.

DARWIN C., *The Descent of Man and Selection in Relation to Sex*, London, John Murray, 1871.

DARWIN C., *The Expression of the Emotions in Man and Animals*, London, John Murray, 1872.

DUBOSCQ M.-J., « L'expérience d'une enseignante », *in* H. MONTAGNER (éd.), *L'Enfant, l'animal et l'école*, Paris, Bayard Centurion, 1995, 159-172.

DUGARIN J.-P., « Les fermes pédagogiques », *in* H. MONTAGNER (éd.), *L'Enfant, l'animal et l'école*, Paris, Bayard Centurion, 1995, 203-214.

EINIS M., « L'animal de compagnie et la désinsertion sociale des jeunes », *Nervure*, 1997, 10 : 33-44.

FILIATRE J.-C., MILLOT J.-L., MONTAGNER H., « New data on communication behaviour between the young child and his pet-dog », *Behavioural Processes*, 1986, 12 : 33-44.

FILIATRE J.-C., MILLOT J.-L., MONTAGNER H., ECKERLIN A., GAGNON A.C., « Advances in the study of the relationship between children and their pet dogs », *Anthrozöos* (USA), 1988, 2 : 22-32.

FILIATRE J.-C., ECKERLIN A., MILLOT J.-L., MONTAGNER H., « An experimental analysis of olfactory cues in child-dog interaction », *Chemical Senses*, 1990, 15 : 679-689.

FILIATRE J.-C., MILLOT J.-L., ECKERLIN A., « Behavioural variability of olfactory exploration of the pet dog in relation to human adults », *Applied Animal Behaviour Science*, 1991, 30 : 341-350.

FRIEDMAN N. E, KATCHER A., THOMAS S. A., LYNCH J., MESSENT P., « Social interaction and blood pressure : Influence of animal companion », *J. Nervous Mental Disease*, 1983, 171 : 461-485.

FOSSEY D., *Gorillas in the Mist*, Houghton, Mifflin Company, 1984.

FRELUT M.-L., « L'alimentation de l'enfant et ses conséquences », *in* H. Montagner (éd.) *L'enfant : la vraie question de l'école*, Paris, Odile Jacob, 2002.

GARDNER R. A., GARDNER B. T., « Teaching sign language to a chimpanzee », *Science*, 1969, 165 : 664-672.

GARDNER R. A., GARDNER B. T., VAN CANTFORT T. E., *Teaching Sign Language to Chimpanzees*, New York, State University of New York Press, 1989.

GARDNER R. A., GARDNER B. T., CHIARELLI B., PLOOIJ F. X., *The ethological roots of culture*, NATO ASI Series, Series D : *Behavioral and Social Sciences*, 78, Dordrecht (Holland), Kluwer Academic Publ., 1994.

GENET-GARCIN E., ROGER J., *Bibliographie de Buffon*, Paris, PUF, 1954.

GEOFFROY SAINT-HILAIRE E., « Philosophie anatomique », Paris, 1818-1922, *in* T. CAHN, *La Vie et l'Œuvre d'Étienne Geoffroy Saint-Hilaire*, Paris, PUF, 1962.

GOODALL J., « Chimpanzees of the Combe Steam Reserve », *in* I. DE VORE (ed.), *Primate Behavior*, New York, Holt, Rinehart and Winston, 425-473, 1965.

GOODALL J., *The Chimpanzees of Gombe*, Cambridge, MA, Harvard University Press, 1986.

GOODYER I. M., « Risk and resilience processes in childhood and adolescence », *in* B. LINDSTRÖM, N. SPENCER (eds), *Social Paediatrics*, London, Oxford University Press, 1995, 433-455.

GRENIER A., « La "motricité libérée" par fixation manuelle de la nuque au cours des premières années de vie », *Arch. Fr. Pédiatrie*, 1981, 38 : 557-561.

HEINROTH O., *Beiträge zur Biologie, insbesondere Psychologie und Ethologie der Anatiden*, Verh. 5 Int. Ornith. Kongr. Berlin, 1910, 589-702.

HEINROTH O., *Uber bestimmte Bewegungen der Wirbeltiere*, Sitz. Ber. Ges. Naturforsch. Freunde, Berlin, 1910.

KATCHER A., FRIEDMAN N. E., BECK A., LYNCH J., « Looking, talking and blood pressure : The physiological consequences of interaction with the living environment », *in* A. KATCHER and A. BECK (eds), *New perspectives on our lives with companion animals*, Philadelphia, University of Philadelphia Press, 1983, 351-362.

LAMARCK J.-B. (de), « Philosophie zoologique », Paris, 1809, *in* M. BARTHÉLÉMY-MADAULE, *Lamarck, ou le mythe du précurseur*, Paris, Seuil, 1979.

LEBOVICI S., *Le Nourrisson, la mère et le psychanalyste : les interactions précoces*, Paris, Bayard Centurion, 1983.

LEBOVICI S., « Interaction fantasmatique et transmission transgénérationnelle », *in* B. CRAMER (éd.), *Psychiatrie du bébé : nouvelles frontières*, Paris, Eshel, 1988.

LEBOVICI S., MAZET P., VISIER J.-P., *Évaluation des interactions précoces*, Paris, Eshel, 1989.

LEBOVICI S., WEIL-HALPERN F., *Psychopathologie du bébé*, Paris, PUF, 1989.

LEVINSON B. M., *Pet Oriented Child Psychotherapy*, Springfield, Thomas, 1969.

LEVINSON B. M., *Pets and Human Development*, Springfield, Thomas, 1985.

LORENZ K., « Der Kumpan in der Umwelt des Vogels ; die Artgenosse als auslösendes Moment Sozialer Verhaltungsweisen », *J. f. Ornithol.*, 1935, 83 : 137-213, 289-413.

LORENZ K., « The companion in the birds' world », *Auk.*, 1937, 54 : 245-273.

LORENZ K., « Vergleichende Verhaltensforschung », *Zool. Anz.*, Suppl., 1939, 12 : 69-102.

LORENZ K., « Vergleichende Bewegungsstudien bei Anatiden », *J. f. Ornithol.*, 1941, 89 : 194-294.

LORENZ K., « Die Entwicklung der vergleichenden Verhaltensforschung in den letzten 12 Jahren », *Zoologisher Anzeiger*, 1952, Suppl., 16 : 36-58.

LORENZ K., *Evolution and modification of behavior*, Chicago, The University of Chicago Press, 1965. Trad. fr., *Évolution et modification du comportement*, Paris, Payot, 1974.

LORENZ K., *On aggression*, London, Methuen, 1966. Trad. fr., *L'Agression*, Paris, Flammarion, 1969.

MELTZOFF A. N., MOORE M. K., « Imitation of facial and manual gestures by human neonates », *Science*, 1977, 198 : 75-78.

MELTZOFF A. N., MOORE M. K., « Early imitation within a functional framework : The importance of person identity, movement, and development », *Infant Behavior and Development*, 1992 , 15 : 479-505.

MILLOT J.-L., FILIATRE J.-C., ECKERLIN A., GAGNON A.-C., MONTAGNER H., « Olfactory cues in the relations between children and their pet dogs, *Applied Animal Behaviour Science*, 1987, 19 : 189-195.

MILLOT J.-L., FILIATRE J.-C., ECKERLIN A., GAGNON A.-C., MONTAGNER H., « Children and their pet dogs : How they communicate », *Behav. Processes*, 1988, 17 : 1-15.

MILLOT J.-L., FILIATRE J.-C., ECKERLIN A., « Structure, fonction et genèse des interactions entre le jeune enfant et son chien familier », *Revue internationale de psychologie sociale*, 1989, 2 : 211 226.

MONTAGNER H., « Communication non verbale et discrimination olfactive chez les jeunes enfants : approche éthologique », in *L'Unité de l'Homme*, Paris, Seuil, 1974, 246-270.

MONTAGNER H., *L'Enfant et la Communication*, Paris, Stock, 1978.

MONTAGNER H., *L'Attachement, les débuts de la tendresse*, Paris, Odile Jacob, 1988.

MONTAGNER H., *L'Enfant, acteur de son développement*, Paris, Stock, 1993.

MONTAGNER H., « Attachement, tendresses et vicissitudes. Les compétences-socles de l'enfant », *in* M. GABEL, S. LEBOVICI, P. MAZET *et al.*, *Maltraitance : maintien du lien ?* Paris, Fleurus, 1995, 65-98.

MONTAGNER H., *L'Enfant, l'animal et l'école*, Paris, Bayard, 1995.

MONTAGNER H., *En finir avec l'échec à l'école*, Paris, Bayard, 1996.

MONTAGNER H., « Les compétences-socles : une nouvelle grille de lecture des constructions enfantines et de leurs anomalies », in *Développements : construction du sujet et identité sociale*, Paris, Desclée de Brouwer, « Hommes et Perspectives », 1998, 11-60.

MONTAGNER H., « Les compétences du bébé et du jeune enfant à induire la communication avec leurs différents partenaires », *Communication et Organisation*, 1998, 12 : 33-124.

MONTAGNER H., « Approche multidimensionnelle des rythmes de l'enfant », in *Rythmes de l'enfant. De l'horloge biologique aux rythmes scolaires*, expertise collective, Paris, Éditions de l'Inserm, 2001, 109-123.

MONTAGNER H., « Competências-alicerce do Bebê », *in* L. CORRÊA FILHO, M. E. GIRADE CORRÊA, P. SERGIO FRANCA (eds), *Novos Olhares sobre a Gestaçao e a Criança até os 3 anos*, Brasilia, L.G.E Editora Ltda, 2002, 388-399.

MONTAGNER H., « The ontogeny of the baby's interactions over the first year », *in* J. G. PEDRO, J. K. NUGENT, J. G. YOUNG, T. B. BRAZELTON (eds), *The Infant and Family in the Twenty-First Century*, chapter 9, New York, Brunner-Routledge, 2002 (in press).

MONTAGNER H. (éd.), *L'Enfant : la vraie question de l'école*, Paris, Odile Jacob, 2002.

MONTAGNER H., « La prise d'empreinte, l'attachement et le lien », in *L'Attachement*, Paris, L'Harmattan, 2002 (sous presse).

MONTAGNER H., *Desinvolvimento da Primeira Infancia*, Brasilia, 2002 (sous presse).

MONTAGNER H., « Les aménagements des espaces-temps ancrés dans les systèmes relationnels, de la petite enfance au lycée, à partir des données de la recherche et de la clinique », in *Construire, Traduire, Instruire*, Centre Jacques Cartier et Université de Montréal (en préparation).

MONTAGNER H., TESTU F., « Rythmicités biologiques, comportementales et intellectuelles de l'élève au cours de la journée scolaire », *Pathologie Biologie*, 1996, 44 : 519-533.

MONTAGNER H., RESTOIN A., HENRY J.-C., « Biological defense rhythms, stress and communication », *in* W. W. HARTUP (ed.), *Review of Child Developmental Research*, Chicago, The University of Chicago Press, 1982, 6 : 291-319.

MONTAGNER H., RESTOIN A., ULLMANN V., RODRIGUEZ D., GODARD D., VIALA M., « Development of early peer interaction », *in* W. DOISE and A. PALMONARI (eds), *Social Interaction in Individual Development*, London, Cambridge, Cambridge University Press, 1984, 25-41.

MONTAGNER H., SCHAAL B., MILLOT J.-L., FILIATRE J.-C., CISMARESCO A.-S., ROCHEFORT A., TAILLARD C., « Données nouvelles sur les systèmes d'interaction entre le nouveau-né et sa mère », *Les Comportements parentaux*, Paris, Éditions du CNRS, « Comportements », 1986, 6 : 125-154.

MONTAGNER H., RESTOIN A., RODRIGUEZ D., ULLMANN V., VIALA M., LAURENT D., GODARD D., « Social interactions of young children with peers and their modifications in relation to environmental factors », *in* M. R. A. CHANCE (ed.), *Social Fabrics of the Mind*, Hove, London, New York, Erlbaum, 1988, Chapter 10, 237-259.

MONTAGNER H., SCHAAL B., MILLOT J.-L., FILIATRE J.-C., CISMARESCO A.-S., ROCHEFORT A., TAILLARD C., « New data on human mother-infant interaction systems », *in* J. GOMES-PEDRO, T. B. BRAZELTON *et al.* (eds), *Biopsychology of Early Parent-Infant Communication*, Lisbonne, Ed. Fundaçao Calouste Gulbenkian, 1989, 151-178.

MONTAGNER H., MILLOT J.-L., FILIATRE J.-C., CISMARESCO A.-S.,

BONNIN F., ROCHEFORT A., TAILLARD C., « Approche expérimentale du système d'interaction entre le nouveau-né et sa mère », *in* S. LEBOVICI, P. MAZET, J.-P. VISIER (éds), *L'Évaluation des interactions précoces entre le bébé et ses partenaires*, Paris, Eshel, 1989, 43-70.

MONTAGNER H., Van LEUWEN F., BLANC I., GAUFFIER G., MAURY M., VISIER J.-P. « Une nouvelle approche méthodologique du développement de l'enfant et de ses systèmes interactifs au cours de la période postnatale », *in* S. LEBOVICI, P. MAZET, J.-P. VISIER (éds), *L'Évaluation des interactions précoces entre le bébé et ses partenaires*, Paris, Eshel, 1989, 99-130.

MONTAGNER H., MAGNUSSON M., CASAGRANDE C., RESTOIN A., BEL J.-P., NGUYEN HOANG P., RUIZ V., DELCOURT S., GAUFFIER G., EPOULET B., « Une nouvelle méthode pour l'étude des organisateurs de comportements et des systèmes d'interaction du jeune enfant. Les premières données », *Psychiatrie de l'enfant*, 1990, 33 : 391-456.

MONTAGNER H., GAUFFIER G., EPOULET B., RESTOIN A., GOULEVITCH R., TAULE M., WIAUX B., « Alternative child care in France. Advances in the study of motor, interactive and social behaviors of young children in settings allowing them to move freely in a group of peers », *Pediatrics*, 1993 , 91 : 253-263.

MONTAGNER H., RUIZ V., RAMEL N., RESTOIN A., MERTZIANIDOU V., GAUFFIER G., « Les capacités interactives d'enfants de 4 à 7 mois avec un enfant du même âge », *Psychiatrie de l'enfant*, 1993, 36 : 489-536.

MONTAGNER H., « Une nouvelle approche du développement des enfants polyhandicapés », in *Handicap de parole, une autre communication*, Colloque du CNFLRH, Paris, Téléthèses Services, 1994, 13-25.

MONTAGNER H., EPOULET B., GAUFFIER G., GOULEVITCH R., RAMEL N., WIAUX B., TAULE M., « The earliness and complexity of the interaction skills and social behaviors of the child with its peers », *in* R. A. GARDNER, B. T. GARDNER, B. CHIARELLI, F. X. PLOOIJ (eds), *The ethological roots of culture*, NATO ASI Series, Series D : *Behavioral and Social Sciences*, Dordrecht, Kluwer Academic Publ., 1994, 78 : 315-355.

MONTAGNER H, DELIAC P., BORDES J.-P., CAZENAVE M., BENSCH C., « Heart rate variations in 5 month old children during interactions with their mothers and with one another in a controlled environment », *Acta Paediatrica*, 2002, 91 : 1-8.

NOA BERCOVITCH P., *Oline, le dauphin du siècle*, Paris, Robert Laffon, 1999.

SCHAAL B., « Olfaction in infants and children : developmental and functional perspectives », *Chemical Senses*, 1988, 13 : 145-190.

SCHAAL B., MONTAGNER H., HERTLING E., BOLZONI D., MOYSE A., QUICHON R., « Les stimulations olfactives dans les relations entre l'enfant et sa mère », *Reprod. Nutr. Dévelop.*, 1980, 20 : 843-858.

SCHAAL B., HERTLING E., MONTAGNER H., QUICHON R., *Le Rôle des odeurs dans la genèse de l'attachement mutuel entre la mère et l'enfant. L'aube des sens*, Paris, Stock, « Les Cahiers du nouveau-né », 1981, 359-377.

SCHAAL B., HERTLING E., MONTAGNER H., QUICHON R., « Les stimulations olfactives dans l'établissement des liens "mère-enfant" », *Bull. Off. Soc. Fr. Psycho-Prophylaxie Obstétricale*, 1981, n° 83, 9-20.

SENTER S., *People and animals : A therapeutic animal-assisted activities manual*, Green Chimneys, 400 Deansburg Road, Caller Box 719, Breuster, NY10509-0719, Green Chimneys Childreen's Services, 2002.

SPITZ R. A., « Hospitalism : An inquiry into the psychiatric conditions in early childhood », *Psychoanal. Study Child*, 1945, 1 : 53-74.

SPITZ R. A., « Anaclitic depression », *Psychoanal. Study Child*, 1946, 2 : 313-342.

SPITZ R. A., *De la naissance à la parole*, Paris, PUF, 1968.

SPITZ R. A., WOLFF K. M., « The smiling response : A contribution to the ontogenesis of social response », *Genetics Psychology Monographs*, 1946, 34 : 57-125.

STERN D., « Some interactive functions of rhythm changes between mother and infant », *in* M. DAVIS (ed.), *Interaction rhythms. Periodicity in communication behavior*, New York, Human Sciences Press, 1982, 101-117.

STERN D., « Affect attunement : Mechanisms and clinical implications », *in* J. D. CALL, E. GALENSON, R. L. TYSON (eds), *Frontiers of Infant Psychiatry*, New York, Basic Books, 1985, 2.

STERN D., *The Interpersonal World of The Infant*, New York, Basic Books, 1985.

TEILHARD DE CHARDIN E., *La Place de l'homme dans la nature*, Paris, Plon, 1962.

TINBERGEN N., *The Study of Instinct*, New York, London, Oxford University Press, 1951. Trad. fr. *Étude de l'instinct*, Paris, Payot, 1953.

TINBERGEN N., *Social Behaviour in Animals with Special Reference to Vertebrates*, London, Methuen, 1953. Trad. fr. *La Vie sociale des animaux*, Paris, Payot, 1957.

TRONICK E., ALS H., BRAZELTON T. B., « Mutuality in mother-infant interaction », *J. of Communication Information Processing*, 1977, 27 : 74-79.

TRONICK E., ALS H., ADAMSON L., WISE S., BRAZELTON T. B., « The infant's response to entrapment between contradictory messages in face-to-face interaction », *J. Child Psychiatry*, 1978, 17 : 1-13.

TRONICK E., ALS H., BRAZELTON T. B., « Monadic phases : A structural descriptive analysis of infant-mother face-to-face interaction », *Merril-Palmer Quaterly*, 1980, 26 : 3-23.

TRONICK E., COHN J., SHEA E., « The transfer of affect between mothers and infants », *in* T. B. BRAZELTON, M. W. YOGMAN (eds), *Affective Development in Infancy*, Norwood (N. J.), Ablex, 1984.

Van HOOFF J. A. R. M., « Facial expressions in higher primates », *Symposia of the Zological Society of London*, 1962, 8 : 97-125.

Van HOOFF J. A. R. M., « Comparative approach to the phylogeny of laughter and smiling », *in* R. A. HINDE, *Non verbal communication*, Cambridge, Cambridge University Press, 1972, 209-241.

VON UEXKÜLL J., « Umweltforschung », *Z. Tierpsychol.*, 1937, 1 : 33 : 34.

VON UEXKÜLL J., KRISZAT G., « Streifzüge durch die Umwelten von Tieren und Menschen. Ein Bilderbuch unsichtbarer Welten », *Verständl. Wissensch.*, Berlin, Neuauflage, 1963.

WAAL F. B. M. (de), « The reconciled hierarchy », *in* M. R. A. CHANCE, *Social Fabrics of the Mind*, chapter 5, 105-136, Dove, London, New York, Erlbaum, 1988.

WAAL F. B. M. (de), *De la réconciliation chez les primates*, Paris, Flammarion, 1992.

WAAL F. B. M. (de), *Le Bon Singe, les bases naturelles de la morale*, Paris, Bayard, 1997.

WALLON H., *L'Évolution psychologique de l'enfant*, 5e édition, Paris, Armand Colin, 1957.

WALLON H., « Psychologie et éducation de l'enfance. Recueil d'articles et conférences », *Enfance*, 1959, 12 : 191-442.

WALLON H., *Les Origines de la pensée chez l'enfant*, 3e édition, Paris, PUF, 1963.

WINNICOTT D. W., *De la pédiatrie à la psychanalyse*, Paris, Payot, 1969.

WINNICOTT D. W., *The Maturational Process and The Facilitating Environment, Studies in The Theory of Emotional Development*, London, Hogarth Press and the Institute of Psychoanalysis, 1965. Trad. fr., *Processus de maturation chez l'enfant*, Paris, Payot, 1970.

WINNICOTT D. W., *The Child, the Family, and the Outside World*, Reading, Mass., Addison-Wesley, 1987. Trad. fr., *L'Enfant et le monde extérieur*, Paris, Payot, 1987.

WERNER E. E., SMITH R. S., *Vulnerable but invincible : A longitudinal Study of Resilient Children and Youth*, New York, McGraw Hill, 1982.

Table des matières

Troisième partie

QUELS ANIMAUX POUR QUELS ENFANTS ?

CET OUVRAGE A ÉTÉ COMPOSÉ
ET MIS EN PAGE CHEZ FACOMPO (LISIEUX)
ET ACHEVÉ D'IMPRIMER SUR ROTO-PAGE
PAR L'IMPRIMERIE FLOCH (MAYENNE)
EN AOÛT 2002

N° d'impression : 54991. N° d'édition : 7381-1168-X.
Dépôt légal : août 2002.
Imprimé en France